Was ändert sich ab 60plus?

Finanzen, Versicherungen, Vorsorge und Pflege

Akademische Arbeitsgemeinschaft I Mannheim

© 2018 by Akademische Arbeitsgemeinschaft
Wolters Kluwer Deutschland GmbH
Postfach 10 01 61 · 68001 Mannheim
Telefon 0621/8626262
Telefax 0621/8626263
www.akademische.de

2. aktualisierte Auflage
Stand: Februar 2018

Redaktion: Dorothee Große, Dr. Torsten Hahn, Dr. Otto N. Bretzinger

Verlagsleitung: Hubert Haarmann

Layout: futurweiss, Wiesbaden

Umschlaggrafik: © Syda Productions – Adobe Stock

Druck: Williams Lea & Tag GmbH, München

ISBN 978-3-86817-884-5

Vorwort

Für viele Menschen markiert der 60. Geburtstag einen besonderen Moment. Den längsten Teil des Arbeitslebens hat man hinter sich gebracht, man freut sich auf die letzten Berufsjahre und daran anschließend auf den Ruhestand. Der Ruhestand kommt nicht aus heiterem Himmel, denn der Übergang vom Arbeitsleben in die Rente oder Pension ist vorprogrammiert. Jeder weiß, dass er um das 65. Lebensjahr herum bzw. künftig etwas später in Rente gehen wird. Diese Vorhersehbarkeit hat den Vorteil, dass man sich rechtzeitig mit der weiteren Lebensplanung auseinandersetzen kann. Denn der bevorstehende Übergang in den Ruhestand ist wie kein anderes Ereignis ein bedeutender Einschnitt, der das bisherige Leben deutlich verändert. Und viele Menschen fühlen sich verunsichert und stehen dem Übergang mit gemischten Gefühlen gegenüber.

Die Pläne und Vorstellungen für den absehbaren Ruhestand sind sehr unterschiedlich. Doch der Einstieg in den Ruhestand muss von jedem gleichermaßen vorbereitet werden. Schließlich sind mit dem Ruhestand auch finanzielle und rechtliche Veränderungen verbunden, denen man sich stellen muss. Am besten ist es, den Wechsel vom aktiven Berufsleben in den Ruhestand längerfristig, also einige Jahre vor dem Tag X zu planen. Dabei will dieser Ratgeber helfen.

Mit dem Übergang vom aktiven Berufsleben in den Ruhestand ist im Regelfall eine Änderung der finanziellen Verhältnisse verbunden. Neben einer Budgetplanung, in der die voraussichtlichen Einnahmen beim Eintritt in den Ruhestand den voraussichtlichen Ausgaben gegenübergestellt werden, müssen ab 60 vor allem auch die vorhandenen Kapitalanlagen auf den Prüfstand. Ein wichtiger Aspekt ist dabei vor allem die Sicherheit der Geldanlage. Manches, das bisher sinnvoll war, wird jetzt weniger empfehlenswert. Umgekehrt können aber jetzt Finanzprodukte interessant werden, die zuvor nicht zur Diskussion gestanden haben.

Auch der Versicherungsbedarf muss den neuen Lebensverhältnissen angepasst werden. Auf so manche Police kann nämlich im Alter getrost verzichtet werden.

Im Regelfall ist die Rente bzw. Pension die wichtigste Einnahme im Ruhestand. Deshalb ist es wichtig, sich rechtzeitig darüber zu informieren, ab wann man in Ruhestand gehen und mit welcher Rente bzw. Pension man rechnen kann. Der Absprung aus dem Job will gut vorbereitet sein. Wer sich rechtzeitig informiert, kann unter Umständen noch an der einen oder anderen Schraube drehen. Maßgebend ist allerdings letztlich, was von der Rente oder der Pension nach Abzug von Steuern und Sozialversicherungsbeiträgen noch übrig bleibt. Auch darüber informiert dieser Ratgeber.

Wer eine gesetzliche Rente bezieht, ist grundsätzlich in einer eigenen Krankenversicherung der Rentner (KVdR) versichert. Dabei handelt es sich allerdings nicht um eine eigene Krankenkasse, sondern um die Bezeichnung für einen Status. Die Krankenversicherung der Rentner wird von den normalen gesetzlichen Krankenkassen betrieben. Auch wer in der Krankenversicherung der Rentner ist, kann seine Krankenkasse frei wählen. Wer bereits im Berufsleben privat krankenversichert war, wird im Regelfall auch im Ruhestand in der privaten Krankenversicherung versichert sein. In diesem Fall gelten die Beitrags- und Prämienregelungen der jeweiligen privaten Krankenversicherung. Nicht selten klagen Ruheständler über unbezahlbar hohe Prämien. Vor allem Bezieher kleiner Renten und Pensionen stöhnen über die Beitragslast. Dann muss über Sparmaßnahmen nachgedacht werden, weil eine Rückkehr in die gesetzliche Krankenversicherung grundsätzlich nicht in Betracht kommt.

Ein höheres Lebensalter geht vielfach mit Krankheit und Gebrechlichkeit einher. Aber auch durch einen Unfall oder eine Krankheit kann aus heiterem Himmel die Situation eintreten, dass man auf fremde Hilfe angewiesen ist, weil man den Alltag alleine nicht mehr bewältigen kann. Pflegebedürftigkeit ist häufig auch mit finanziellen Einschnitten verbunden. Und betroffen sind nicht nur die Pflegebedürftigen, sondern auch die Angehörigen, die die Pflege übernehmen und unter Umständen sogar mitfinanzieren müssen. Im Ernstfall kann ein Pflegefall ein Vermögen kosten. Wann Pflegebedürftigkeit vorliegt, wird in diesem Ratgeber ebenso behandelt wie die verschiedenen Leistungen für Pflegebedürftige aus der sozialen Pflegeversicherung.

Wichtig ist es auch, rechtzeitig rechtliche Vorsorge zu treffen. So kann durch Unfall, Krankheit oder Alter jeder Mensch in die Situation kommen, dass er wichtige Angelegenheiten seines Lebens (z. B. Bankgeschäfte, Abschluss oder Kündigung eines Mietvertrags sowie Entscheidungen bei medizinischen Maßnahmen) nicht mehr selbstverantwortlich regeln kann. Wer in diesem Fall gewährleistet wissen will, dass im Falle der Handlungsunfähigkeit seine persönlichen, finanziellen und medizinischen Interessen gewahrt werden, sollte Vorsorge in Form einer Vorsorgevollmacht, einer Patientenverfügung und einer Betreuungsverfügung treffen.

Schließlich gehört zu einer umfassenden Vorsorgeplanung auch, rechtzeitig den Nachlass zu regeln. Denn nur so können erbrechtliche und steuerliche Fehlplanungen vermieden werden.

Inhalt

1 Haushaltsbudget und Finanzplanung

Ab 60 sollte man sich Gedanken über die Finanzplanung für die kommenden Jahre machen. Denn mit dem Übergang vom aktiven Berufsleben in den Ruhestand ist im Regelfall auch eine Änderung der finanziellen Verhältnisse verbunden. Sinnvoll ist es, zunächst einmal eine Art »Kassensturz« zu machen und im Rahmen einer Budgetplanung die voraussichtlichen Einnahmen beim Eintritt in den Ruhestand den voraussichtlichen Ausgaben gegenüberzustellen.

Und auch die vorhandenen Kapitalanlagen müssen auf den Prüfstand. Denn künftig geht es um andere Ziele als bisher. Ein wichtiger Aspekt ist vor allem die Sicherheit der Geldanlage, sei es für den eigenen Bedarf oder für den der Kinder oder Enkelkinder. Manches, das bisher sinnvoll war, wird jetzt weniger empfehlenswert. Umgekehrt können aber jetzt Finanzprodukte interessant werden, die zuvor nicht zur Diskussion gestanden haben.

1.1 Kassensturz

Das Rentenniveau sinkt. Es liegt derzeit bei rund 48 % des letzten erzielten Erwerbseinkommens – Tendenz weiterhin fallend. Konkret bedeutet das, dass derjenige, der nur auf die gesetzliche Rente vertraut und keine zusätzliche Altersvorsorge getroffen hat, mit um die Hälfte reduzierten Einkünften im Rentenalter auskommen muss.

Aber auch, wer ausreichend fürs Alter finanziell vorgesorgt hat, wird sich unter Umständen auf gravierende gesamtwirtschaftliche und/oder persönliche Veränderungen einstellen müssen.

- Ein Unsicherheitsfaktor besteht in der Höhe der Inflationsrate, die dafür verantwortlich ist, dass die Lebenshaltungskosten steigen. Eine durchschnittliche jährliche Inflationsrate von 1,5 % hat zur Folge, dass im Lauf von zehn Jahren die Lebenshaltungskosten um 16 % steigen. Bei 2 % Inflationsrate müssen die Einkünfte schon um 22 % steigen, um die höheren Lebenshaltungskosten auszugleichen. Inwieweit diese Steigerungen durch Rentenanpassungen oder erhöhte Zinserträge ausgeglichen werden können, bleibt abzuwarten.

- Die Kosten für Gesundheit und Pflege werden unter Umständen steigen. Und dabei geht es nicht nur um überschaubare Zuzahlungen zu Medikamenten, sondern unter Umständen um notwendige größere Investitionen wie beispielsweise ein behindertengerechter Umbau der Wohnung.

- Andererseits hat der bevorstehende Eintritt in den Ruhestand auch seine positiven Seiten. So besteht jetzt Gelegenheit für längere Urlaubsaufenthalte und man hat mehr Zeit, den Hobbys nachzugehen. Schön, wenn nach einem langen Arbeitsleben genügend Geld für das eigene Wohlbefinden vorhanden ist.

> **!** Wichtig ist es, sich wegen der bevorstehenden Änderung der Lebensverhältnisse mit den finanziellen Konsequenzen zu befassen. Im Prinzip geht es darum, die Einnahmenveränderungen im Rentenalter den Ausgabenveränderungen gegenüberzustellen. Daraus ergibt sich dann im schlechtesten Fall eine Einkommenslücke, mit der man sich auseinandersetzen muss, indem die Einnahmen erhöht (z. B. durch Ausübung eines Nebenjobs) oder die Kosten gesenkt werden. Die Vollendung des 60. Lebensjahrs ist der richtige Anlass, eine entsprechende Budgetplanung zu erstellen. Kurzum: Kassensturz ist angesagt. Und der sollte so früh als möglich vorgenommen werden. Denn dann bleibt unter Umständen noch Zeit, an der einen oder anderen Schraube zu drehen.

1.2   Budgetplanung

Egal ob Unternehmer oder Privatperson: Eine ordentliche Budgetplanung schützt vor einer Schuldenfalle. Sie ist vor allem dann sinnvoll, wenn ein neuer Lebensabschnitt – wie der bevorstehende Eintritt in den Ruhestand – mit veränderten Einnahmen und Ausgaben ansteht. Wer einen detaillierten Überblick über seine Einnahmen und Ausgaben hat, kann nicht nur seine finanzielle Gesamtsituation besser beurteilen, sondern kann auch gezielt nachvollziehen, wo Sparmöglichkeiten vorhanden sind.

Grundlage einer soliden Budgetplanung ist die Aufstellung einer Ein- und Ausgabenliste.

1.2.1 Schritt 1: Zusammenstellung der voraussichtlichen Einkünfte

In der Regel wird die gesetzliche Altersrente die wichtigste Einnahmequelle im Rentenalter sein. Wie hoch diese ausfällt, kann der Rentenauskunft entnommen werden, die der Versicherte nach Vollendung des 55. Lebensjahrs alle drei Jahre vom Rentenversicherungsträger erhält. Abzuziehen sind allerdings noch die fälligen Kranken- und Pflegeversicherungsbeiträge in Höhe von fast 10 % sowie etwaige Steuern.

Achtung: Zu berücksichtigen sind auch etwaige Rentenabschläge bei einem vorzeitigen Eintritt in den Ruhestand.

In die nachfolgende Tabelle können die voraussichtlichen Einkünfte, die beim Eintritt in den Ruhestand zur Verfügung stehen, eingetragen werden.

Einkunftsarten	Verfügbares Einkommen (Euro) im Monat (netto)
Renten aus der gesetzlichen Rentenversicherung	
Pension	
Witwen-/Witwerrente	
Private Altersrente	
Betriebsrente	
Riester-Rente	
Nebenjob	
Vermietung und Verpachtung	
Zinsen, Dividenden, Ausschüttungen	
Sonstige Einkünfte	

1.2.2 Schritt 2: Zusammenstellung der voraussichtlichen Ausgaben

Im zweiten Schritt sollten die voraussichtlichen Ausgaben zusammengestellt werden, wenn der Ruhestand eintritt. Dabei gilt es allerdings, etwaige Veränderungen, die mit den neuen Lebensverhältnissen verbunden sind, zu berücksichtigen. Diese Veränderungen werden durch viele Besonderheiten des Einzelfalls wie beispielsweise die Wohnsituation, das soziale Umfeld, vor allem aber auch durch individuelle Wünsche und Bedürfnisse bestimmt. Mit dem Übergang vom Berufsleben in den Ruhestand können sich die einzelnen Ausgaben nach oben oder unten verändern. Dies muss bei der Budgetplanung berücksichtigt werden. So entfallen beispielsweise die berufsbedingten Fahrtkosten, andere Kosten (z. B. für eine Berufsunfähigkeitsversicherung) sinken oder entfallen vollständig.

Die nachfolgende Übersicht der Bundesarbeitsgemeinschaft der Senioren-Organisationen e. V. (BAGSO) zeigt typische Ausgabenveränderungen und Änderungen im Finanzbedarf, die mit dem Übergang in den Ruhestand bzw. mit einem zunehmenden Lebensalter verbunden sind.

Ausgaben für	Typische Ausgabenveränderungen und Änderungen im Finanzbedarf	
Wohnung	±	Wohnung wird beibehalten
	+	Umbaukosten zur barrierefreien Wohnung bzw. Umzug
Heizung, Strom	+	Höherer Bedarf an Energie durch längeren Aufenthalt in der Wohnung und/oder verändertes Wärmeempfinden bzw. veränderte Gerätenutzung
Ernährung	+	Leichter Anstieg bei zunehmendem Stellenwert der Mahlzeiten
	−	Leichter Rückgang, insbesondere bei abnehmendem berufsbedingtem Außer-Haus-Verzehr (z. B. Kantine)
	+	Zunehmende Ausgaben bei krankheitsbedingten Diäten
	−	Im höheren Lebensalter abnehmende Ausgaben
Hausarbeit, Reinigungs- und Waschmittel	±	Unveränderte Ausgaben für Reinigungs- und Waschmittel sowie kleinere Haushaltsgeräte
	+	Mit steigendem Alter verstärkte Inanspruchnahme haushaltsnaher Dienstleistungen, wie Wohnungspflege, Mahlzeiten, Gartenarbeit
Kleidung	−	Geringere Ausgaben
	(+)	Ausnahme: starke Gewichtsveränderung
Schuhe	−	Geringere Ausgaben
	(+)	Ausnahme: Spezialbedarf (z. B. orthopädische Schuhe)
Körperpflege und Gesundheit	+	Mehrbedarf an medizinischen Leistungen bei stärkeren gesundheitlichen Beeinträchtigungen sowie Verzögerung der Genesung (z. B. höhere Eigenleistung bei Arzneimitteln); verstärkte Inanspruchnahme kosmetischer Dienstleistungen (z. B. Fußpflege)
	++	Deutlicher Anstieg der Gesundheitskosten im hohen Alter möglich (z. B. Pflege- und Betreuungsleistungen)
Kommunikation	±	Keine Änderung, soweit pauschale Gebühren (Flatrates) vereinbart
	+	Bei Bedarf zusätzliche Kosten für Hausnotruf im höheren Alter
Mobilität	−	Wegfall der Fahrtkosten zum Arbeitsplatz und (teilweise) Vergünstigungen für Senioren
	±	Kompensation der Einsparungen infolge aktiven Freizeitverhaltens
	− −	Einschränkung wegen geringerer Mobilität

Ausgaben für	Typische Ausgabenveränderungen und Änderungen im Finanzbedarf	
Personen- und Sachversicherungen	±	Keine Veränderung bei Mindestversicherungsschutz (z. B. Haftpflicht- und Hausratversicherung)
	−	Bei weiterem Versicherungsschutz: auslaufende Lebens- und Unfallversicherungen
Bildung und Freizeitkosten	+	Aktive Freizeitgestaltung: Reisen, Hobbys
	−	Rückgang infolge geringerer Mobilität und bei geringerem Aktionsradius

Ausgaben: + = steigend, ++ = deutlich steigend, − = sinkend, − − = deutlich sinkend, ± = gleichbleibend, () = in Ausnahmefällen

In den nachfolgenden Tabellen können die voraussichtlichen Ausgaben eingetragen werden. Zur besseren Übersicht und Planung können die Ausgaben in haushaltsbezogene und personenbezogene Ausgaben gegliedert werden. Alle anderen Ausgaben können unter »Sonstige Ausgaben« eingetragen werden.

Haushaltsbezogene Ausgaben	Euro im Monat
Wohnungsmiete	
Mietnebenkosten (z. B. Wasser, Heizung, Strom)	
Reparaturen	
Kleinere Anschaffungen	
Größere Anschaffungen	
Unterstützung für Haushalt und Garten	
Reinigungs- und Waschmittel	
Grabpflegekosten	
Haustiere	
Blumen, Gartenbedarf	

Personenbezogene Ausgaben	Euro im Monat
Ernährung	
Mobilität	
Kommunikation	
Körperpflege	
Gesundheit	
Betreuung und Pflege	
Kleidung	
Bildung, Freizeit, Hobbys	
Reisen	
Büromaterial	

Sonstige Ausgaben	Euro im Monat
Beiträge zur Kranken- und Pflegeversicherung	
Versicherungen (z. B. Haftpflicht-, Hausrat-, Zusatzkrankenversicherung)	
Tilgungsleistungen bei Darlehen	
Geldanlagen (z. B. monatliche Sparraten)	
Unterhaltsleistungen	
Geschenke	

Die voraussichtlichen Ausgaben sollten eher großzügiger kalkuliert werden. Bestimmte Ausgaben wie z. B. die Miete oder die Beiträge zur Kranken- und Pflegeversicherung sind feststehende Größen, andere Ausgaben (z. B. für Mobilität oder Gesundheit) können nur geschätzt werden und fallen unter Umständen nur in regelmäßigen Abständen an. Ferner müssen wegen der Inflationsrate auch Steigerungen der Lebenshaltungskosten berücksichtigt werden.

1.2.3 Schritt 3: Balance zwischen Einkünften und Ausgaben

Auf Dauer kann man nur so viel ausgeben, wie man einnimmt. Deshalb müssen im Haushaltsbudget die verfügbaren Einkünfte den voraussichtlichen Ausgaben gegenübergestellt werden. Bei einem Defizit müssen entweder die Kosten gesenkt (z. B. Kündigung von Versicherungen, Umzug in eine preisgünstigere Wohnung) oder die Einkünfte erhöht werden (z. B. Ausübung eines Nebenjobs, Verschiebung des Ruhestands, um Rentenabschläge zu vermeiden).

═══ Individuelles Haushaltsbudget

In die nachfolgenden Tabellen kann das individuelle Haushaltsbudget für die Zeit nach dem Eintritt in den Ruhestand eingetragen werden. Sinnvoll ist es, auch das derzeitig verfügbare Einkommen und die aktuellen Kosten miteinzubeziehen.

	Stand heute (Euro im Monat)	Nach Eintritt in den Ruhestand (Euro im Monat)
Verfügbares Einkommen netto		

Haushaltsbezogene Ausgaben	Stand heute (Euro im Monat)	Nach Eintritt in den Ruhestand (Euro im Monat)
Wohnungsmiete		
Mietnebenkosten (z. B. Wasser, Heizung, Strom)		
Reparaturen		
Kleinere Anschaffungen		
Größere Anschaffungen		
Unterstützung für Haushalt und Garten		
Reinigungs- und Waschmittel		
Grabpflegekosten		
Haustiere		
Blumen, Gartenbedarf		

Personenbezogene Ausgaben	Stand heute (Euro im Monat)	Nach Eintritt in den Ruhestand (Euro im Monat)
Ernährung		
Mobilität		
Kommunikation		
Körperpflege		
Gesundheit		
Betreuung und Pflege		
Kleidung		
Bildung, Freizeit, Hobbys		
Reisen		
Büromaterial		

Sonstige Ausgaben	Stand heute (Euro im Monat)	Nach Eintritt in den Ruhestand (Euro im Monat)
Beiträge zur Kranken- und Pflegeversicherung		
Versicherungen (z. B. Haftpflicht-, Hausrat-, Zusatzkrankenversicherung)		
Tilgungsleistungen bei Darlehen		
Geldanlagen (z. B. monatliche Sparraten)		
Unterhaltsleistungen		
Geschenke		

Aus der Gegenüberstellung der monatlichen Einkünfte mit den anfallenden Ausgaben ergibt sich im besten Fall ein Einnahmenüberschuss, im schlechtesten Fall ein Defizit.

		Stand heute (Euro im Monat)	Nach Eintritt in den Ruhestand (Euro im Monat)
	Verfügbares Einkommen netto		
./.	Haushaltsbezogene Ausgaben		
./.	Personenbezogene Ausgaben		
./.	Sonstige Ausgaben		
=	**Überschuss/Defizit**		

!

Wenn frühzeitig ein Haushaltsbudget für die Zeit nach dem
Eintritt in den Ruhestand aufgestellt wird, besteht unter Umständen noch die Möglichkeit, auf ein vorhandenes Defizit zu
reagieren und Geld auf die Seite zu legen. Wenn Kapitalvermögen vorhanden ist, besteht die Möglichkeit, die Geldanlagen
rechtzeitig umzuschichten (z. B. Wechsel der Anlageform zu
Zeiten hoher Börsenkurse) und so die jährlichen Kapitalerträge
am künftigen Finanzbedarf auszurichten.

Wenn die Einkünfte nicht reichen

Viele Berufstätige befürchten, dass sie ihren Lebensstandard einschränken müssen, wenn sie in Rente gehen. Diese Angst ist wegen
des sinkenden Rentenniveaus nicht unbegründet. Besonders prob-
lematisch ist es, wenn sich nach Rentenbeginn eine Versorgungslücke auftut. Ergibt das Haushaltsbudget für die Zeit nach Eintritt des
Ruhestands ein Defizit, muss rechtzeitig überlegt werden, wie diese
Versorgungslücke geschlossen werden kann. Hier einige Vorschläge:

- Die Versorgungslücke kann durch höhere Einnahmen geschlos-
  sen werden. So können die Einkünfte im Ruhestand durch
  Ausübung eines Nebenjobs erhöht werden. Durch die sogenannte
  Flexirente sind ein flexibler Renteneinstieg und die Erhöhung von
  Rentenansprüchen möglich.

- Wenn die Rente nicht reicht, muss überlegt werden, den Renten-
  eintritt zu verschieben und weiterzuarbeiten. So steigt etwa die
  Rente um 6 %, wenn der Eintritt in die Regelaltersrente um ein
  Jahr verschoben wird.

- Unter Umständen reicht es bereits aus, auf einen vorzeitigen Renteneintritt zu verzichten und damit Rentenabschläge zu vermeiden.

- Wer eine Immobilie besitzt, kann diese entweder verkaufen oder
  beleihen und trotzdem darin mietfrei wohnen. Je nach Finan-
  zierungsmodell erhält der Eigentümer eine Einmalzahlung, eine
  zeitlich befristete oder eine lebenslange Rente und wohnt bis

ans Lebensende mietfrei in seiner Immobilie. Erst nach seinem Tod, gegebenenfalls aber auch bei einem Auszug ins Altersheim, geht die Immobilie in den Besitz des Käufers (Kreditinstitut oder Versicherungsunternehmen) über. Oder das durch die Umkehrhypothek entstandene Darlehen wird durch den Verkauf der Immobilie getilgt.

- Vielen Ruheständlern wird nichts anderes übrig bleiben, als die Kosten zu senken. In Betracht kommen beispielsweise der Umzug in eine preisgünstigere Wohnung, die Kündigung von Versicherungspolicen oder der Verzicht auf größere Anschaffungen.

- Hilfebedürftige Personen, die die Altersgrenze erreicht haben oder wegen einer bestehenden Erwerbsminderung auf Dauer ihren Lebensunterhalt nicht aus eigener Erwerbstätigkeit bestreiten können, haben Anspruch auf Leistungen der Grundsicherung im Alter und bei Erwerbsminderung. Die Leistungen umfassen den maßgebenden Regelsatz (z. B. ab 2018 € 374,– im Monat pro Person bei Ehepaaren), die angemessenen Aufwendungen für Unterkunft und Heizung, eventuelle Mehrbedarfe (z. B. bei Behinderung oder bei kostenaufwendiger Ernährung) sowie die Übernahme von Kranken- und Pflegeversicherungsbeiträgen, Zusatzbeiträgen und Vorsorgebeiträgen.

1.3 Geldanlagen

Wer mit seinen Einnahmen seinen Finanzbedarf abdecken kann und darüber hinaus noch über Kapital verfügt, ist mit der Frage konfrontiert, wie er dieses Geld anlegen soll. Dabei gilt: Je kleiner das Vermögen, desto eher sollte man sich für eine sichere Geldanlage entscheiden. Anlagerisiken sollten vermieden werden. Das geht zwar auf Kosten der Rendite, das sollte aber in Kauf genommen werden.

 Wer noch Schulden hat, sollte diese zunächst tilgen. Denn Schuldentilgung ist die beste Geldanlage. Die beste Rendite aus einer Kapitalanlage, die erzielt werden kann, sind eingesparte Kreditzinsen.

1.3.1 Kriterien für eine solide Geldanlage

Wer Geld anlegen will, sollte folgende wichtige Kriterien beachten: Rentabilität, Sicherheit, Liquidität. Dabei handelt es sich um miteinander konkurrierende Ziele. Die Kriterien stehen zueinander also in einem Spannungsverhältnis, weil eine Geldanlage in der Regel nicht alle drei Kriterien gleich gut erfüllen kann. Man spricht deshalb auch vom »magischen Dreieck« der Geldanlage, weil es praktisch keine Anlageform gibt, die allen drei Kriterien maximal gerecht wird.

Rentabilität

Die Rentabilität kennzeichnet den Erfolg der Geldanlage, der im jährlichen Gesamtertrag der Anlage zum Ausdruck kommt, wie hoch also die Erträge im Verhältnis zum angelegten Kapital sind. Der Ertrag einer Anlage kann aus Zinsen, Dividenden und Wertsteigerungen bestehen. Bei festen Zinsen steht der Ertrag von vornherein fest. Dagegen schwankt die Rendite bei variablen Zinsen oder bei Spekulationen am Aktienmarkt. Tatsache ist, dass Wertpapiere über einen längeren Zeitraum eine höhere Rendite erzielen als Einlagen bei Banken. Je riskanter also die Geldanlage ist, desto höher kann ihre Rentabilität sein.

Sicherheit

Hier steht der Erhalt des eingesetzten Kapitals im Vordergrund. Wer es sich also nicht leisten kann, Geld zu verlieren, sollte immer auf Nummer sicher gehen und riskante Anlagen vermeiden. Als sichere Anlageprodukte gelten u. a. das Sparbuch, Spareinlagen und Sparbriefe, der Bausparvertrag und eine Immobilie. Riskante Anlagen, die es in puncto Sicherheit zu vermeiden gilt, sind Aktien, variabel verzinsliche Wertpapiere und Zertifikate, aber auch festverzinsliche Anleihen von wenig kreditwürdigen Unternehmen.

=== Liquidität

Neben der Verzinsung und der Sicherheit einer Geldanlage sollte auch deren Liquidität bei der Entscheidung für eine bestimmte Anlageform beachtet werden. Bei der Liquidität geht es um die Verfügbarkeit einer Anlage, also um die Frage, wie schnell man an das angelegte Geld herankommt bzw. ob man Verluste hinnehmen muss, wenn man über das Geld kurzfristig anderweitig verfügen will.

> Gewählt werden sollte die Anlageform, die den individuellen Sparzielen entspricht. Und berücksichtigt werden sollte unbedingt auch das individuelle Anlageprofil. Dazu muss die persönliche Risikobereitschaft ermittelt werden. Die optimale Geldanlage kann dann unter Berücksichtigung der individuellen Ziele aus einem gesunden Mix verschiedener Anlageformen bestehen.

1.3.2 Kurzfristige, mittelfristige und langfristige Geldanlagen

Wer Geld anlegen will, muss wissen, für welchen Zweck er sein Kapital einsetzen will. Denn danach richtet sich das geeignete Anlageprodukt. Soll das Geld, das im Moment nicht benötigt wird, einfach mal nur so auf die hohe Kante gelegt werden, um Liquiditätsreserve zu haben, soll das Geld für eine bestimmte Anschaffung zur Verfügung stehen oder wird das Kapital voraussichtlich überhaupt nicht benötigt und soll später den Kindern überlassen werden? Egal, welcher Zweck mit der Geldanlage verfolgt wird, wichtig ist immer, dass ausreichende Liquidität vorhanden ist. Deshalb sind insbesondere auch die monatlich verfügbaren Einkünfte von Bedeutung.

> Über zwei bis drei Monatsgehälter sollte man immer verfügen können, wenn für ungeplante Ausgaben Geld benötigt wird. So vermeidet man die Aufnahme eines teuren Raten- oder Dispokredits.

Kurzfristige Liquiditätsbildung

Die Flexibilität der Geldanlage ist für viele Menschen besonders wichtig, weil sie im Fall unvorhergesehener Ausgaben ihr Geld verfügbar wissen wollen. Anleger, die ihr Geld nur kurzfristig investieren, haben den Vorteil, dass sie die Anlage schnell wechseln und damit steigende Zinsen besser ausnutzen können als langfristige Geldanleger.

Zu den kurzfristigen Geldanlagen gehören insbesondere das Sparbuch mir dreimonatiger Kündigungsfrist, das Tagesgeld, kurzfristig verfügbare Fest- und Termingelder und Geldmarktfonds.

Mittelfristige Einmalanlage

Für mittelfristig orientierte Anleger (Anlagezeitraum zwischen zwei und fünf Jahren) kommen Festgelder und Sparbriefe in Betracht, ferner Bankprodukte mit der Möglichkeit der vorzeitigen Kündigung. Der Erwerb eines Sparbriefs will wohl überlegt sein: Ein vorzeitiger Ausstieg aus der Anlage ist nicht möglich. Wenn also das Geld vorzeitig wieder benötigt wird, muss unter Umständen ein Kredit aufgenommen werden. Auch Anleihen und börsennotierte Pfandbriefe kommen als mittelfristige Geldanlage in Betracht; sie können vor der Fälligkeit veräußert werden. Auch Investmentfonds sind als mittelfristige Anlage geeignet.

Achtung: Eine mittelfristige Geldanlage setzt voraus, dass das Geld kurzfristig nicht benötigt wird. Sie kommt in Betracht, wenn das Kapital für einen bestimmten künftigen Zweck bereitgehalten werden soll.

Langfristige Einmalanlage

Eine langfristige Geldanlage erstreckt sich über einen Zeitraum von mehr als fünf Jahren. Bei der Wahl der längerfristigen Geldanlage ist – wie bei allen anderen Geldanlagen – insbesondere auch die Frage der Risikobereitschaft des Anlegers von Bedeutung.

Wer kein Risiko eingehen will, kann sein Geld für eine Zeit von bis zu zehn Jahren in Sparbriefe der Banken investieren. Über die gewählte Anlagedauer ist der mit der Bank vereinbarte Anlagezinssatz garantiert. Zu den risikoarmen langfristigen Anlageformen zählen auch Pfandbriefe, offene Immobilienfonds und Rentenfonds. Wer eine höhere Rendite erzielen möchte und deshalb auch bereit ist, ein höheres Risiko einzugehen, kann in Aktien oder Aktienfonds investieren. Aktienfonds haben dabei den Vorteil, dass hier viele verschiedene Aktien im Portfolio enthalten sind, was das Risiko von Verlusten reduziert.

 Ein langfristiger Vermögensaufbau über Aktien und Aktienfonds über den regelmäßigen Erwerb von Anteilen kann durchaus sinnvoll sein. Die Geldanlage sollte aber wirklich mit einer langfristigen Perspektive (möglichst über zehn Jahre und länger) betrachtet werden, damit man schlechte Wirtschafts- und Kursentwicklungen »aussitzen« kann.

1.3.3 Risiken bei Geldanlagen

Niemand will Geld verlieren. Wer aber sein Geld gut anlegen will, muss beachten, dass mit bestimmten Anlageformen auch unterschiedliche Risiken verbunden sind.

══ Liquiditäts-, Kurs- und Zinsänderungsrisiko

Liquidität einer Geldanlage bedeutet, dass die Anlagewerte immer marktgerecht verkauft werden können. Das ist bei an der Börse gehandelten Aktien nicht zwangsläufig der Fall.

Das Kursrisiko besteht darin, dass Anlagepapiere (z. B. Aktien) zu einem geringeren Kurspreis als dem Ankaufspreis verkauft werden müssen. Davon waren beispielsweise im Jahr 2000 viele Anleger betroffen, die am »Neuen Markt« bis zu 90 % ihres Kapitals verloren haben. Aber auch bei festverzinslichen Wertpapieren können Kaufverluste eintreten, wenn das Zinsniveau steigt.

Das Risiko einer Zinsänderung betrifft die Höhe des Ertrags des eingesetzten Kapitals. Die Substanz der Geldanlage bleibt dagegen erhalten.

=== **Verlust- und Inflationsrisiko**

Am schlimmsten trifft den Anleger bei bestimmten Geldanlagen das Risiko, sein angelegtes Kapital ganz oder zum Teil zu verlieren.

 Beispiel: Bei geschlossenen Fonds handelt es sich um Produkte des grauen Kapitalmarkts, die keiner Aufsicht durch staatliche Behörden unterliegen. Durch unseriöse Anlagemodelle werden Jahr für Jahr Milliardenbeträge vernichtet.

Bei Geldanlagen besteht auch ein Inflationsrisiko. Wer sich für eine bestimmte Anlage entscheidet, kann nicht immer vermeiden, dass durch den Kaufkraftverlust ein finanzieller Schaden entsteht. Vor allem Immobilien haben sich in der Vergangenheit trotz Geldentwertung häufig als wertbeständig erwiesen.

1.3.4 Schutz vor Bankpleiten

Sicherheitsorientierte Geldanleger sind bei Banken gut aufgehoben. Dort angelegte Gelder sind durch die gesetzliche Einlagensicherung geschützt, ferner besteht ein zweites, bankeigenes Sicherungsnetz.

=== **Gesetzliche Einlagensicherung**

Die gesetzliche Einlagensicherung schützt Sicht-, Termin- und Spareinlagen (Guthaben auf Girokonten, Sparkonten, Tagesgeldkonten, Festgeldkonten). Der Einlagenschutz schließt neben sämtlichen Einlagenarten auch auf den Namen lautende Sparbriefe und Namensschuldverschreibungen ein. Verbindlichkeiten, über die eine Bank Inhaberpapiere ausgestellt hat, wie Inhaberschuldverschreibungen und Inhabereinlagenzertifikate, werden dagegen nicht geschützt.

Geschützt werden pro Kunde und Kreditinstitut Einlagen mindestens bis zu einer Höhe von € 100 000,–. Der Entschädigungsanspruch besteht unabhängig davon, auf welche Währung die Einlagen lauten.

 Bei Gemeinschaftskonten (sogenannte Und-/Oder-Konten) hat jeder Kontoinhaber jeweils einen separaten Anspruch auf Entschädigung. Damit verdoppelt sich der Maximalbetrag der gesetzlichen Einlagenentschädigung beispielsweise bei zwei Kontoinhabern (z. B. einem Ehepaar) und liegt somit bei € 200 000,–.

In bestimmten Fällen erhöht sich der Deckungsschutz auf insgesamt € 500 000,–, wenn es sich um Beträge handelt, die mit einem besonderen Lebensereignis zusammenhängen, wie z. B.

▪ Beträge aus der Veräußerung privat genutzter Wohnimmobilien,

▪ Beträge, die soziale, gesetzlich vorgesehene Zwecke erfüllen und an bestimmte Lebensereignisse geknüpft sind wie Heirat, Scheidung, Renteneintritt, Ruhestand, Kündigung, Entlassung, Geburt, Krankheit, Pflegebedürftigkeit, Invalidität, Behinderung oder Tod,

▪ Auszahlung von Versicherungsleistungen.

Freiwillige Einlagensicherung

Neben der gesetzlichen Einlagensicherung existiert das System der freiwilligen Sicherungseinrichtungen verschiedener Bankengruppen. Die freiwilligen Sicherungseinrichtungen werden von den Spitzenverbänden der Kreditwirtschaft getragen und durch Umlage bzw. Einzahlungen ihrer Mitgliedsinstitute finanziert. Während die Einlagensicherungssysteme der Sparkassen und Kreditgenossenschaften das Ziel der Institutssicherung verfolgen, sichert der Einlagensicherungsfonds privater Banken direkt die Einlagen der Gläubiger.

- Bei den Volks- und Raiffeisenbanken übernimmt die Aufgabe der freiwilligen Einlagensicherung der Garantiefonds und Garantieverbund des Bundesverbandes der Deutschen Volksbanken und Raiffeisenbanken, der die Gelder der Kunden aller angeschlossenen Banken in vollem Umfang absichert.

- Bei den Sparkassen wird die Absicherung durch die vierstufige regional gegliederte Institutssicherung übernommen. Auch die Institutssicherung der Sparkassen garantiert einen Schutz der Einlagen in vollem Umfang.

- Bei den privaten Banken gewährleistet der Einlagensicherungsfonds beim Bundesverband der deutschen Banken, dass jede Anlagesumme bis zu 30 % des haftenden Eigenkapitals abgesichert ist.

- Die öffentlichen Banken, zu denen insbesondere die Landesbanken zählen, verfügen mit dem Einlagensicherungsfonds des Bundesverbandes Öffentlicher Banken Deutschlands über eine eigene Sicherungseinrichtung. Anders als bei dem Einlagensicherungsfonds deutscher Banken sind hier Einlagen in vollem Umfang abgesichert.

=== ### Gesetzliche Anlegerentschädigung

Für den Fall, dass ein Institut nicht mehr in der Lage sein sollte, seine Verbindlichkeiten aus Wertpapiergeschäften zu erfüllen, sind die Erfüllungsansprüche der Kunden in gewissem Umfang durch die Anlegerentschädigung abgesichert. Hierbei handelt es sich um Gelder, die Anlegern im Zusammenhang mit Wertpapiergeschäften geschuldet werden (z. B. Dividenden, Ausschüttungen, Verkaufserlöse).

Im Schadensfall haben die Kunden Anspruch auf 90 % ihrer Forderungen aus Wertpapiergeschäften. Allerdings gilt in der Anlegerentschädigung ein Maximalbetrag von relativ geringen € 20 000,–.

1.3.5 Geldanlagen mit geringem, mittlerem oder hohem Risiko

Griechenland, Portugal, Spanien, Italien: Bei diesen Ländern denkt man mittlerweile nicht mehr an Urlaub, sondern an die Stabilität des Euro. Viele Menschen in Deutschland haben Angst um ihr Geld. Die Zinsen sind mickrig und gleichen häufig nicht einmal die Inflation aus. Vielen Anlegern geht es nur noch darum, wo sie ihr sauer verdientes Geld noch sicher anlegen können.

Es gibt viele Möglichkeiten, Geld anzulegen. Für welche Anlageformen man sich letztlich entscheidet, hängt insbesondere vom Anlageziel und der Risikobereitschaft des Anlegers ab. In jedem Fall sollte man sich im Vorfeld einer Finanzanlage grundlegend über die verschiedenen Finanzprodukte und die Anbieter informieren.

 Sinnvoll ist es, einen sogenannten Anlage-Mix zu bilden und so die Anlagerisiken zu streuen. Dabei kann auf die gesamte Breite der unterschiedlichen Anlageformen zurückgegriffen werden.

Geldanlagen mit geringem Risiko

Geldanlagen mit geringem Risiko werden wegen der gesetzlichen Einlagensicherung vor allem von Banken und Sparkassen angeboten. Aber auch Angebote anderer Anbieter kommen in diesem Zusammenhang in Betracht.

Sparkonten und Tagesgelder

Das Wichtigste vorweg: Sowohl das Sparbuch als auch das Tagesgeldkonto sind eine sichere Geldanlage. Wegen der niedrigen Zinsen lohnt sich die Geldanlage auf einem Sparbuch allerdings kaum. In der Regel liegt der Zinssatz unter der Inflationsrate. Damit verliert der Sparer jeden Tag Geld. Der »Notgroschen« ist auf einem Tagesgeldkonto besser angelegt als auf einem Sparbuch.

Das Tagesgeldkonto bietet meist mehr Rendite und höchstmögliche Liquidität; und es ist in der Regel gebührenfrei. Ein Konto kann sowohl bei der Filialbank vor Ort als auch bei einer Direktbank eröffnet werden. Direktbanken bieten oft höhere Zinsen als Filialbanken. Eine Mindesteinlage ist nicht erforderlich. Auf das Tagesgeldkonto kann jederzeit Geld überwiesen und wieder abgerufen werden. Abbuchungsvorgänge wie Lastschriften oder Daueraufträge können allerdings von einem Tagesgeldkonto nicht getätigt werden. Das ist nur über ein vorher festgelegtes Referenzkonto (Girokonto) möglich.

 Beim Tagesgeldkonto sollte man nicht nur auf die Zinsen achten. Manche Angebote gelten nämlich nur für Neukunden. Außerdem werden die Zinsen häufig unterschiedlich gutgeschrieben (jährlich, vierteljährlich oder monatlich), was natürlich Auswirkungen auf die Ertragsstärke hat.

Festgelder

Beim Festgeld, auch Termingeld oder Termineinlage genannt, handelt es sich um eine Geldanlage, die für einen bestimmten Zeitraum angelegt wird. Es lohnt sich für jeden, der sein Geld für eine bestimmte Zeit sicher anlegen will. Die Rendite ist hier höher als bei Sparbriefen. Angeboten werden Festgeldanlagen vor allem von Banken, aber auch andere Finanzdienstleister wie z. B. Bausparkassen können Festgeldkonten führen.

 Nur wenn das Geld kurzfristig nicht gebraucht wird, ist das Festgeld die richtige Anlageform. Schließlich kann über das Kapital über den vereinbarten Zeitraum nicht verfügt werden. Dafür erhält der Anleger einen festen Zinssatz. Wer sich dagegen die Möglichkeit vorbehalten will, täglich über sein Geld verfügen zu können, sollte sich für ein Tagesgeldkonto entscheiden. Dann müssen allerdings eventuelle Zinsschwankungen in Kauf genommen werden.

Die Mindestlaufzeit des Festgelds beträgt 30 Tage, bei manchen Banken kann sie fünf Jahre und noch länger dauern. Häufig muss ein Mindestbetrag (zwischen € 2 500,– und € 3 000,–) angelegt werden. Je länger der Anlagezeitraum und je höher der Anlagebetrag, desto höher ist der Zinssatz. In jedem Fall sollten verschiedene Angebote eingeholt werden und die Konditionen bei Direktbanken geprüft werden. Ferner sollte darauf geachtet werden, dass die Einlage der Einlagensicherung unterliegt. Dann zählt Festgeld zu den sicheren Anlageformen.

Achtung: Häufig enthalten Festgeldverträge eine Klausel, nach der sich das Festgeld nach Ablauf der Anlagedauer für einen weiteren Zeitraum von gleicher Länge zu den geltenden Konditionen verlängert, wenn der Bank vorher nichts Gegenteiliges mitgeteilt wird.

 Wenn Banken heute mit besonders hohen Festgeldzinsen locken, handelt es sich oft um Kombiangebote: Nur wenn der Kunde gleichzeitig einen weiteren Betrag in Investmentfonds anlegt, erhält er den befristeten Superzins aufs Festgeld. Bei den meisten Kombiangeboten gibt es nur wenige Fonds zur Auswahl und in der Regel bezahlen Kunden den vollen Ausgabeaufschlag bei Aktienfonds um die 5 %. Häufig frisst dieser Ausgabeaufschlag den Zinsvorteil auf. Außerdem besteht ein erhöhtes Anlagerisiko, weil Kombiprodukte einen Fonds beinhalten.

Sparbriefe

Sparbriefe sind festverzinsliche Anlageprodukte, die von Banken angeboten werden. Die Mindestanlagesummen sind sehr unterschiedlich; üblich sind € 2 500,–, einige Banken bieten Sparbriefe aber bereits ab € 500,– oder € 1 000,– an. Die Laufzeiten sind unterschiedlich lang und betragen zwölf Monate bis zu zehn Jahre. Ebenso wie Festgeldanlagen bieten Sparbriefe eine feste Verzinsung über einen bestimmten Anlagezeitraum. Die Höhe der Zinsen ist von der Laufzeit abhängig. Als Faustregel gilt: je länger die Laufzeit, desto höher die Zinsen. Das muss jedoch nicht immer so sein; wenn der Markt ein Absinken des Zinsniveaus erwartet, kann es sein, dass lang laufende Sparbriefe einen geringeren Zinssatz aufweisen als kurz laufende.

Bei der Verzinsung des Sparbriefs gibt es verschiedene Varianten:

- Beim Normaltyp des Sparbriefs werden die Zinsen jährlich oder halbjährlich ausgezahlt. Der Sparer zahlt beim Kauf des Sparbriefs den vollen Nennwert.

- Beim sogenannten aufgezinsten Sparbrief bleiben die Zinsen zunächst bei der Bank. Am Ende der Laufzeit wird das angelegte Kapital plus die aufgelaufenen Zinsen auf einen Schlag ausgezahlt. Der Sparer profitiert in diesem Fall vom Zinseszinseffekt.

- Das Gegenstück dazu ist der abgezinste Sparbrief, bei dem der Sparer im Voraus festlegt, welchen Betrag er am Ende der Laufzeit erreichen will. Danach errechnet die Bank den vom Sparer zu erbringenden Betrag.

Sparbriefe sind eine sichere Anlageform. Sie unterliegen keinem Kursrisiko, da sie nicht an der Börse oder im freien Kapitalverkehr gehandelt werden. Damit ist aber gleichzeitig der Nachteil verbunden, dass der vorzeitige Ausstieg aus der Kapitalanlage nicht möglich ist. Über das angelegte Kapital kann also während der Laufzeit nicht verfügt werden. Deshalb muss eine angemessene Liquiditätsreserve vorhanden sein. Andernfalls besteht bei einem Kapitalbedarf während der Laufzeit des Sparbriefs nur die Möglichkeit, einen Kredit aufzunehmen und den Sparbrief als Sicherheit zu hinterlegen.

Ratensparverträge

Ein Ratensparvertrag ist ein Sparplan, in dem Einzahlungen (Sparbeträge) in festgelegten Raten erfolgen. Der Anleger vereinbart mit seiner Bank, monatlich für eine festgelegte Laufzeit einen festen

Geldbetrag auf sein Konto einzuzahlen. Auf das Spargeld gibt es Zinsen. Dabei werden sehr unterschiedliche Verzinsungsvarianten angeboten. Es können variable oder feste Zinsen vereinbart werden.

Die Bezeichnungen, mit denen Banken Sparer locken, sind rechtlich unterschiedlich. Sie reichen von Bonussparen über den Vorsorgeplan bis hin zum Rendite- und Prämiensparen. Das Bonussparen beruht auf einem Sparvertrag, der über eine bestimmte Laufzeit abgeschlossen wird. Wenn der Anleger die Laufzeit durchhält, zahlt die Bank zum Schluss noch einen Bonus, dessen Höhe u. a. von der Laufzeit und Verzinsung abhängt. Eine andere Variante sieht einen jährlichen Bonus vor, der von Jahr zu Jahr wächst.

Beim Ratensparen mit variablem Zins kann die Bank den Zinssatz auch nach Vertragsschluss noch ändern. Allerdings hat der Bundesgerichtshof in seinem Urteil aus dem Jahr 2004 der Unberechenbarkeit von solchen Sparplänen Grenzen gesetzt. Die Bank kann also nicht nach Gutsherrenart die Zinsen ändern. Vielmehr muss sich der Zins an einer Referenzgröße für die Sparzinsen orientieren. Die Bank darf dann die Zinsen nur in dem Maße senken, wie der Referenzzinssatz sinkt. Steigt dieser, müssen die Zinsen erhöht werden.

 Beim Ratensparen sollte nicht nur auf den Zins, sondern unbedingt auch auf das Kleingedruckte und die dort vereinbarte Kündigungsfrist geachtet werden. Abzuklären ist insbesondere, ob die Möglichkeit besteht, den Sparvertrag vorzeitig zu beenden, und welche Kündigungsfrist bzw. Kündigungssperrfrist zu beachten ist. Im günstigsten Fall kann der Anleger jederzeit oder unter Beachtung einer Kündigungsfrist von drei Monaten aussteigen und bekommt bis zu diesem Zeitpunkt aufgelaufene Zinsen und den auf die zurückliegende Spardauer entfallenden Bonus gutgeschrieben.

──── Bundeswertpapiere

Bundeswertpapiere sind Anleihen, die von der Bundesrepublik Deutschland herausgegeben werden. Sie zeichnen sich durch hohe Sicherheit aus. Schließlich steht hinter den Bundeswertpapieren die sehr gute Bonität der Bundesrepublik Deutschland.

Zu den börsennotierten Bundeswertpapieren gehören Bundesanleihen, Bundesobligationen und inflationsindexierte Anleihen.

- **Bundesanleihen:** Bundesanleihen sind börsengehandelte festverzinsliche Wertpapiere mit fester Laufzeit, deren Zinsen bereits bei ihrer Ausgabe feststehen. Es gibt sie mit Laufzeiten von zehn oder dreißig Jahren ab Emissionszeitpunkt. Inhaber erhalten jährlich feste Zinszahlungen sowie die Rückzahlung zum vollen Nennwert am Laufzeitende.

- **Bundesobligationen:** Bundesobligationen sind Schuldverschreibungen der Bundesrepublik Deutschland. Sie werden an der Börse gehandelt und können täglich zum aktuellen Börsenkurs ge- und verkauft werden. Inhaber erhalten jährlich feste Zinszahlungen sowie die Rückzahlung zum vollen Nennwert am Laufzeitende. Mit überschaubaren fünf Jahren Laufzeit schließen Bundesobligationen die Lücke zwischen den kurz- und längerfristigen Bundeswertpapieren.

- **Inflationsindexierte Anleihen:** Inflationsindexierte Anleihen sind Schuldverschreibungen, die im Ausgabezeitpunkt mit einer festen Laufzeit, einem festen Zinssatz sowie zusätzlich einer variablen Ertragskomponente ausgestattet werden. Letztere dient dem Ausgleich von Preissteigerungen, die während der Haltezeit der Anleihe anfallen. Damit wird die Kaufkraft des investierten Kapitals geschützt. Die Rendite hängt also von der Teuerung ab: Je höher die Inflationsrate, desto mehr steigen Rückzahlungswert und Zins der Anleihe an. Am Ende der Laufzeit wird der ursprüngliche Nennwert plus die bis dahin erreichte Inflation zurückgezahlt. Und auch die Zinsausschüttungen werden entsprechend dem höheren Nennwert ausgezahlt.

Achtung: Auch wenn Bundeswertpapiere zu den sicheren Anlageformen gehören, muss unter Umständen mit Kursverlusten gerechnet werden. Dieses Risiko besteht, wenn die Papiere vor Fälligkeit über die Börse verkauft werden und das marktübliche Zinsniveau in der Zwischenzeit geringer ist.

> Bundeswertpapiere werden derzeit nur sehr niedrig verzinst. Tagesgeld und Festgeld sind als Geldanlagen bei gleicher Sicherheit die bessere Alternative.

Pfandbriefe

Pfandbriefe sind von den Banken herausgegebene festverzinsliche Schuldverschreibungen. Sie stellen eine besondere Form von Anleihen dar, die durch Hypotheken abgesichert sind. Die Papiere sind unter den Bezeichnungen Bankschuldverschreibungen, Sparschuldverschreibungen, Kassenobligationen oder Inhaberschuldverschreibungen im Angebot, meinen jedoch dasselbe.

Ein Pfandbrief, der vor der Börseneinführung gekauft wird, ist gebührenfrei. Bei Pfandbriefen, welche schon an der Börse erhältlich sind, werden An- und Verkaufsspesen berechnet.

Pfandbriefe werden u. a. von Hypothekenbanken und Pfandbriefanstalten herausgegeben. Das den Banken von dem Inhaber eines Pfandbriefs überlassene Geld wird z. B. an Häuslebauer in Form eines Hypothekenkredits vergeben. Weil als Sicherheit für das Hypothekendarlehen eine Immobilie hinterlegt wird, gilt die Geldanlage in einen Pfandbrief als sehr sicher.

Pfandbriefe haben grundsätzlich einen Nennwert und einen Kurswert. Nennwert ist der Preis, den der Anleger am Ende der vereinbarten Laufzeit zurückbekommt. Der Kurswert beschreibt den Preis, den der Anleger an der Börse für den Kauf zahlen muss bzw. den er bei Verkauf des Pfandbriefs an der Börse erhält.

Beim Pfandbrief ist die Höhe der Zinsen während der vereinbarten Laufzeit fest. Nach einer vorher festgelegten Laufzeit (in der Regel bis zu zehn Jahre oder länger), wird der Pfandbrief gegen den vollen Nennwert ausgelöst. Der Pfandbrief kann aber auch bereits während der Laufzeit an der Börse verkauft werden. Der Verkauf findet zum Tageswert statt; dieser kann unter oder über dem Nennwert liegen. Kursverluste können nur bei einem vorzeitigen Verkauf des Pfandbriefs entstehen, wenn der aktuelle Börsenkurs unter dem ursprünglichen Kaufpreis, also dem Nennwert liegt.

Aus der Sicht des Anlegers sind Pfandbriefe doppelt sicher:

- Jeder Pfandbrief ist durch erstrangige Hypotheken und Grundschulden gedeckt. Bei Hypothekenpfandbriefen darf die Bank das Anlegerkapital aus dem Pfandbrief nur verwenden, um mit Grundschulden abgesicherte Immobiliendarlehen zu vergeben. Dabei darf die Kreditsumme höchstens 60 % des Beleihungswerts der Immobilie betragen.

- Pfandbriefgläubiger genießen ein sogenanntes Insolvenzvorrecht. Es bewirkt, dass im Falle der Insolvenz der Pfandbriefbank die Deckungsmassen (Sicherheiten) alleine den Pfandbriefgläubigern zur Befriedigung ihrer Forderungen zur Verfügung stehen und sie somit von der Insolvenz der Pfandbriefbank nicht betroffen sind.

Auszahlpläne von Banken

Ein Bankauszahlplan ist eine bequeme Sache. Damit kann der Anleger für einen bestimmten Zeitraum sein Kapital in regelmäßiges Einkommen umwandeln. Je nach Anbieter reichen die Laufzeiten der Auszahlpläne von einem Jahr bis 30 Jahre. Der Zins ist stets für die gesamte Laufzeit garantiert. Anleger können zwischen monatlichen und oft auch viertel-, halb- oder jährlichen Auszahlungen wählen.

Am Ende der Laufzeit ist das Kapital aufgebraucht. Die von einigen Banken angebotene Variante, bei der die ursprüngliche Summe erhalten bleibt und nur die Zinsen ausgezahlt werden, taugt beim aktuellen Zinsniveau nicht als regelmäßige Einnahmequelle.

Weil jeder Auszahlplan wegen des Kapitalverzehrs irgendwann einmal endet, ist er für die Aufbesserung der Rente nicht empfehlenswert. Schließlich soll das Geld für eine lange Laufzeit bis ins hohe Alter reichen. Als Alternative kommt der Abschluss einer privaten Rentenversicherung für eine lebenslange Rente in Betracht.

Geldanlagen mit mittlerem Risiko

Zu den halbwegs sicheren Geldanlagen gehören Unternehmensanleihen, Genussscheine, Renten-, Misch- und Dachfonds.

Unternehmensanleihen

Unternehmensanleihen sind festverzinsliche Wertpapiere, die nicht von einer staatlichen Institution herausgegeben werden, sondern von einem privaten Unternehmen. Mit solchen Anleihen besorgen sich Unternehmen Geld in Form von Fremdkapital. Sie »leihen« sich also Geld und versprechen, dieses Geld nach einer bestimmten Zeit (in der Regel zwischen einem Jahr und zehn Jahren) zurückzuzahlen. Für die Bereitstellung des Kapitals zahlt das Unternehmen an den Gläubiger Zinsen. Das Risiko für den Gläubiger besteht darin, dass das Unternehmen pleitegeht und das Kapital verloren ist.

Achtung: Als Grundregel gilt: Je weniger Bonität ein Unternehmen genießt, desto höhere Zinsen muss es bieten, damit die Anleihe gekauft wird. Bei der Beurteilung der Renditechancen und der Risiken ist das Rating eine wichtige Hilfe. Das Rating beschreibt eine Note, die das betreffende Unternehmen nach der Bonitätsprüfung für seine Finanzkraft erhält. Marktführende Ratingagenturen sind die US-amerikanischen Häuser Moody's und Standard & Poor's.

Standard & Poor's	Moody's	Beurteilung
Investmentqualität		
AAA	Aaa	Höchste Qualität; Ausfallrisiko fast null
AA+ AA AA-	Aa1 Aa2 Aa3	Hohe Qualität; sichere Anlage, wenn auch leichtes Ausfallrisiko
A+ A A-	A1 A2 A3	Gute Bonität; die Anlage ist sicher, wenn keine unvorhergesehenen Ereignisse die Gesamtwirtschaft oder die Branche beeinträchtigen
BBB+ BBB BBB-	Baa1 Baa2 Baa3	Durchschnittliche Bonität; bei Verschlechterung der Gesamtwirtschaft muss aber mit Problemen gerechnet werden
Spekulationsgeschäfte		
BB+ BB BB-	Ba1 Ba2 Ba3	Spekulative Qualität; bei Verschlechterung der Lage ist mit Ausfällen zu rechnen
B+ B B-	B1 B2 B3	Hoch spekulative Qualität; der Kauf von Anleihen ist mit einem sehr hohen Ausfallrisiko behaftet
CCC+ CCC CCC-	Caa1 Caa2 Caa3	Extrem spekulative Anlage; es besteht die akute Gefahr des Zahlungsverzugs; bei Moodys liegt bereits Zahlungsverzug vor
D	C	Zahlungsausfall

Wie der Tabelle entnommen werden kann, endet die Investment-qualität bei einem Rating von BBB- bzw. Baa3. Jede darunter bewertete Geldanlage ist spekulativ und mit großen Risiken verbunden. Mit Geldanlagen in dieser Kategorie wird ein höheres Verlustrisiko eingegangen, was mit einer besonders guten Verzinsung, dem sogenannten Risikoaufschlag, kompensiert wird.

 Wer sein Geld in Unternehmensanleihen anlegen will, sollte unbedingt auf risikoarme Papiere der Kategorien A setzen. Selbst wenn dann eine Herabstufung erfolgen sollte, besitzt die Anleihe immer noch Investmentqualität. Allerdings sind auch ein gutes Rating kein Garant für eine sichere Anleihe und die Rückzahlung des Anlagebetrags.

Genussscheine

Genussscheine verbinden die Eigenschaften von Aktien und Anleihen. Maßgebend sind die jeweiligen Emissionsbedingungen. Der Anleger erhält eine feste Grundverzinsung. Ob diese Zinsen allerdings gezahlt werden, hängt vom Gewinn des Unternehmens ab. Wird in einem Geschäftsjahr kein positives Bilanzergebnis erzielt, werden auch keine Zinsen gezahlt.

Der Anleger hat keinen garantierten Anspruch auf Ausschüttung. Er trägt das wirtschaftliche Risiko des Unternehmens mit. Der Kurswert des Genussscheins steht und fällt mit dem Ergebnis des Unternehmens. Und im Falle der Pleite des Emittenten werden die Rückzahlungsansprüche aus den Genussscheinen erst nachrangig nach vollständiger Befriedigung der anderen Gläubiger bedient.

 Genussscheine bieten zwar nicht den maximalen Gewinn ohne jegliches Risiko, aber bei soliden Herausgebern immerhin attraktive Ausschüttungen bei überschaubarem Risiko.

Rentenfonds

Der Name »Rentenfonds« ist einigermaßen irreführend. Mit der gesetzlichen Rente hat er auf jeden Fall nichts zu tun. Rentenfonds heißen so, weil Anleihen wie eine Art Rente regelmäßig Zinszahlungen ausschütten.

Rentenfonds kaufen Anleihen, die von Ländern, Unternehmen oder anderen Institutionen herausgegeben werden. Je nach Anlageschwerpunkt investieren sie vor allem in Bundes-, Auslands-, Fremdwährungs-, Unternehmens- und Wandelanleihen, ferner in Genussscheine. Auch in Geldmarktpapiere wird investiert; das sind festverzinsliche handelbare Wertpapiere mit einer kurzen Restlaufzeit von meistens unter zwölf Monaten. Die Rendite von Rentenfonds setzt sich aus den Zinserträgen und etwaigen Kursgewinnen der Anleihe zusammen.

Rentenfonds gelten im Vergleich zu Aktienfonds als Fonds mit niedrigerem Risiko und niedrigeren Ertragschancen. Gleichwohl sind Risiken und Ertragschancen nicht bei allen Rentenfonds gleich. Regelmäßig geht mehr Sicherheit zulasten der Renditechancen, dagegen muss sie bei höheren Renditechancen mehr Risiko in Kauf genommen werden.

> Rentenfonds decken das gesamte Risikoprofil ab. Sie können vergleichsweise sicher, aber auch hoch riskant sein. Maßgebend sind insbesondere die Ausrichtung und die Restlaufzeiten der Anleihen des Fonds. Deshalb muss unbedingt auf die Anlageschwerpunkte des Fonds geachtet werden.

- Wer auf Nummer sicher gehen will, sollte in Rentenfonds investieren, die auf kürzere Restlaufzeiten der Anleihen setzen. Die Renditeschwankungen sind dann eher gering, das Verlustrisiko niedrig. Allerdings muss in Kauf genommen werden, dass die Rendite deutlich geringer als bei Rentenfonds mit dem Schwerpunkt auf lang laufende Anleihen ausfällt.

- Sichere Rentenfonds sind auch solche, die in Staatsanleihen wirtschaftlich gefestigter Länder investieren. Das Gleiche gilt für Fonds, die Anleihen von Unternehmen im Portfolio haben, deren Bonität hoch eingestuft wird.

- Riskanter wird die Investition in einen Rentenfonds, wenn dieser in hochverzinsliche Anleihen, also in Anleihen von Schuldnern mit geringer Bonität investiert. Solche Fonds legen das Geld in Staatsanleihen von Schwellenländern (Emerging Markets) an oder konzentrieren sich auf Unternehmensanleihen mit höherem Ausfallrisiko. Ein solcher Rentenfonds erfüllt nicht die Anforderungen einer sicherheitsorientierten Kapitalanlage.

Mischfonds

Gemischte Fonds legen ihr Geld außer in Aktien auch in festverzinsliche Wertpapiere an. Es gibt Fonds mit ausgewogener, offensiver oder defensiver Ausrichtung. Defensive Fonds enthalten mehr Zinspapiere, offensive mehr Aktien. Bei vielen Mischfonds ist festgelegt, wie hoch der Aktienanteil bzw. der Anteil an festverzinslichen Wertpapieren in etwa sein soll. In diesem Fall können Anleger ihre Risiken dann grob abschätzen. Zahlreiche Mischfonds sind in ihrer Konzeption aber auch völlig frei darin, in welche Anlagen sie das Fondsvermögen gewichten.

 Mischfonds eignen sich insbesondere für Anleger, die sich nicht gern mit Fonds und Börse beschäftigen, gleichzeitig aber nicht vollständig auf die Chancen der Kapitalmärkte verzichten wollen. Wer sein Geld in einem Mischfonds anlegen möchte, sollte unbedingt das jeweilige Fondskonzept bzw. die jeweiligen Anlagerichtlinien beachten, damit die Risiken abgeschätzt werden können.

Dachfonds

Dachfonds investieren nicht in einzelne Wertpapiere, sondern in andere Fonds (sogenannte Zielfonds). Ob dabei vorwiegend Aktien- oder Rentenfonds berücksichtigt werden, hängt von der Anlagestrategie des Fonds ab. Es gibt konservative Dachfonds mit hohem Anleiheanteil, ausgewogene Mischungen und aktienorientierte Wachstumsfonds. Vor allem Dachfonds mit variablem Anlagekonzept bieten bei stark schwankenden Börsenkursen ein ausgewogenes Chancen-Risiko-Profil.

Bei Dachfonds muss unbedingt auf die Kosten für die Verwaltung geachtet werden, weil diese oft nicht transparent ausgewiesen sind wie bei einfachen Aktien- oder Rentenfonds. Und zu berücksichtigen ist auch, dass der Anleger beim Kauf von Dachfonds gleich doppelt zur Kasse gebeten wird, wenn der Dachfonds in Zielfonds fremder Anleihen investiert.

Geldanlagen mit hohem Risiko

Das Schwankungs- und Verlustrisiko einer Geldanlage nimmt mit steigenden Renditeerwartungen des Anlegers zu. Zu den Anlageprodukten mit hohem Risiko gehören insbesondere Aktien und Aktienanleihen.

Mittel- und langfristig betrachtet gehören Aktien zu den lukrativsten Geldanlagen. Gleichwohl ist zu berücksichtigen, dass große Börsentiefs wie zum Beispiel zuletzt im Zuge der Finanzkrise 2008/2009 über mehrere Jahre erzielte Kursgewinne innerhalb kürzester Zeit zunichtemachen können. Nicht ganz so riskant wie bei Aktien ist die Geldanlage bei einem Aktienfonds. Hierbei werden Anlagerisiken gestreut, indem nicht in eine einzelne Aktie, sondern in verschiedene Aktien investiert wird. Aber auch Aktienfonds sind nicht von der Großwetterlage an den Kapitalmärkten abgekoppelt und können sich – je nach Anlageschwerpunkt – über einen längeren Zeitpunkt schlechter entwickeln als der Gesamtmarkt.

Aktien

Eine Aktie ist eine Beteiligung am Grundkapital einer Aktiengesellschaft und damit eine unternehmerische Kapitalanlage. Mit der Beteiligung am Grundkapital eines Unternehmens tragen die Aktionäre das unternehmerische Risiko. Weil Kursverluste ebenso wie Kursgewinne möglich sind, gehen diese also kein geringes Risiko ein; schließlich können auch Fachleute die Kursentwicklung nicht sicher prognostizieren. Und auch ein Totalverlust des angelegten Kapitals ist möglich, wenn die Aktiengesellschaft in Insolvenz geht.

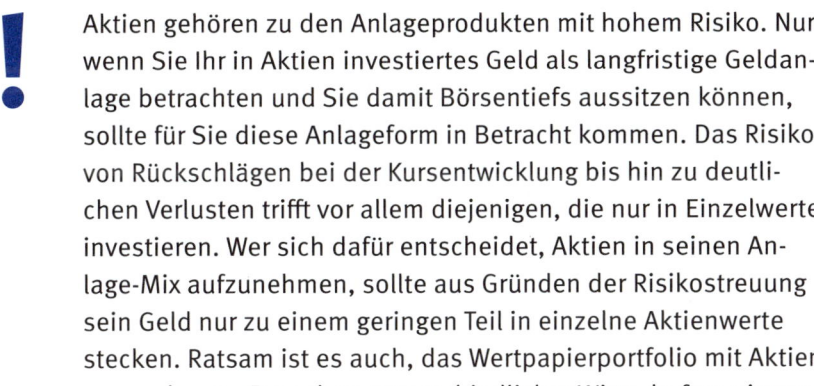

Aktien gehören zu den Anlageprodukten mit hohem Risiko. Nur wenn Sie Ihr in Aktien investiertes Geld als langfristige Geldanlage betrachten und Sie damit Börsentiefs aussitzen können, sollte für Sie diese Anlageform in Betracht kommen. Das Risiko von Rückschlägen bei der Kursentwicklung bis hin zu deutlichen Verlusten trifft vor allem diejenigen, die nur in Einzelwerte investieren. Wer sich dafür entscheidet, Aktien in seinen Anlage-Mix aufzunehmen, sollte aus Gründen der Risikostreuung sein Geld nur zu einem geringen Teil in einzelne Aktienwerte stecken. Ratsam ist es auch, das Wertpapierportfolio mit Aktien aus mehreren Branchen unterschiedlicher Wirtschaftsregionen zu bestücken.

Bei Aktien bestehen gleich mehrere Chancen auf Erträge:

- Bei positiver Geschäftslage wird Dividende ausgeschüttet; das ist der Teil des Gewinns, den eine Aktiengesellschaft an ihre Aktionäre zahlt. Die meisten Unternehmen zahlen einmal jährlich Dividende.

- Beim Verkauf der Aktie steht dem Anleger der Kursgewinn zu; das ist der Unterschiedsbetrag des aktuellen Börsenkurses zum geringeren Kurs, zu dem die Aktie anfangs erworben wurde.

- Unter Umständen werden auch Sonderausschüttungen an die Aktionäre geleistet, wenn die Geschäftsentwicklung überdurchschnittlich gut verlaufen ist.

Wer mit seinem Kapital auf Nummer sicher gehen und bereits beim Abschluss einer Anlageform zumindest ungefähr wissen will, mit welcher Rendite er rechnen kann, sollte von Aktien die Finger lassen. Wer gleichwohl mit kleinen Anlagebeträgen ins Aktiengeschäft einsteigen will, sollte sich eingehend Informationen über das jeweilige börsennotierte Unternehmen einholen.

Aktienfonds

Ein Aktienfonds ist ein Investmentfonds, der ausschließlich oder zum überwiegenden Teil in Aktien investiert. Aktienfonds sammeln Geld von Anlegern ein, kaufen damit Aktien und stellen auf diese Weise Unternehmen Geld zur Verfügung. Das Fondsvermögen wird auf eine Vielzahl einzelner Aktientitel verteilt. Dabei kann sich der Fonds ausschließlich auf bestimmte Regionen (z. B. Europa), einzelne Länder oder auf bestimmte Branchen (z. B. Technologie, Finanzwerte) konzentrieren.

 In einen Aktienfonds kann man mit einem einmaligen größeren Geldbetrag oder im Rahmen eines Sparplans einsteigen. Trotz Risikostreuung und damit verbunden einem geringeren Verlustrisiko ziehen Kursrückgänge an den Börsen zwangsläufig auch Aktienfonds in Mitleidenschaft. Deshalb eignen sich Geldanlagen in Aktienfonds immer als langfristige Anlage. Wer in Aktienfonds investieren will, sollte einen Anlagehorizont von mindestens fünf Jahren in Betracht ziehen und genügend Liquidität besitzen, um Börsentiefs gegebenenfalls aussitzen zu können.

Achtung: Zu beachten ist auch, dass die Anlage in Aktienfonds mit Gebühren (insbesondere Ausgabeaufschlägen von bis zu 5 %) verbunden ist, die die Rendite schmälern. Und selbstverständlich wirken sich bei einer nur kurzzeitigen Anlage diese Gebühren besonders stark auf die Rendite aus.

Für die Chancen und Risiken der Anleger sind insbesondere auch die Ausrichtung des Anlageschwerpunkts und des Managementstils maßgebend. Für den Anleger bietet der Aktienfonds die Möglichkeit, mit gesteigerter Risikostreuung in Aktien zu investieren. Aufgrund des Umstands, dass der Fonds in mehrere Aktien investiert, besteht eine geringere Abhängigkeit von der Entwicklung einzelner Wirtschaftsakteure, was letztlich das Verlustrisiko senkt.

Bei einer Investition in Aktienfonds, die sich auf wenige aus-
gewählte Branchen konzentrieren, ist das Schwankungsrisiko
deutlich höher. Wenn nämlich diese Branchen in die Krise
geraten (z. B. Internetaktien), können die einzelnen Aktien
dieser Branche stärker in Mitleidenschaft gezogen werden als
der Gesamtmarkt. Besser ist es deshalb, in breit streuende
Aktienfonds zu investieren, die nur in geringem Umfang bestimmte Branchen berücksichtigen. Sinnvoll ist die Investition
in möglichst mehrere Aktienfonds weltweit mit unterschiedlicher Länder- und Branchenbeimischung.

1.3.6 Besteuerung der Kapitalerträge

Wer mit seinen Geldanlagen Gewinne macht, muss diese versteuern.
Seit 2009 unterliegen Kapitalerträge nicht mehr dem normalen (pro-
gressiven) Einkommensteuertarif. Vielmehr sind Sparer, die Geld
in Form von Bankeinlagen, Aktien, Anleihen oder Fonds anlegen,
von der Abgeltungsteuer betroffen. Sie wird auf Kapitaleinkünfte
wie Zinsen, Dividenden und realisierte Kursgewinne erhoben. Die
Abgeltungsteuer beträgt pauschal 25 % plus Solidaritätszuschlag. Sie
wird von der Bank einbehalten und an das Finanzamt abgeführt.

Renten aus privaten Rentenversicherungen werden mit dem günstigeren Ertragsanteil versteuert. Dabei muss nur der im Rentenbetrag
enthaltene Zinsanteil versteuert werden. Der Ertragsanteil ist abhängig vom Alter des Rentenbeziehers bei Beginn der Rente. Er ist umso
höher, je jünger der Rentenbezieher bei Beginn der Rente ist.

Besonderheiten bestehen bei der Besteuerung von Erträgen aus Kapitallebensversicherungen. Wie Einnahmen aus einer Kapitallebensversicherung versteuert werden müssen, hängt vor allem vom Zeitpunkt des Abschlusses ab. Das entscheidende Datum ist dabei der
1. 1. 2005.

1.4 Grundregeln für die richtige Geldanlage

Ein Patentrezept für die richtige Geldanlage bzw. für den optimalen Anlage-Mix gibt es nicht. Zu verschieden sind die individuellen Lebens- und Vermögensverhältnisse. Allerdings gibt es einige Grundregeln, die es bei Geldanlagen zu beachten gilt.

1.4.1 Gute und seriöse Finanzberater erkennen

»Bankberater sind keine Berater, sondern Verkäufer«. Wer Geld anzulegen hat, wendet sich im Regelfall zunächst an seine Bank, einen Versicherungsvertreter oder an einen Finanzdienstleister. Zwar wird man dort kostenlos beraten, man muss aber damit rechnen, dass in erster Linie die hauseigenen Produkte verkauft werden bzw. solche, bei denen der Berater die höchsten Provisionen erwartet.

Neben den Verbraucherzentralen gibt es weitere unabhängige Finanzberater, die auf Honorarbasis arbeiten. Zu beachten ist aber, dass sich Finanz- oder Anlageberater jeder nennen darf; die Berufsbezeichnung ist nicht geschützt. Und so tummeln sich auch viele schwarze Schafe auf dem Markt, vom »Geldfachmann« bis zum »Vermögensoptimierer«, die eines gemeinsam haben: Nicht selten kommt nur heiße Luft heraus und verkauft wird das, was die höchste Provision bringt. Und wenn der Finanzvermittler etwas von »Performance«, »Risikooptimierung« oder »exzellenten Risikopotenzialen« erzählt, heißt das noch lange nicht, dass er das nötige Fachwissen und die notwendige Unabhängigkeit für eine ordentliche Finanzplanung hat.

Das Bundesministerium für Verbraucherschutz hat zusammen mit den Verbraucherzentralen eine Checkliste aufgestellt, wie man einen seriösen Anlageberater erkennt. Hier einige Indizien:

- Ein seriöser Berater erläutert dem Kunden seinen rechtlichen Status und die sich daraus ergebende Haftung.

- Es geht im Gespräch vornehmlich um die Ziele des Kunden, nicht um Produkte.

- Der Berater berücksichtigt die finanzielle Gesamtsituation des Kunden. Dessen Risikobereitschaft aufgrund seiner Präferenzen wird detailliert erfragt.

- Die Empfehlung eines Produkts erfolgt auf Basis der Ziele und Präferenzen des Kunden.

- Es wird kein Produkt angeboten, das eine hohe Renditechance besitzt und trotzdem sicher sein soll.

- Der Kunde wird aufgeklärt, wann er (vorzeitig) über sein Geld verfügen kann. Ihm werden verschiedene Alternativen angeboten.

- Der Kunde wird nicht unter Zeitdruck gesetzt.

- Die Kosten des Produkts werden ausführlich erläutert.

- Der Berater händigt dem Kunden schriftliche Unterlagen aus.

Achtung: Niemals sollten Verträge bei Finanzberatern abgeschlossen werden, die ohne vorherige Vereinbarung Kontakt aufnehmen und über Gelddinge sprechen wollen, mit der »Freundschaftsmasche« kommen und auf einen eiligen Abschluss drängen, Traumrenditen ohne Risiko und jederzeitige Ausstiegsmöglichkeit versprechen und lediglich mündliche Zusagen machen.

 Man sollte niemandem glauben, der hohe Renditen oder Steuervorteile ins Blaue hinein verspricht. Hohe Renditen gibt es nur im Doppelpack mit einem hohen Verlustrisiko. Bankberater und andere Finanzvermittler werden in der Regel auf Provisionsbasis bezahlt. Sie sind also Verkäufer. Deswegen ist davon auszugehen, dass von diesen Beratern nur solche Produkte empfohlen werden, an denen die Verkäufer auskömmlich verdienen. Auch Sparkassen und Volksbanken verkaufen hauseigene Produkte oder Produkte von Dritten mit entsprechender Vertriebskooperation und setzen ihren Mitarbeitern Vertriebsziele.

1.4.2 Wichtige Regeln für die Geldanlage

Für Verbraucher, die ihr Geld möglichst sicher anlegen wollen, stellt sich die Situation derzeit düster dar. Stecken sie ihr Geld in sichere Anlageformen wie Sparbuch, Tagesgeld und Festgeld, bekommen sie dafür kaum Zinsen. Nur mit Geldanlagen, bei denen ein gewisses Risiko eingegangen wird, können noch Erträge erzielt werden. Wichtig ist immer die Frage, was man mit der Geldanlage konkret erreichen will. Denn je nach Anlageziel sind ganz unterschiedliche Anlageformen geeignet bzw. ungeeignet. Eine Geldanlage kann aber nicht zugleich sicher, jederzeit verfügbar und hochrentabel sein.

Wer die nachfolgenden Regeln des kleinen Geldanlage-Einmaleins beachtet, ist gut gerüstet, um auch den schlimmsten Anlage-Fallen aus dem Weg zu gehen.

- Egal ob ein größerer Geldbetrag einmalig oder auch nur ein kleiner monatlicher Sparvertrag angelegt werden soll: Die Risiken sollten gestreut werden.

- Bei einer Geldanlage sollte man nie mehr Risiko eingehen, als man tragen kann.

- Man sollte sich nur für eine Geldanlage entscheiden, wenn man das Produkt versteht. Grundsätzlich gilt: Je komplizierter ein Produkt ist, desto erfahrener sollte man in Finanzgeschäften sein.

- Vorsicht bei undurchsichtigen Ausstiegsmöglichkeiten. Besonders vorsichtig sollte man bei mehrjährigen Vertragslaufzeiten sein, wenn keine oder nur eine mit erheblichen finanziellen Nachteilen verbundene vorzeitige Kündigungsmöglichkeit besteht.

- Kosten, Gebühren und Provisionen schmälern den Ertrag, der mit einer Investition erzielt werden kann. Bei der Entscheidung für eine Anlageform sollte also sehr genau auf die Kosten geachtet werden. Oftmals sind die entsprechenden Angaben inmitten einer Flut von anderen Informationen versteckt.

- Flexibilität ist wichtig. Es sollten Anlageformen bevorzugt werden, auf die verlustfrei auch vorzeitig zugegriffen werden kann.

- Die Rückzahlung von Schulden hat immer Vorrang. Das gilt vor allem bei Dispo- und Ratenkrediten.

- Nicht alles Geld auf eine Karte setzen, sondern mehrere Anlageformen berücksichtigen. Auf Dauer ist keine Anlageform einer anderen überlegen.

- Bei schwankenden Einkünften sollte bei der Geldanlage auf Nummer sicher gegangen werden, während bei einer soliden finanziellen Grundlage auch riskantere Anlageformen in Betracht gezogen werden können.

- In regelmäßigen Abständen sollte überprüft werden, ob die Anlageformen noch zum persönlichen Bedarf passen. Das gilt besonders dann, wenn sich die Laufzeit einer Geldanlage ihrem Ende entgegenneigt oder sich ein Trend bei der Zinsentwicklung abzeichnet.

1.4.3 Geldanlagen bei näher rückendem Rentenbeginn

Wenn ab 60 der Ruhestand näher rückt, sollte dies zum Anlass genommen werden, die Finanzplanung gründlich unter die Lupe zu nehmen. Für die Frage, welche Anlageformen in diesem Zusammenhang in Betracht kommen, ist von Bedeutung, welches Einkommen zur Verfügung steht. Dann sind die vorhandenen Kapitalanlagen danach zu beurteilen, welche Renditechancen bestehen, welche Verlustrisiken damit verbunden sind und innerhalb welchen Zeitraums das Kapital zur Verfügung steht, wenn es kurzfristig benötigt wird.

Schuldenfrei in den Ruhestand

Schuldenfrei in den Ruhestand, das ist die »halbe Miete«. Denn gesparte Schuldzinsen bringen in der Regel die höchste Rendite. Vor allem Immobilienbesitzer tun gut daran, bis zum Rentenbeginn

Darlehensschulden abzutragen. Die eigene Immobilie wirkt im Ruhestand wie eine Zusatzrente. Denn Hausbesitzer sparen die monatliche Miete. Diese Rechnung geht aber nur auf, wenn die Immobilie im Alter schuldenfrei ist.

Achtung: Wer in Rente geht, hat in der Regel meist deutlich weniger Geld pro Monat zur Verfügung. Wenn dann noch Schulden bestehen und Zins- und Tilgungsleistungen anstehen, kann das die finanzielle Kalkulation im Ruhestand schnell über den Haufen werfen.

 Es sollten rechtzeitig alle Möglichkeiten genutzt werden, schuldenfrei in den Ruhestand zu gehen. Deshalb sollte mit Blick auf das Ende des Berufslebens eine laufende Finanzierung auf eine möglichst schnelle Tilgung ausgerichtet sein. Es sollten alle Möglichkeiten ausgeschöpft werden, vorhandene Schulden zu tilgen. Bestehende Sondertilgungsmöglichkeiten im Rahmen einer Baufinanzierung sollten genutzt werden. So lässt sich nicht nur die Rückzahlung erheblich beschleunigen, sondern auch der Zinsaufwand kräftig senken. Dafür können Kapitalanlagen oder fällige Kapitallebensversicherungen eingesetzt werden. Das ist in jedem Fall günstiger, als Geldanlagen und Kredite nebeneinander laufen zu lassen.

Absicherung der Vermögenswerte

Eine generelle Empfehlung, wie vorhandenes Kapital im Alter angelegt werden bzw. wie der optimale Anlage-Mix aussehen sollte, ist nicht möglich. Zu vielfältig sind die unterschiedlichen individuellen Lebensverhältnisse. Im Regelfall gilt jedoch, dass sich mit dem näher rückenden Ruhestand die Anforderungen an die Sicherheit der Kapitalanlage steigen werden. Und langfristige Anlagen sollten auf kurz- und mittelfristige umgeschichtet werden.

- Sicherheit steht an erster Stelle. Die Geldanlage darf nicht von den Schwankungen am Aktienmarkt abhängen; denn mit zunehmendem Alter besteht das Risiko, Kursverluste nicht mehr auszusitzen zu können. Das Hauptaugenmerk der Kapitalanlage sollte also auf dem Kapitalerhalt liegen und die Inflation berücksichtigen. Ziel sollte es sein, dass die Ersparnisse ihre Kaufkraft erhalten.

- Ein wichtiger Aspekt bei der Geldanlage ist auch die Flexibilität. Unter Umständen kann es notwendig sein, beim Eintritt in den Ruhestand über das Kapital schnell verfügen zu können. Vor allem im Falle eines vorzeitigen Ruhestands ist es nicht ausgeschlossen, dass für einen vorübergehenden Zeitraum finanzielle Engpässe überbrückt werden müssen.

- Unflexible Anlageprodukte wie lang- oder mittelfristige Festgelder oder Sparbriefe scheiden als Geldanlage ebenso aus wie riskante Anlagen in Aktien oder Aktienfonds. Sinnvoll sind sichere und kurzfristige Anlageprodukte. Ein Teil des Kapitals sollte auf einem Tagesgeldkonto geparkt werden, um die kurzfristige Liquidität zu gewährleisten. Daneben kommen Festgelder mit drei- bis sechsmonatiger Kündigungsfrist, Sparzertifikate mit einer Ausstiegsmöglichkeit oder als Kapitalanlagen in Betracht. Auch börsennotierte Bundeswertpapiere kommen infrage, wenn das Risiko überschaubarer Kursverluste verkraftet werden kann.

Mit der Umschichtung der Geldanlagen sollte rechtzeitig, möglichst über einen Zeitraum von fünf Jahren bis zum Rentenbeginn begonnen werden. Je mehr Zeit eingeplant wird, umso weniger besteht Zeitdruck, der unter Umständen dazu führt, bei Umschichtungen Renditeeinbußen in Kauf nehmen zu müssen.

Liquiditätsreserve

In der Regel werden sich die Kosten für Gesundheit und Pflege mit zunehmendem Alter erhöhen. Das betrifft nicht nur den Mehrbedarf an medizinischen Leistungen bei gesundheitlichen Beeinträchtigungen (z. B. Eigenbeteiligungen bei Gesundheits- und Behandlungskosten). Nicht selten bedarf es auch größerer Investitionen wie beispielsweise wegen körperlicher Einschränkungen beim notwendigen Einbau eines Treppenliftes oder beim Umbau des Badezimmers. Für solche Fälle muss finanzielle Vorsorge getroffen werden. Dabei muss darauf geachtet werden, dass das Kapital bei Bedarf innerhalb weniger Monate in Anspruch genommen werden kann. In diesem Zusammenhang bieten manche Sparprodukte von Banken mit der Möglichkeit der vorzeitigen Kündigung eine Kombination aus hoher Anlagensicherheit und flexiblem Zugriff. Auch Anleihen und börsennotierte Pfandbriefe können vor der Fälligkeit veräußert werden; allerdings besteht hier ein begrenztes Kursrisiko.

 Aber nicht nur für Gesundheit und Pflege muss finanzielle Vorsorge getroffen werden. Darüber hinaus sollte auch im Alter für unvorhergesehene Ausgaben eine finanzielle Reserve zur Verfügung stehen. Möglichst zwei bis drei Monatseinnahmen sollte man für ungeplante Ausgaben auf der hohen Kante haben. Das Geld kann auf einem Tagesgeldkonto angelegt werden.

Anlage fälliger Lebensversicherungen

Wenn eine Lebensversicherung ausbezahlt wird, steht manchmal plötzlich ein großer Geldbetrag zur Verfügung. Wieder anlegen, Schulden tilgen, sich lang ersehnte Wünsche erfüllen, Kinder und Enkel beschenken oder in eine Zusatzrente stecken? Alles will gut überlegt sein, vor allem, wenn man mit dem langjährig Ersparten seine Rente im Alter aufbessern möchte.

Wer das angehäufte Kapital mangels attraktiver Zinsen nicht in sichere Anlageformen wie Tages- oder Festgeld investieren, sondern jeden Monat davon profitieren möchte, hat mehrere Möglichkeiten. Dafür kommen vor allem drei Produkte infrage: eine sofort beginnende Rentenversicherung, ein Bankauszahlplan und ein Fondsentnahmeplan. Wofür man sich letztendlich entscheidet, hängt von der konkreten Lebenssituation, den finanziellen Rahmenbedingungen sowie den Erfahrungen und Präferenzen bei Geldanlagen ab.

 Wenn noch Schulden bestehen, sollte das Kapital der Lebensversicherung unbedingt für die Tilgung verwendet werden

Verrentung

Versicherer werden aus gutem Grund ein Interesse daran haben, das Geld im eigenen Haus zu halten. In diesem Fall wird häufig der Abschluss einer privaten Rentenversicherung angeboten. Dabei handelt es sich eigentlich um keine Versicherung, sondern eher um einen Sparvertrag, weil es keinen Todesfallschutz für die Hinterbliebenen gibt.

Statt über einen längeren Zeitraum Beträge anzusparen, kann bei der privaten Rentenversicherung auch auf die Ansparphase verzichtet und eine größere Summe auf einmal eingezahlt werden. Danach zahlt die Versicherung eine lebenslange Rente, die sich aus einem garantierten und einem nicht garantierten Teilbetrag zusammensetzt. Die Höhe der Rentenzahlung ist abhängig von der Höhe des investierten Kapitals und den Erträgen, die die Versicherung erwirtschaften kann.

Achtung: Sollte der Versicherte frühzeitig sterben, profitiert die Versicherung vom Restkapital, das sich nicht vererben lässt. Zwar kann eine Rentengarantie oder Beitragsrückgewähr vereinbart werden, dies erhöht allerdings die Kosten der Privatrente erheblich, wodurch sich die monatliche Rentenzahlung verringert.

Die monatlichen Auszahlungen aus der privaten Rentenversicherung werden nur mit einem bestimmten Ertragsanteil besteuert. Dieser wird bei Rentenbeginn festgestellt und bleibt für die gesamte Rentenzeit gleich. Je später sich der Versicherte die Rente ausbezahlen lässt, desto geringer ist der Ertragsanteil. Bei einem Rentenbeginn mit 60 Jahren beträgt der Ertragsanteil 22 %, mit 65 Jahren 18 % und mit 67 Jahren 17 %. Der so ermittelte Ertragsanteil ist dann mit dem persönlichen Steuersatz zu versteuern.

Beispiel: Bei einer Rente von € 600,– und einem Rentenbeginn mit 65 beträgt der Ertragsanteil € 108,–. Beträgt der persönliche Steuersatz im Alter 20 %, sind rund € 21,– Steuern auf die Rente zu zahlen.

Die Sofortrente ist geeignet für sicherheitsbewusste Senioren, die einen Teil ihres Vermögens für ein regelmäßiges Zusatzeinkommen ausgeben wollen und auf ein langes Leben hoffen. In diesem Fall ist die günstige Besteuerung der monatlichen Renten mit dem Ertragswert von Vorteil.

Bankauszahlplan

Beim Bankauszahlplan wird das Kapital bei einer Bank oder Sparkasse zu einem festen Zins angelegt und eine befristete Auszahlung vereinbart (z. B. über 20 Jahre). An den Sparer wird monatlich eine bestimmte Summe ausgezahlt. Es besteht die Möglichkeit des sogenannten Kapitalerhalts oder des Kapitalverzehrs. Das hängt von der Zinshöhe und davon ab, welcher Betrag monatlich ausgezahlt wird.

Beispiel: Es sollen € 80 000,– angelegt und über einen Auszahlplan jährlich € 4 000,– ausgezahlt werden. Nach Steuern wird der Anlagebetrag mit 2 % verzinst. In diesem Fall ist das Guthaben nach rund 26 Jahren aufgebraucht. Sollen jährlich € 6 000,– entnommen werden, reicht das Kapital gerade mal für circa 15 Jahre. Soll vom Guthaben nur so viel entnommen werden, dass das Kapital nicht angegriffen wird, stehen dem Anleger bei einer zweiprozentigen Verzinsung des Kapitals nach Steuern jährlich € 1 600,– zur Verfügung, bei einer dreiprozentigen Verzinsung € 2 400,– jährlich.

Beim Bankauszahlplan können Sie im Gegensatz zum Fondsentnahmeplan genau kalkulieren, wie lange das Ersparte für die
zusätzliche Rente ausreicht. Vorteilhaft ist beim Bankauszahlplan auch, dass das Kapital nicht verloren geht, wenn der Anleger vorzeitig versterben sollte. In diesem Fall wird das Restkapital an die begünstigten Angehörigen bzw. die Erben ausbezahlt.
Ein Vorteil dieser Kapitalanlage ist auch, dass das Geld im
Rahmen der gesetzlichen Einlagensicherung abgesichert ist. Ein
wesentlicher Nachteil des Bankauszahlplans besteht allerdings
darin, dass man aus dieser Geldanlage nicht einfach wieder
aussteigen und das Geld anderweitig anlegen kann.

Fondsentnahmeplan

Ansprechende Renditen können auch mit einem Fondsentnahmeplan erwirtschaftet werden. Dafür ist allerdings auch das Risiko höher. Beim Fondsentnahmeplan wird eine bestimmte Anlagesumme
in einen oder mehrere Fonds angelegt. Aus dem Depot werden dann
regelmäßige Auszahlungen geleistet. Dabei entscheidet der Anleger,
ob die regelmäßigen Auszahlungen ausschließlich aus den laufenden
Erträgen des Depots finanziert werden oder ob auch Teile des Kapitals aufgebraucht werden (»Kapitalverzehr«). Je höher die monatliche Rente ausfällt, desto schneller wird auch das angelegte Kapital
angegriffen.

Achtung: Beim Fondsentnahmeplan besteht das Risiko, dass sich
Ihr Vermögen durch unvorhergesehene Kurseinbrüche vermindert.
Wer dieses Risiko minimieren möchte, sollte nicht alles auf ein Pferd
setzen. Ein solider Anlagemix ist hier empfehlenswert. Nachteilig ist
beim Fondsentnahmeplan auch, dass die Verzinsung und damit der
Zeitraum, über den ein bestimmter Geldbetrag entnommen werden
kann, nicht gewährleistet ist. Über eine garantierte Rente in einer
bestimmten Höhe kann der Anleger also nicht verfügen.

Für den Fondsentnahmeplan spricht, dass im Gegensatz zur Sofortrente bei einem vorzeitigen Tod des Anlegers das nicht verbrauchte Kapital den Begünstigten bzw. den Erben zur Verfügung steht. Ferner ist diese Form der Kapitalanlage flexibler als der Bankauszahlplan und die Sofortrente, weil jederzeit die Möglichkeit besteht, auf das Kapital zuzugreifen und es anderweitig anzulegen.

2 Wie Rentner und Hinterbliebene durch die gesetzliche Rente versorgt sind

Im Regelfall ist die Rente die wichtigste Einnahme im Ruhestand. Deshalb ist es wichtig, sich rechtzeitig darüber zu informieren, ab wann man in Ruhestand gehen und mit welcher Rente man rechnen kann. Maßgebend ist allerdings letztlich, was von der Rente nach Abzug von Steuern und Sozialversicherungsbeiträgen noch übrig bleibt.

2.1 Gut informiert in die Rente

Mit dem 60. Geburtstag sind für viele Berufstätige die ersten Gedanken an die Rente verbunden. Wie lange will ich noch arbeiten? Und reicht die Rente im Alter aus? Der Absprung aus dem Job will gut vorbereitet sein. Wichtig ist es, sich rechtzeitig zu informieren. Nur dann kann man noch an der einen oder anderen Schraube drehen.

2.1.1 Rentenkonto

Mitglieder in der gesetzlichen Rentenversicherung haben beim Rentenversicherungsträger ein Versicherungskonto. Dort werden u. a. Angaben über die rentenrechtlichen Zeiten gespeichert, die der Versicherte zurückgelegt hat und die der späteren Rentenberechnung zugrunde gelegt werden. Zu den gesammelten Daten gehören

- die persönlichen Daten des Versicherten,
- der oder die Arbeitgeber,
- Bruttoverdienste bei den Beitragszeiten,
- Anzahl und Höhe von freiwilligen Beiträgen bzw. Höherversicherungsbeiträgen,
- Anrechnungszeiten wie Schwangerschaft, Arbeitsunfähigkeit, Ausbildung usw.,
- Ersatzzeiten.

Jeder Versicherte hat Anspruch auf Auskunft über den Stand seines Versicherungskontos. Die Auskunft kann schriftlich oder online erfolgen. Die schriftliche Auskunft kann beim zuständigen Rentenversicherungsträger oder bei den Auskunfts- und Beratungsstellen verlangt werden.

2.1.2 Renteninformation

Alle Versicherten, die das 27. Lebensjahr vollendet haben, erhalten automatisch einmal jährlich eine schriftliche Information über ihre bisher zur Rentenversicherung gezahlten Beiträge und die erworbenen Rentenanwartschaften. Die Renteninformation gibt Auskunft über den aktuellen Stand des persönlichen Versicherungskontos und lässt eventuelle klärungsbedürftige Lücken im Versicherungsverlauf erkennen. Sie enthält

- Angaben über die Grundlagen der Rentenberechnung,

- Angaben über die Höhe einer Rente wegen verminderter Erwerbsfähigkeit (Erwerbsminderungsrente), die zu zahlen wäre, wenn der Leistungsfall der vollen Erwerbsminderung vorliegen würde,

- eine Prognose über die Höhe der zu erwartenden Regelaltersrente,

- Informationen über die Auswirkungen künftiger Rentenanpassungen,

- eine Übersicht über die Höhe der Beiträge, die für Beitragszeiten vom Versicherten, dem Arbeitgeber oder von öffentlichen Kassen gezahlt worden sind.

Nach Vollendung des 55. Lebensjahres wird die Renteninformation alle drei Jahre durch eine Rentenauskunft ersetzt.

2.1.3 Rentenauskunft

Nach Vollendung des 55. Lebensjahres erhält der Versicherte vom Rentenversicherungsträger alle drei Jahre eine Rentenauskunft. Besteht ein berechtigtes Interesse, kann die Rentenauskunft auch jüngeren Versicherten erteilt werden oder in kürzeren Abständen erfolgen. Die Rentenauskunft enthält insbesondere

- eine Übersicht über die im Versicherungskonto gespeicherten rentenrechtlichen Zeiten,

- eine Darstellung über die Ermittlung der persönlichen Entgeltpunkte mit der Angabe ihres derzeitigen Wertes und dem Hinweis, dass sich die Berechnung der Entgeltpunkte aus beitragsfreien und beitragsgeminderten Zeiten nach der weiteren Versicherungsbiografie richtet,

- den aktuellen Anspruch der vollen Erwerbsminderungsrente und der Witwen- bzw. Witwerrente,

- auf Antrag auch die Höhe der Beitragszahlung, die zum Ausgleich einer Rentenminderung bei vorzeitiger Inanspruchnahme einer Rente wegen Alters erforderlich ist, und über die ihr zugrunde liegende Altersrente,

- allgemeine Hinweise zur Erfüllung der persönlichen und versicherungsrechtlichen Voraussetzungen für einen Rentenanspruch.

2.1.4 Kontenklärung

Wie dargelegt, führt die Deutsche Rentenversicherung für jeden Versicherten ein Versicherungskonto. Damit beim Eintritt in den Ruhestand die Rente richtig berechnet werden kann und alle rentenrelevanten Zeiten berücksichtigt werden können, müssen dem Rentenversicherungsträger die notwendigen Daten bekannt sein. Viele Rentenversicherungskonten sind jedoch lückenhaft bzw. rentenrechtlich relevante Zeiten sind im Rentenkonto nicht vermerkt.

Deshalb ist der Versicherte verpflichtet, bei der Klärung des Versicherungskontos mitzuwirken. So muss der Versicherte

- den Versicherungsverlauf auf Richtigkeit und Vollständigkeit überprüfen,

- alle für die Kontenklärung erheblichen Tatsachen angeben und

- notwendige Urkunden und sonstige Beweismittel beibringen.

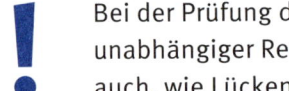

Bei der Prüfung des Rentenkontos kann ein kompetenter und unabhängiger Rentenberater wertvolle Hilfe leisten. Er weiß auch, wie Lücken im rentenrechtlichen Lebenslauf durch entsprechende rentenrelevante Zeiten gefüllt werden können.

Hat der Versicherungsträger das Versicherungskonto geklärt oder hat der Versicherte innerhalb von sechs Kalendermonaten nach Versendung des Versicherungsverlaufs seinem Inhalt nicht widersprochen, stellt der Versicherungsträger die im Versicherungsverlauf enthaltenen und nicht bereits festgestellten Daten, die länger als sechs Kalenderjahre zurückliegen, durch Bescheid fest.

Unabhängig davon, dass der Versicherte gesetzlich verpflichtet ist, bei der Klärung des Rentenkontos mitzuwirken, liegt die frühzeitige Kontenklärung im eigenen Interesse des Versicherten:

- Wenn es zu einem Leistungsfall (z. B. Zahlung einer Rente wegen Erwerbsminderung) kommt, sind nach einer Kontenklärung bei der Rentenkasse alle Unterlagen vollständig vorhanden. So kann schnell die Höhe der Rente festgestellt werden.

- Je früher mit der Kontenklärung begonnen wird, desto größer sind die Chancen, noch notwendige Nachweise und Bescheinigungen zu beschaffen. Wenn mit der Kontenklärung zu lange gewartet wird, kann unter Umständen nicht mehr auf notwendige Beweismittel zurückgegriffen werden (z. B. wegen des Ablaufs der Aufbewahrungsfristen).

- Wenn eine Kontenklärung erfolgt ist, ist genau ersichtlich, wie viele Entgeltpunkte bereits erreicht wurden. Auf dieser Grundlage kann dann die Rentenberechnung erfolgen und unter Umständen auch eine zusätzliche private Altersvorsorge disponiert werden.

2.1.5 Rentenrelevante Zeiten

Die Rente berechnet sich nach dem gesamten Versicherungsleben. Je mehr Beitragszeiten der Versicherte nachweisen kann und je höher der Verdienst oder die freiwilligen Beiträge waren, desto höher ist die Rente. Neben der Höhe der geleisteten Beiträge spielen für die Rente auch die Zeiten selbst eine Rolle, und zwar nicht nur für die Rentenhöhe, sondern auch dahin gehend, ob überhaupt ein Rentenanspruch besteht. Für viele Renten gilt nämlich eine Minderungsversicherungszeit, die sogenannte Wartezeit.

Beitragszeiten

Die wichtigsten rentenrechtlichen Zeiten sind die Beitragszeiten. Das sind Zeiten, in denen Pflichtbeiträge oder freiwillige Beiträge gezahlt wurden. Sie spielen deshalb die größte Rolle, weil sie den Anspruch auf Rente und die Rentenhöhe bestimmen.

Zu den Beitragszeiten gehören Zeiten, in denen

- der Versicherte rentenversicherungspflichtig beschäftigt war,

- der Versicherte als rentenversicherungspflichtiger Selbstständiger Beiträge gezahlt hat,

- Wehr-, Zivil- oder Freiwilligendienst geleistet wurde,

- ein Beamter ohne Anspruch auf Versorgung ausgeschieden ist und in der gesetzlichen Rentenversicherung nachversichert wurde,

- Arbeitslosengeld I von der Arbeitsagentur oder

- Krankengeld von einer gesetzlichen Krankenkasse bezogen wurde.

Achtung: Seit dem 1. 1. 2011 zahlt die Agentur für Arbeit bei einem Bezug von Arbeitslosengeld II keine Beiträge mehr. Wer nach dem 31. 12. 2010 Arbeitslosengeld II bezieht, erhält hierfür jedoch gegebenenfalls eine Anrechnungszeit ohne Bewertung. Auch diese kann die Rentenhöhe indirekt beeinflussen.

Zeiten der Kinderziehung

Als Beitragszeiten zählen auch Zeiten der Kindererziehung. Bei Geburten vor 1992 beträgt die Kindererziehungszeit 24 Monate, bei Geburten ab 1992 sind es 36 Monate. Sie beginnt mit dem Kalendermonat nach der Geburt des Kindes.

 Kindererziehungszeiten sind Pflichtbeiträge, die sich direkt auf die Rentenhöhe auswirken. Für die Zeit der Kindererziehung wird der Versicherte in etwa so gestellt, als hätte er den Durchschnittsverdienst aller Versicherten erhalten.

Die Kindererziehungszeit wird nur einem Elternteil zugeordnet, und zwar demjenigen, der das Kind überwiegend erzieht. Erziehen Mutter und Vater ihr Kind gemeinsam, erhält grundsätzlich die Mutter die Kindererziehungszeit. Soll sie jedoch der Vater erhalten, müssen beide Elternteile eine gemeinsame übereinstimmende Erklärung hierüber abgeben.

Zeiten der nicht erwerbsmäßigen Pflege von Angehörigen

Zur Verbesserung der sozialen Sicherung der Pflegepersonen, die einen Pflegebedürftigen mit mindestens Pflegegrad 2 pflegen, entrichten die Pflegekassen Rentenbeiträge, wenn die Pflegeperson regelmäßig nicht mehr als 30 Stunden wöchentlich erwerbstätig ist. »Pflegepersonen« in diesem Sinne sind Personen, die nicht erwerbsmäßig einen Pflegebedürftigen in seiner häuslichen Umgebung pflegen. Rentenbeiträge sind nur dann zu zahlen, wenn die Pflegeperson eine oder mehrere pflegebedürftige Personen zehn Stunden wöchentlich, verteilt auf mindestens zwei Tage in der Woche pflegt.

Grundlage des Rentenanspruchs für Pflegepersonen sind fiktive beitragspflichtige Einnahmen, die für die geleistete Pflege zugrunde
gelegt werden. Sie bilden die sogenannte Bemessungsgrundlage, die
sich aus einem bestimmten Prozentsatz der Bezugsgröße errechnet.
Die Höhe der beitragspflichtigen Einnahmen ist nach den Pflegegraden 2 bis 5 gestaffelt und beträgt in dem höchsten Pflegegrad 5 bis zu
100 % der Bezugsgröße.

=== **Beitragsfreie Zeiten**

Auch beitragsfreie Zeiten können für die Erfüllung der Anspruchsvoraussetzungen für eine Rente und bei der Rentenberechnung von
Bedeutung sein. In den beitragsfreien Zeiten werden keine Beiträge
gezahlt, sie werden aber bei der Prüfung des Rentenanspruchs und
der Rentenberechnung berücksichtigt.

Beitragsfreie Zeiten sind Ersatzzeiten, Anrechnungszeiten und Zurechnungszeiten.

--- Anrechnungszeiten

Um Nachteile auszugleichen, die Versicherten in der gesetzlichen
Rentenversicherung durch beitragslose Zeiten entstehen, können bei
der Rentenberechnung unter bestimmten Voraussetzungen Anrechnungszeiten berücksichtigt werden. Die Anrechnungszeiten zählen
bei bestimmten Rentenarten (z. B. Altersrente für langjährig Versicherte) zur Wartezeit. Anrechnungszeiten sind u. a. folgende Zeiten:

- Arbeitsunfähigkeit, Krankheit, medizinische Rehabilitation oder
  Teilhabe am Arbeitsleben,

- Arbeitslosigkeit,

- Schwangerschaft und Mutterschaftsurlaub im Rahmen des Mut-
  terschaftsgesetzes (sechs Wochen vor und 8 Wochen – bei Mehr-
  fachgeburten zwölf Wochen – nach der Geburt),

- schulische Ausbildung ab dem 17. Geburtstag (bis zu acht Jahren) und

- Rentenbezugszeiten vor dem 55. Lebensjahr bzw. die in einer früheren bzw. bisherigen Rente enthaltene Zurechnungszeit.

Zeiten der schulischen Ausbildung gelten zwar bis zu acht Jahren als Anrechnungszeit, sie werden jedoch im Rahmen der Rentenberechnung nur für höchstens drei Jahre direkt bewertet. Die Anrechnungszeiten wegen Krankheit, Schwangerschaft, Mutterschutz und Arbeitslosigkeit sind in der Regel nur dann anrechenbar, wenn durch sie eine versicherte Tätigkeit unterbrochen wird. Eine Ausnahme gilt, wenn die Zeiten zwischen dem 17. und 25. Geburtstag des Versicherten liegen.

⎯⎯ Ersatzzeiten

Ersatzzeiten sind Zeiten ohne Beitragsleistung, weil der Versicherte daran gehindert war, Beiträge zu zahlen, zum Beispiel durch Kriegsgefangenschaft, NS-Verfolgung, Flucht und politische Haft in der DDR. Sie haben bei der Berechnung der Rente eine abnehmende Bedeutung. Ersatzzeiten zählen für die Wartezeit und die Rentenberechnung.

⎯⎯ Zurechnungszeiten

Zurechnungszeiten spielen bei der Berechnung der Renten wegen Erwerbsminderung, den Hinterbliebenenrenten und bei der Erziehungsrente eine Rolle. Ohne die Zurechnungszeit würde die Erwerbsminderungs- bzw. die Hinterbliebenenrente sehr niedrig ausfallen, wenn nur die bis zum Eintritt der Erwerbsminderung bzw. des Sterbefalls gezahlten Beiträge Grundlage für die Rentenberechnung wären. Als Zurechnungszeit gilt die Zeit vom Eintritt der Erwerbsminderung bzw. des Sterbefalls bis zum 62. Lebensjahr.

Durch die Zurechnungszeit wird der Rentenberechtigte so gestellt, als würde während der Zeit, für die die Zurechnungszeit anerkannt wird, eine Beitragsleistung in Höhe des bisherigen individuellen Durchschnittswertes erfolgen.

Berücksichtigungszeiten

Berücksichtigungszeiten entstehen im Zusammenhang mit Kindererziehungszeiten. Damit können eventuelle Lücken im Rentenversicherungsverlauf, der wegen der Erziehung eines Kindes entstanden ist, geschlossen werden. In der Praxis profitieren von den Berücksichtigungszeiten somit Eltern, vorwiegend Mütter, die wegen der Kindererziehung keiner oder nur eingeschränkt einer Erwerbstätigkeit nachgehen konnten.

Berücksichtigungszeiten haben in mehrfacher Hinsicht rentenrechtliche Bedeutung:

- Durch sie kann ein Anspruch auf eine Rente wegen teilweiser oder wegen voller Erwerbsminderung aufrecht erhalten werden.

- Die Berücksichtigungszeiten werden auf die Wartezeit bei der Altersrente für schwerbehinderte Menschen und auf die Altersrente für langjährig Versicherte angerechnet.

- Und Berücksichtigungszeiten wirken sich bei der Berechnung der Rentenhöhe positiv aus, da sie die Bewertung der beitragsfreien und beitragsgeminderten Zeiten im Rahmen der Gesamtleistungsbewertung erhöhen.

Die Berücksichtigungszeit wird dem Elternteil zugeordnet, der das Kind überwiegend erzogen hat. Erziehen Mutter und Vater gemeinsam, wird die Zeit grundsätzlich der Mutter gutgeschrieben. Soll sie der Vater bekommen, müssen die Eltern eine gemeinsame Erklärung bei der Rentenversicherung zur Zuordnung der Monate abgeben.

2.2 Flexibler Renteneinstieg

Viele Arbeitnehmer wollen oder können nicht mehr bis zur Regelaltersgrenze arbeiten. Im Gegenzug entscheidet sich aber auch so mancher Arbeitnehmer trotz des Rentenalters dafür, weiter zu arbeiten. Gesetzlich besteht seit 2017 die Möglichkeit, den Übergang vom Erwerbsleben in den Ruhestand so individuell wie möglich zu gestalten. Gesetzliche Grundlage ist das neue Flexirentengesetz. Es ist am 1. 1. 2017 in Kraft getreten. Einige Teile des Gesetzes (z. B. die bessere Kombination von Teilrente und Hinzuverdienst oder die flexiblere Zuzahlungsmöglichkeit bei Rentenabschlägen) sind aber erst zum 1. 7. 2017 wirksam geworden. Ziel des Gesetzes ist es, den Übergang vom Erwerbsleben in den Ruhestand flexibler zu gestalten und gleichzeitig die Attraktivität für ein Weiterarbeiten über die reguläre Altersgrenze hinaus zu erhöhen.

2.2.1 Änderung der Hinzuverdienstgrenzen

Ab Erreichen der Regelaltersgrenze dürfen Rentner unbegrenzt hinzuverdienen. Der Hinzuverdienst führt in diesem Fall nicht zu Rentenkürzungen. Vor Erreichen der Regelaltersgrenze liegt die Hinzuverdienstgrenze nach dem bis 30. 6. 2017 geltenden Recht bei € 450,– im Monat. Zweimal pro Kalenderjahr darf der doppelte Betrag, also € 900,–, verdient werden. Bei einem höheren Verdienst reduziert sich die Rente in Stufen auf zwei Drittel, die Hälfte oder ein Drittel der vollen Rente. Auf welche Stufe die Rente gekürzt wird, ist abhängig von der Höhe des Hinzuverdienstes. Dabei gelten für die einzelnen Teilrentenstufen individuelle Hinzuverdienstgrenzen.

Beim Bezug einer Altersrente vor der Regelaltersgrenze wird seit 1. 7. 2017 bei einem Hinzuverdienst von maximal € 6 300,– kein Rentenabzug erfolgen. Es gibt also nur noch eine jährliche und keine monatliche Begrenzung beim Hinzuverdienst. Ein über € 6 300,– hinausgehender Verdienst wird zu 40 % auf die Rente angerechnet bzw. die Rente gekürzt. Die bisherigen starren Teilrentenstufen mit den jeweiligen Verdienstgrenzen entfallen somit. Der Rentenanspruch entfällt, wenn der von der Rente abzuziehende Hinzu-verdienst den Betrag der Vollrente erreicht. Eine Teilrente muss außerdem mindestens 10 % der Vollrente betragen. Zudem ist ein sogenannter Hinzuverdienstdeckel zu berücksichtigen.

2.2.2 Weiterarbeit bei Bezug von Altersrente

Wer einen Rentenantrag stellen, aber weiter arbeiten will, kann an-ders als bisher seinen Rentenanspruch erhöhen. Bisher, also bis zum Inkrafttreten der Flexirente, ist es so, dass bei demjenigen, der einen Rentenantrag auf eine volle Altersrente gestellt hat, sich die bis zum Rentenbeginn errechnete Rentenhöhe nicht mehr ändert. Das gilt selbst dann, wenn man als Rentenbezieher weiter eine Erwerbstätig-keit ausübt.

Seit 1. 1. 2017 können nun auch Rentner, die eine gesetzliche Re-gelaltersrente beziehen, mit einer Erwerbstätigkeit weiter ihre Rente erhöhen. Normalerweise muss für einen Bezieher einer Regelalters-rente, der zusätzlich zum Rentenbezug arbeitet, nur noch der Ar-beitgeber entsprechende gesetzliche Rentenversicherungsbeiträge zahlen, nicht jedoch der Rentner. Die Rente erhöht sich dadurch allerdings nicht. Wenn nunmehr der Rentner gegenüber dem Ar-beitgeber jedoch erklärt, dass er freiwillig gesetzliche Rentenbeiträge entrichtet, erhöht sich seine Rente durch die von ihm als Arbeitneh-mer und die vom Arbeitgeber gezahlten Rentenversicherungsbei-träge jeweils ab der Rentenanpassung im darauffolgenden Jahr.

2.2.3 Weiterarbeit ohne Rente

Noch günstiger ist es, den Renteneintritt zu verschieben und wei-terzuarbeiten. Schon bisher gilt: Wer ein Jahr später als regulär in Rente geht, dessen Rentenansprüche steigen allein hierdurch um 6 %. Zudem bringen die dann gezahlten Rentenbeiträge zusätzlich ein Rentenplus.

Beispiel: Wenn der Versicherte die ihm zustehende Regelaltersrente nicht in Anspruch nimmt, sondern weiter arbeitet und damit den rentensteigernden Zuschlag ausschöpft, steigt sein Rentenanspruch nach Erreichen der Regelaltersgrenze noch zwei Jahre um insgesamt rund 17 % (12 % Zuschlag plus rund 5 % Erhöhung durch die weiteren Beiträge in diesen zwei Jahren).

2.2.4 Vermeidung von Rentenabschlägen durch Zuzahlungen

Wer heute 50 ist, bekommt seine reguläre Altersrente erst mit 67. Es geht zwar meist auch mit 63, doch dann gibt es einen Rentenabschlag. Hat man die gesetzlich vorgegebene Altersgrenze nicht erreicht, beträgt der monatliche Abschlag 0,3 % von der Rente, die bei Erreichen der Altersgrenze ausgezahlt worden wäre. Der Abschlag ist für die gesamte Dauer des Rentenbezugs, also ab Rentenbeginn bis zum Lebensende des Rentenbeziehers gültig.

Wer beispielsweise ein Jahr vor dem Erreichen der jeweiligen Altersgrenze in den Ruhestand geht, muss einen Abschlag von 3,6 % der Bruttorente hinnehmen. Maximal ist zum Beispiel bei der Altersrente für langjährig Versicherte ein Abschlag von 14,4 % möglich, was einem vorzeitigen Renteneintritt von 48 Monaten vor dem jeweiligen gesetzlich vorgegebenen Renteneintrittsalter entspricht.

Seit dem 1. 7. 2017 können alle gesetzlich Rentenversicherten ab dem 50. Lebensjahr zusätzliche Sonderzahlungen in die gesetzliche Rentenversicherung einzahlen, um mögliche Rentenabschläge bei Beanspruchung einer vorzeitigen Altersrente zu vermeiden. Bisher war dies erst ab dem 55. Lebensjahr möglich.

2.3 Countdown zur Rente

Die Altersrente sollte spätestens drei Monate vor dem gewünschten Rentenbeginn beantragt werden. Für die Bearbeitung des Antrags ist es notwendig, dass die vollständigen Antragsformulare eingereicht und alle erforderlichen Nachweise vorgelegt werden.

2.3.1 Zeitplan bis zum Rentenbeginn

Wann damit begonnen werden sollte, die Unterlagen für den Rentenantrag zusammenzustellen, hängt davon ab, ob das Rentenkonto geklärt ist oder nicht.

Zwölf Monate vorher

Wenn das Versicherungskonto noch nicht geklärt ist, sollte ein Jahr vor Rentenbeginn das Kontenklärungsverfahren eingeleitet werden. Sinnvoll ist es, einen Beratungstermin für den Kontenklärungsantrag bei einer Auskunfts- und Beratungsstelle des Rentenversicherungsträgers oder einem Versichertenberater zu vereinbaren. Zum Beratungstermin sollten alle Rentenunterlagen mitgenommen werden.

Vier Monate vorher

Bei einem geklärten Rentenkonto sollte jetzt ein Beratungstermin für den Rentenantrag bei einer Auskunfts- und Beratungsstelle des Rentenversicherungsträgers oder einem Versichertenberater vereinbart werden. Zu diesem Zeitpunkt sollten möglichst alle Unterlagen, die für den Rentenantrag notwendig sind, bereits vorliegen.

Drei Monate vorher

Spätestens drei Monate vor dem geplanten Beginn der Altersrente sollte der Rentenantrag eingereicht werden. Dann kann die Rente noch pünktlich beginnen. Geht der Antrag später ein, wird die Rente frühestens vom Antragsmonat an gezahlt.

=== **Ein Monat vorher**

Beim Rentenversicherungsträger sollte jetzt nachgefragt werden, wie weit das Rentenverfahren gediehen ist. Im Normalfall sollte der Rentenbescheid bei einem geklärten Versicherungskonto spätestens zwei Monate, nachdem der Rentenantrag gestellt wurde, vorliegen.

2.3.2 Rentenantrag

Renten aus der gesetzlichen Rentenversicherung werden grundsätzlich nur auf Antrag gewährt. Der Antragsvordruck kann im Rahmen eines Beratungsgesprächs von den Mitarbeitern der Auskunfts- und Beratungsstellen der Deutschen Rentenversicherung am Computer während des Beratungstermins ausgefüllt werden. Schließlich sind die meisten notwendigen Informationen ohnehin bereits bei der Versicherung gespeichert. Der Versicherte kann den Antrag auch selbst online ausfüllen und abschicken. Schließlich können die notwendigen Formulare von der Internetseite der Deutschen Rentenversicherung heruntergeladen und ausgefüllt werden.

 Im Zusammenhang mit dem Rentenantragsverfahren wird auch geklärt, wie der Rentner kranken- und pflegeversichert sein wird.

=== **Beizufügende Unterlagen**

Welche Unterlagen dem Rentenantrag beigefügt werden müssen, hängt von der Art der Rente ab. Unabhängig von der Rentenart werden für die Bearbeitung des Rentenantrags insbesondere folgende Unterlagen benötigt:

- Personaldokument (z. B. Personalausweis, Geburtsurkunde),

- Rentenversicherungsnummer,

- Anschrift der derzeitigen Krankenkasse und der Versichertennummer,

- persönliche Identifikationsnummer für steuerliche Zwecke,

- internationale Bankkontonummer (BIC und IBAN),

- Anschrift und Aktenzeichen der zahlenden Stelle (z. B. Agentur für Arbeit), wenn bereits Sozialleistungen gezahlt werden,

- Geburtsurkunden der Kinder,

- Nachweise über Berufsausbildungen,

- alle Versicherungsunterlagen für die Zeiten, die noch fehlen (z. B. Nachweise über Arbeitslosigkeit und Krankheit).

=== **Zusätzliche Unterlagen für Altersrente**

Darüber hinaus sind dem Rentenantrag für eine Altersrente beizufügen

- der Schwerbehindertenausweis oder der Feststellungsbescheid, wenn Schwerbehinderung vorliegt,

- gegebenenfalls die Zeiträume von Arbeitslosigkeit und der letzte Bescheid der Agentur für Arbeit,

- bei Altersteilzeit der Altersteilzeitvertrag

- die Höhe des voraussichtlichen Hinzuverdienstes, wenn der Versicherte neben der Rente noch weiterarbeiten möchte.

=== **Zusätzliche Unterlagen für Erwerbsminderungsrente**

Für den Antrag auf Rente wegen Erwerbsminderung werden zusätzlich benötigt

- eine Auflistung der Gesundheitsstörungen, die zum Rentenantrag führen,

- Namen und Anschriften der behandelnden Ärzte und vorhandene aktuelle Arztberichte,

- alle Angaben zu ärztlichen Untersuchungen durch öffentliche Stellen (z. B. der Krankenkasse oder der Agentur für Arbeit),

- Daten zu den Krankenhaus- und Reha-Aufenthalten der letzten Jahre,

- chronologische Aufstellung der bisherigen Tätigkeiten mit Lohn- oder Gehaltsgruppe.

2.4 Finanzielle Versorgung durch die Altersrenten

Wer im Allgemeinen von der Rente spricht, meint damit seine Altersrente. Allerdings müssen verschiedene Altersrenten der gesetzlichen Rentenversicherung unterschieden werden, die den beruflichen Lebensweg des Versicherten berücksichtigen. Für die jeweilige Art der Altersrente müssen jeweils besondere Voraussetzungen erfüllt werden. Dazu gehören unterschiedliche Mindestversicherungszeiten (Wartezeiten), ein bestimmtes Lebensalter und weitere Bedingungen. Von Bedeutung sind

- die Regelaltersrente,

- die Altersrente für besonders langjährig Versicherte,

- die Altersrente für langjährig Versicherte und

- die Altersrente für schwerbehinderte Menschen.

2.4.1 Regelaltersrente

Regelaltersrente erhält der Versicherte, wenn er die Regelaltersgrenze erreicht hat. Für vor 1947 geborene Versicherte lag diese Grenze bei 65 Jahren. Für danach geborene Versicherte erhöht sie sich schrittweise. Für die Jahrgänge 1947 bis 1958 erfolgt die Anhebung in 1-Monats-Schritten, für Versicherte der Jahrgänge 1959 bis 1963 in zweimonatigen Schritten. Für 1964 und später geborene Versicherte liegt die Regelaltersgrenze dann beim 67. Lebensjahr.

Versicherte, Geburtsjahr	Anhebung um Monate	auf Alter	
		Jahr	Monat
1947	1	65	1
1948	2	65	2
1949	3	65	3
1950	4	65	4
1951	5	65	5
1952	6	65	6
1953	7	65	7
1954	8	65	8
1955	9	65	9
1956	10	65	10
1957	11	65	11
1958	12	66	0
1959	14	66	2
1960	16	66	4
1961	18	66	6
1962	20	66	8
1963	22	66	10
ab 1964	24	67	0

Vertrauensschutz genießen Versicherte, die vor 1955 geboren wurden und mit ihrem Arbeitgeber vor dem 1. 1. 2007 Altersteilzeit nach dem Altersteilzeitgesetz vereinbart haben. Für sie verbleibt es bei der Regelaltersgrenze von 65 Jahren.

 Wer Regelaltersrente bezieht, kann ohne Anrechnung auf die eigene Rente unbegrenzt hinzuverdienen.

Die Zahlung der Regelaltersrente setzt eine Mindestversicherungszeit (Wartezeit) von fünf Jahren (60 Beitragsmonate) voraus. Dazu gehören auch Kindererziehungszeiten, Zeiten aus einem Versorgungsausgleich, einem Rentensplitting, aus Minijobs und Zeiten mit freiwilligen Beiträgen.

 Wer die Regelaltersgrenze erreicht, aber noch keine Rente beantragt, erhöht seinen Rentenanspruch auch ohne weitere Beitragszahlung. Als Ausgleich gibt es einen Zuschlag von 0,5 % für jeden Kalendermonat, wenn die Rente nach Erreichen der Regelaltersgrenze nicht in Anspruch genommen wird. So werden nach einem Jahr immerhin 6 % erreicht.

2.4.2 Altersrente für besonders langjährig Versicherte

Versicherte, die vor dem 1. 1. 1953 geboren sind und 45 Jahre mit Pflichtbeiträgen für eine versicherte Beschäftigung, Tätigkeit oder Berücksichtigungszeiten vorweisen können, können seit 1. 7. 2014 die Altersrente bereits mit 63 ohne Abschläge in Anspruch nehmen. Bei Versicherten, die nach 1952 geboren sind, wird die Altersgrenze schrittweise angehoben. Beim Jahrgang 1953 sind es zwei Monate, beim Jahrgang 1954 sind es schon vier Monate. Ab Jahrgang 1964 kann die Altersrente für besonders langjährig Versicherte erst mit 65 Jahren abschlagsfrei in Anspruch genommen werden.

Versicherte, Geburtsjahr	Anhebung um Monate	auf Alter	
		Jahr	Monat
1953	2	63	2
1954	4	63	4
1955	6	63	6
1956	8	63	8
1957	10	63	10
1958	12	64	0
1959	14	64	2

Versicherte, Geburtsjahr	Anhebung um Monate	auf Alter	
		Jahr	Monat
1960	16	64	4
1961	18	64	6
1962	20	64	8
1963	22	64	10
ab 1964	24	65	0

Achtung: Die Altersrente für besonders langjährig Versicherte kann nicht vorzeitig in Anspruch genommen werden – auch nicht mit Abschlägen.

Das Altersruhegeld für besonders langjährig Versicherte ist so etwas wie eine Belohnung für diejenigen, die besonders lange in die Rentenkasse eingezahlt haben. Die Rente wird nur an diejenigen gezahlt, auf deren Rentenkonto 45 Jahre mit Pflichtbeiträgen bzw. sogenannten Berücksichtigungszeiten stehen. Zu den Pflichtbeitragszeiten zählen auch Pflichtbeiträge aus Kindererziehung, nicht erwerbsmäßiger Pflege, Arbeitslosengeld I, Krankengeld sowie Wehr- und Zivildienst. Berücksichtigungszeiten können für die Erziehung eines Kindes bis zu dessen vollendetem 10. Lebensjahr und für Zeiten der nicht erwerbsmäßigen Pflege von Januar 1992 bis März 1995 angerechnet werden. Zudem werden auch Zeiten aus Minijobs angerechnet. Nicht berücksichtigt werden Pflichtbeiträge, die wegen des Bezugs von Arbeitslosengeld II oder Arbeitslosenhilfe gezahlt wurden, und Zeiten aus einem Versorgungsausgleich sowie aus einem Rentensplitting unter Ehegatten oder eingetragenen Lebenspartnern.

 Die Wartezeit von 45 Jahren kann auch mit freiwilligen Beiträgen begründet werden, wenn insgesamt mindestens 18 Jahre mit Pflichtbeiträgen für eine versicherungspflichtige Beschäftigung oder selbstständige Tätigkeit vorhanden sind.

2.4.3 Altersrente für langjährig Versicherte

Für Versicherte, die vor 1949 geboren sind, ist die maßgebende Altersgrenze das 65. Lebensjahr. Sie können die Altersrente für langjährig Versicherte zwar zwischen dem 63. Lebensjahr und dem 65. Lebensjahr beanspruchen, für jeden Monat vor dem 65. Lebensjahr erfolgt dann jedoch ein Abschlag von 0,3 %, maximal sind es 7,2 %. Für nach 1948 und vor 1964 geborene Versicherte wird die Altersgrenze schrittweise angehoben. Für die Jahrgänge 1949 bis 1958 erfolgt die Anhebung in 1-Monats-Schritten, für Versicherte der Jahrgänge 1959 bis 1963 in 2-Monats-Schritten.

Für 1964 und später geborene Versicherte liegt die Altersgrenze dann beim 67. Lebensjahr. Sie können die Altersrente für langjährig Versicherte zwar bereits ab dem 63. Lebensjahr beanspruchen, der Abschlag beträgt dann aber 14,4 %.

Versicherte, Geburtsjahr Geburtsmonat	Anhebung um Monate	auf Alter	
		Jahr	Monat
1949 Januar	1	65	1
1949 Februar	2	65	2
1949 März bis Dezember	3	65	3
1950	4	65	4
1951	5	65	5
1952	6	65	6
1953	7	65	7
1954	8	65	8
1955	9	65	9
1956	10	65	10
1957	11	65	11
1958	12	66	0
1959	14	66	2
1960	16	66	4
1961	18	66	6

Versicherte, Geburtsjahr Geburtsmonat	Anhebung um Monate	auf Alter	
		Jahr	Monat
1962	20	66	8
1963	22	66	10
ab 1964	24	67	0

Für bestimmte Gruppen bestehen Vertrauensschutzregelungen. So wird die Altersrente für die abschlagsfreie Rentengewährung nicht auf das 67. Lebensjahr angehoben, wenn Versicherte vor dem 1. 1. 1955 geboren sind und vor dem 1. 1. 2007 Altersteilzeitarbeit im Sinne des Altersteilzeitgesetzes vereinbart haben oder Anpassungsgeld für entlassene Arbeitnehmer des Bergbaus bezogen haben. Diese Personen erhalten die Rente weiter abschlagsfrei ab 65 und nicht erst ab 67.

Der Bezug der Rente für langjährig Versicherte setzt eine Mindestversicherungszeit (Wartezeit) von 35 Jahren voraus. Neben den Pflichtbeitragszeiten und Zeiten mit freiwilligen Beiträgen werden auch Zeiten aus einem Versorgungsausgleich, aus einem Rentensplitting unter Ehegatten oder eingetragenen Lebenspartnern, aus 450-Euro-Jobs (teilweise bzw. bei Verzicht auf die Rentenversicherungsfreiheit) sowie Berücksichtigungszeiten und Anrechnungszeiten mitgezählt.

2.4.4 Altersrente für schwerbehinderte Menschen

Eine Altersrente für schwerbehinderte Menschen erhalten Versicherte, die schwerbehindert sind oder, bei vor 1951 geborenen Versicherten, nach dem vor 2001 geltenden Recht berufs- oder erwerbsunfähig sind. Die Schwerbehinderung muss bei Beginn der Rente bestehen. Schwerbehindert sind alle Personen mit einem Grad der Behinderung (GdB) von mindestens 50 (höchstmöglicher GdB = 100). Die Schwerbehinderung muss durch einen Schwerbehindertenausweis nachgewiesen werden.

Für vor 1952 Geborene liegt die Altersgrenze für die Rente bei 63 Jahren. Sie kann aber vorzeitig mit einem Abschlag von 10,8 % ab 60 bezogen werden. Wurde der Versicherte in der Zeit von 1952 bis 1963 geboren, wird die Altersgrenze für eine abschlagsfreie Rente stufenweise angehoben. Für die Jahrgänge 1952 bis 1958 erfolgt die Anhebung in 1-Monats-Schritten, für Versicherte der Jahrgänge 1959 bis 1963 in 2-Monats-Schritten. Für 1964 und später geborene Versicherte liegt die Altersgrenze dann beim 65. Lebensjahr.

Versicherte, Geburtsjahr Geburtsmonat	Anhebung um Monate	auf Alter		vorzeitige Inanspruchnahme möglich ab Alter	
		Jahr	Monat	Jahr	Monat
1952 Januar	1	63	1	60	1
1952 Februar	2	63	2	60	2
1952 März	3	63	3	60	3
1952 April	4	63	4	60	4
1952 Mai	5	63	5	60	5
1952 Juni bis Dezember	6	63	6	60	6
1953	7	63	7	60	7
1954	8	63	8	60	8
1955	9	63	9	60	9
1956	10	63	10	60	10
1957	11	63	11	60	11
1958	12	64	0	61	0
1959	14	64	2	61	2
1960	16	64	4	61	4
1961	18	64	6	61	6
1962	20	64	8	61	8
1963	22	64	10	61	10
ab 1964	24	65	0	62	0

Auch bei der Schwerbehindertenrente gelten Vertrauensschutzregeln für bestimmte Gruppen. Wurde der Versicherte vor 1955 geboren, hat er mit seinem Arbeitgeber vor dem 1. 1. 2007 Altersteilzeitarbeit nach dem Altersteilzeitgesetz vereinbart und war er am 1. 1. 2007 schwerbehindert, bleibt es beim 63. Lebensjahr als Altersgrenze. Mit einem Abschlag von 10,8 % kann dann die Rente vorzeitig bereits mit 60 in Anspruch genommen werden.

Voraussetzung für die Altersente für schwerbehinderte Menschen ist eine Mindestversicherungszeit (Wartezeit) von 35 Jahren. Dabei werden alle Monate mit rentenrechtlichen Zeiten angerechnet. Diese umfassen sogenannte Beitragszeiten, beitragsfreie Zeiten und Berücksichtigungszeiten. Beitragszeiten sind Monate, die mit Beiträgen belegt sind; das heißt, an denen der Versicherte in die Rentenversicherung einzahlt. Zu den beitragsfreien Zeiten zählen u. a. Anrechnungszeiten (z. B. Krankheit, Arbeitslosigkeit, Schulbildung, jeweils unter bestimmten Voraussetzungen). Eine Berücksichtigungszeit ist die Zeit der Erziehung eines Kindes bis zu dessen vollendetem zehnten Lebensjahr.

2.5 Finanzielle Versorgung durch die Erwerbsminderungsrenten

Die gesetzliche Rentenversicherung bietet auch Leistungen für den Fall, dass eine rentenversicherte Person aufgrund ihres Gesundheitszustands nicht mehr in der Lage ist, einer Vollzeitbeschäftigung nachzugehen und sich auf diesem Weg ihren Lebensunterhalt zu verdienen. Abhängig vom Grad der Einschränkung der Erwerbsfähigkeit unterscheidet das Gesetz drei Rentenarten:

- Rente wegen voller Erwerbsminderung,

- Rente wegen teilweiser Erwerbsminderung und

- Rente wegen teilweiser Erwerbsminderung bei Berufsunfähigkeit.

Für den Bezug einer Erwerbsminderungsrente müssen neben medizinischen auch rentenrechtliche Voraussetzungen vorliegen.

2.5.1 Medizinische Voraussetzungen

Für die Erwerbsminderungsrenten ist von Bedeutung, in welchem zeitlichen Umfang der Versicherte noch auf dem allgemeinen Arbeitsmarkt arbeiten kann. Von diesem restlichen Leistungsvermögen hängt es ab, ob eine Rente wegen voller oder teilweiser Erwerbsminderung in Betracht kommt.

Wie viele Stunden am Tag der Versicherte mit seiner Krankheit oder Behinderung noch arbeiten kann, wird von einem Arzt des Rentenversicherungsträgers festgestellt. Bei der Beurteilung der Leistungsfähigkeit wird von einem üblichen Arbeitsverhältnis im Rahmen einer 5-Tage-Woche ausgegangen und die Leistungsfähigkeit des Versicherten nicht nur in seinem bisherigen Beruf, sondern auch in anderen Tätigkeiten, die auf dem Arbeitsmarkt angeboten werden, geprüft.

═══ Rente wegen voller Erwerbsminderung

Eine volle Erwerbsminderung liegt vor, wenn der Versicherte wegen Krankheit oder Behinderung auf nicht absehbare Zeit unter den üblichen Bedingungen des allgemeinen Arbeitsmarktes nur noch weniger als drei Stunden täglich erwerbsmäßig sein kann.

Voll erwerbsgemindert sind grundsätzlich auch Personen, die in einer anerkannten Werkstatt für behinderte Menschen oder in einer anderen beschützenden Einrichtung beschäftigt sind und wegen der Art und Schwere ihrer Behinderung nicht auf dem allgemeinen Arbeitsmarkt tätig sein können. Auch wer arbeitslos ist und aus gesundheitlichen Gründen nur noch eine Teilzeitarbeit von mindestens drei Stunden, aber weniger als sechs Stunden täglich ausüben kann, gilt als voll erwerbsgemindert.

Rente wegen teilweiser Erwerbsminderung

Wer nur noch eingeschränkt arbeiten kann, kann eine Rente wegen teilweiser Erwerbsminderung erhalten. Eine teilweise Erwerbsminderung liegt vor, wenn der Versicherte wegen Krankheit oder Behinderung auf nicht absehbare Zeit außerstande ist, unter den üblichen Bedingungen des allgemeinen Arbeitsmarktes täglich noch drei bis sechs Stunden zu arbeiten. Die Rente bei teilweiser Erwerbsminderung ist halb so hoch wie die Rente bei voller Erwerbsminderung.

 Wenn die versicherte Person zwar mindestens drei Stunden, aber nur noch weniger als sechs Stunden täglich arbeiten kann und gleichzeitig arbeitslos ist, weil ein entsprechender Teilzeitarbeitsplatz nicht vorhanden ist, kann ein Anspruch auf Rente wegen voller Erwerbsunfähigkeit bestehen, obwohl aus medizinischer Sicht nur eine teilweise Erwerbsminderung vorliegt.

Rente wegen teilweiser Erwerbsminderung bei Berufsunfähigkeit

Anspruch auf Rente wegen teilweiser Erwerbsminderung wegen Berufsunfähigkeit können nur Versicherte haben, die vor dem 2. 1. 1961 geboren sind und deren Berufsunfähigkeit durch Krankheit oder Behinderung verursacht ist. Diese Personen können bei gesundheitlichen Einschränkungen allein in ihrem bisherigen Beruf eine Rente wegen teilweiser Erwerbsminderung bekommen. Voraussetzung ist, dass sie ihren bisherigen qualifizierten Beruf nicht mehr oder nur noch weniger als sechs Stunden täglich ausüben können, in einem anderen Beruf aber noch mindestens sechs Stunden täglich einsetzbar sind.

Achtung: Ob dem Versicherten eine andere Tätigkeit zugemutet werden kann, wird vom Rentenversicherungsträger geprüft. Die andere Tätigkeit muss dem Leistungsvermögen und den Fähigkeiten des Versicherten entsprechen und ihm im Hinblick auf seine Ausbildung, seinem bisherigen beruflichen Werdegang und seiner erlangten sozialen Stellung zumutbar sein. Ferner müssen auf dem Arbeitsmarkt genügend solcher Arbeitsplätze bereitstehen. Es ist aber nicht erforderlich, dass diese Arbeitsplätze auch frei sind und damit tatsächlich zur Verfügung stehen.

2.5.2 Rentenrechtliche Voraussetzungen

Neben den medizinischen Voraussetzungen sind für die Rente wegen Erwerbsminderung auch bestimmte allgemeine und besondere versicherungsrechtliche Voraussetzungen erforderlich.

Die Zahlung einer Erwerbsminderungsrente erfordert außer der vollen oder teilweisen Erwerbsminderung, dass der Versicherte vor der Erwerbsminderung die sogenannte allgemeine Wartezeit von fünf Jahren erfüllt hat. Zur Wartezeit zählen u. a. Pflichtbeitragszeiten, Zeiten der Kindererziehung, der Pflege von Pflegebedürftigen oder Zeiten des Bezugs von Arbeitslosen- oder Krankengeld. Unter bestimmten Voraussetzungen ist die fünfjährige Wartezeit vorzeitig erfüllt; so etwa, wenn die Erwerbsminderung aufgrund eines Arbeitsunfalls oder einer Berufskrankheit eingetreten ist.

Besondere versicherungsrechtliche Voraussetzung für die Erwerbsminderungsrente ist, dass der Versicherte in den letzten fünf Jahren vor Beginn der Erwerbsminderung mindestens drei Jahre Pflichtbeiträge in die gesetzliche Rentenversicherung eingezahlt hat. Aber auch von dieser Regel gibt es Ausnahmen, zum Beispiel zugunsten von behinderten Menschen.

2.5.3 Höhe der Rente

Für die Höhe der Erwerbsminderungsrente sind die während des Berufslebens des Versicherten gezahlten Beiträge zur Rentenversicherung, Anrechnungszeiten (z. B. wegen Fachschulausbildung, Arbeitsunfähigkeit oder Arbeitslosigkeit) und Berücksichtigungszeiten (z. B. wegen Kindererziehung) maßgebend.

Wie hoch die Rente wegen Erwerbsminderung im Falle des Falles ausfallen würde, kann der Renteninformation entnommen werden, die die Rentenversicherung jährlich verschickt. Dort ist die Rente wegen voller Erwerbsminderung ausgewiesen. Bei einer Rente wegen teilweiser Erwerbsminderung muss der ausgewiesene Betrag halbiert werden.

Achtung: Wer krankheitsbedingt oder wegen eines Unfalls nicht mehr oder nur noch eingeschränkt arbeiten kann, bekommt eine erhöhte Erwerbsminderungsrente, wenn er nach dem 1. 7. 2014 in den Ruhestand gegangen ist bzw. geht:

- Die Zurechnungszeit, also die Zeit, die nach Eintritt der Erwerbsminderung hinzugerechnet wird, wird von 60 auf 62 Jahre verlängert – so, als hätte der Versicherte zwei Jahre länger mit seinem Durchschnittseinkommen gearbeitet und Beiträge gezahlt. Ab 2018 gilt eine weitere Verlängerung der Zurechnungsrecht. Die Zurechnungszeiten werden dann schrittweise bis zum 65. Lebensjahr verlängert. Die Verlängerung erfolgt stufenweise: Ab dem Jahr 2018 und 2019 erfolgt eine Verlängerung um jeweils drei Monate, in den Jahren 2020 bis 2023 um jeweils sechs Monate.

- Neben der Länge der Zurechnungszeit ist für die Höhe der Erwerbsminderungsrente auch entscheidend, wie der Verdienst ermittelt wird, der für die Zurechnungszeit fortgeschrieben wird. In diesem Zusammenhang werden die letzten vier Jahre der Arbeitszeit bei der Rentenberechnung nicht berücksichtigt, wenn sie den Rentenanspruch mindern. Das kann beispielsweise bei Einkommenseinbußen durch einen krankheitsbedingten Wegfall von Überstunden oder durch Teilzeitarbeit der Fall sein. Diese sogenannte Günstigerprüfung führt die Deutsche Rentenversicherung durch. Das Ergebnis ist immer das für den Betroffenen positivere.

Die Anhebung der Regelaltersgrenze hat auch Auswirkungen auf die Erwerbsminderungsrenten. Wie die meisten Altersrenten werden auch die Erwerbsminderungsrenten mit einem Rentenabschlag gewährt, wenn die Rente vor einem bestimmten Lebensalter beginnt.

2.5.4 Dauer des Rentenbezugs

Renten wegen Minderung der Erwerbsfähigkeit werden grundsätzlich als Zeitrenten gezahlt, und zwar für höchstens drei Jahre nach dem Zeitpunkt des Rentenbeginns.

Nur wenn es unwahrscheinlich ist, dass die Erwerbsminderung behoben werden kann, und der Rentenanspruch unabhängig von der Arbeitsmarktlage besteht, wird die Rente unbefristet gewährt.

Die Erwerbsminderungsrente beginnt frühestens mit dem siebten Monat nach Eintritt der Erwerbsminderung. Damit sie rechtzeitig gezahlt werden kann, reicht es aus, wenn die Rente bis zum Ablauf dieses siebten Kalendermonats beantragt wird. Wird der Antrag erst später gestellt, beginnt die Rente erst mit dem Antragsmonat.

Bessert sich der Gesundheitszustand des Versicherten während des Rentenbezuges, kann die Rente ganz oder teilweise entzogen werden. Bevor die Rentenversicherung einen entsprechenden Bescheid erteilt, kann dazu Stellung genommen werden.

2.6 Finanzielle Versorgung der Hinterbliebenen

Stirbt der Ehepartner, kann ein Anspruch auf Witwen- oder Witwerrente bestehen. Geschiedene, die ein minderjähriges Kind erziehen, können nach dem Tod des Ex-Partners eine Erziehungsrente erhalten. Verlieren Kinder unter 18 Jahren einen Elternteil, können sie eine Waisenrente bekommen.

2.6.1 Witwen-/Witwerrente

Witwen bzw. Witwer können unter Anrechnung von eigenem Einkommen Anspruch auf Hinterbliebenenrente haben. Dabei ist zu unterscheiden, ob es sich um eine Leistung handelt, auf die das alte oder das neue Hinterbliebenenrecht Anwendung findet.

Das alte Hinterbliebenenrecht gilt, wenn

- der Ehegatte vor dem 1. 1. 2002 verstorben ist oder

- der Ehegatte nach dem 31. 12. 2001 verstorben ist, die Ehe aber vor dem 1. 1. 2002 geschlossen wurde und ein Ehepartner vor dem 2. 1. 1962 geboren ist.

Das neue Hinterbliebenenrecht gilt, wenn

- die Ehe nach dem 31. 12. 2001 geschlossen wurde oder

- bei früherer Eheschließung einer der Partner nach dem 1. 1. 1962 geboren ist.

Die Frage des anzuwendenden Hinterbliebenenrechts ist von Bedeutung sowohl für die Art des zu berücksichtigenden Einkommens als auch bei der kleinen Witwen-/Witwerrente für den Rentenanspruch selbst und für die Höhe des Anspruchs.

═══ Voraussetzungen

Anspruch auf Witwen-/Witwerrente hat grundsätzlich nur, wer bis zum Tod des Partners mit ihm verheiratet war. Für ab dem 1. 1. 2002 geschlossene Ehen wird eine Witwen-/Witwerrente nur noch gezahlt, wenn die Ehe mindestens ein Jahr bestanden hat. Unter Umständen besteht allerdings auch bei kürzerer Ehedauer ein Rentenanspruch, so etwa, wenn der Ehepartner bei einem Unfall stirbt.

Witwen-/Witwerrente wird gezahlt, wenn der verstorbene Partner die allgemeine Wartezeit von fünf Jahren (Mindestversicherungszeit) erfüllt und der überlebende Ehegatte nicht wieder geheiratet hat. Im Übrigen ist zwischen der kleinen und der großen Witwen-/Witwerrente zu unterscheiden.

─── Kleine Witwen-/Witwerrente

Anspruch auf die kleine Witwen-/Witwerrente besteht, wenn der überlebende Ehegatte

- das 47. Lebensjahr noch nicht vollendet hat,

- nicht erwerbsgemindert ist und

- kein Kind hat.

Große Witwen-/Witwerrente

Anspruch auf die große Witwen-/Witwerrente besteht, wenn der überlebende Ehegatte

- ein eigenes Kind oder ein Kind des verstorbenen Ehegatten erzieht, das noch nicht 18 Jahre alt ist, oder

- erwerbsgemindert oder nach dem am 31. 12. 2000 geltenden Recht berufs- oder erwerbsunfähig ist oder

- das 47. Lebensjahr vollendet hat (nach dem alten Recht liegt die Altersgrenze beim 45. Lebensjahr, wenn der Ehegatte vor 2012 verstorben ist. Ist der Ehegatte nach 2011 verstorben, erfolgt eine Anhebung der Altersgrenze um einen Monat pro Jahr in der Zeit bis 2023. In der Zeit nach 2023 sind es zwei Monate pro Jahr. Ab 2029 gilt das 47. Lebensjahr).

Höhe der Rente

Maßgebend für die Höhe der Witwen-/Witwerrente ist die Rente, auf die der verstorbene Versicherte zum Zeitpunkt seines Todes Anspruch gehabt hätte oder gehabt hat. Die kleine Witwen-/Witwerrente beträgt 25 % dieser Rente, die große Witwen-/Witwerrente 55 %. Besteht noch Anspruch nach altem Hinterbliebenenrecht sind es bei der großen Witwen-/Witwerrente 60 %. Nach neuem Hinterbliebenenrecht wird noch für die Erziehung eines Kindes bis zum dritten Lebensjahr ein Kinderzuschlag gezahlt.

Achtung: Die Anhebung der Regelaltersgrenzen hat auch Auswirkungen auf die Hinterbliebenenrente. Wenn der Ehegatte vor dem 65. Lebensjahr verstirbt, wird die Hinterbliebenenrente um einen

Abschlag gemindert. Maßgebend für die Höhe des Abschlags ist der Zeitpunkt des Todes des Versicherten. Der Abschlag beträgt maximal 10,8 %.

Anrechnung von Einkommen

Weitere Einkünfte der Witwe bzw. des Witwers neben der Hinterbliebenenrente werden oberhalb eines bestimmten Freibetrags zu 40 % auf die Witwen-/Witwerrente angerechnet. Als Einkommen werden berücksichtigt:

- Einkommen aus Erwerbstätigkeit, beispielsweise aus abhängiger Beschäftigung oder selbstständiger Tätigkeit, Erwerbsersatzeinkommen, wie zum Beispiel Krankengeld oder Arbeitslosengeld,

- Rente aus der gesetzlichen Rentenversicherung oder eigene Beamtenpension.

Nur nach neuem Hinterbliebenenrecht wird zusätzliches Einkommen angerechnet. Dazu gehören auch Betriebsrenten wie zum Beispiel aus der Zusatzversorgung des öffentlichen Dienstes, private Versorgungsrenten oder Einnahmen aus Kapitalvermögen.

Einkommen wirkt sich auf die Witwen-/Witwerrente jedoch nur aus, wenn ein bestimmter Freibetrag überschritten wird. Er beträgt in den alten Bundesländern monatlich € 819,19 und in den neuen Bundesländern monatlich € 783,82 (bis Juni 2018). Für jedes Kind, das grundsätzlich Anspruch auf eine Waisenrente hat, erhöht sich der Freibetrag um € 170,52 in den alten und um € 160,50 in den neuen Bundesländern (Stand 2018).

Das Bruttoeinkommen wird, abhängig von der Art des Einkommens, durch den Abzug eines pauschalen, vom Gesetz bestimmten Werts auf einen Nettobetrag gebracht. Bei einer abhängigen Beschäftigung als Arbeitnehmer werden von dem Bruttogehalt pauschal für Steuer und Sozialabgaben 40 % unterstellt, und zwar unabhängig davon, ob die tatsächlichen Abzüge höher oder niedriger sind. Bei einer Rente aus der gesetzlichen Rentenversicherung werden als Beitrag zur Kranken- und Pflegeversicherung pauschal 14 % der Rente abgezogen. Dies erfolgt unabhängig davon, ob der Rentner in einer gesetzlichen Krankenkasse versicherungspflichtig oder Mitglied bei einem privaten Krankenversicherungsunternehmen oder überhaupt nicht krankenversichert ist. Auch ein Vermögenseinkommen wird bei der Einkommensanrechnung berücksichtigt. Dabei handelt es sich um Kapitaleinkünfte, Zins- und Gewinnanteile aus einer ausgezahlten Versicherungssumme, Gewinne aus privaten Veräußerungsgeschäften und Einkünften aus Vermietung und Verpachtung.

Witwen-/Witwerrente im »Sterbevierteljahr«

Für die auf den Sterbemonat folgenden drei Kalendermonate wird die Witwen-/Witwerrente in voller Höhe der Versichertenrente gezahlt. Dieser erhöhte Rentenbetrag soll dem Berechtigten den finanziellen Übergang auf die veränderten Verhältnisse erleichtern. Während des »Sterbevierteljahres« wird das eigene Einkommen nicht angerechnet.

Rentenabfindung

Heiratet die Witwe bzw. der Witwer wieder, so erlischt der Anspruch auf Hinterbliebenenrente aus der ersten Ehe. Im Gegenzug wird dann eine einmalige Rentenabfindung gezahlt. Diese beträgt grundsätzlich das 24-Fache der monatlichen Hinterbliebenenrente, also zwei Jahresbeträge der Witwen- bzw. Witwerrente, die in den letzten zwölf Kalendermonaten im Durchschnitt gezahlt wurden.

2.6.2 Erziehungsrente

Auch Geschiedene können eine Rente erhalten, wenn sie ein Kind erziehen und ihr geschiedener Ehepartner stirbt. Damit erhalten sie einen Unterhaltsersatz und können sich verstärkt um die Erziehung der Kinder kümmern. Anders als die Witwen-/Witwerrente ist die Erziehungsrente eine Rente aus eigener Versicherung. Sie wird also nicht aus der Versicherung des geschiedenen Ehegatten gezahlt.

═══ Voraussetzungen

Anspruch auf Erziehungsrente besteht, wenn

- die Ehe nach dem 30. 6. 1977 geschieden, für nichtig erklärt oder aufgehoben oder der Berechtigte vor dem 1. 7. 1977 geschieden wurde und sich sein Unterhaltsanspruch nach dem ehemaligen DDR-Recht richtete,

- der geschiedene Ehepartner gestorben ist,

- der Berechtigte unverheiratet geblieben ist,

- der Berechtigte selbst die allgemeine Wartezeit (Mindestversicherungszeit) von fünf Jahren erfüllt hat und

- ein eigenes oder ein Kind des früheren Ehepartners (auch Stief-, und Pflegekind, Enkel oder Geschwister) erzieht, das das 18. Lebensjahr noch nicht vollendet hat.

═══ Höhe

Die Erziehungsrente entspricht in ihrer Höhe der Rente wegen voller Erwerbsminderung. Wird die Rente vor dem 63. Geburtstag gezahlt, vermindert sie sich um einen Abschlag von maximal 10,8 %.

Etwaiges Einkommen wird nach den gleichen Grundsätzen wie bei der Witwen-/Witwerrente angerechnet. Und: Besteht für denselben Zeitraum Anspruch auf mehrere Renten, wird nur die höchste Rente gezahlt.

═══ Dauer der Rentengewährung

Die Rente endet mit Ablauf des Monats, in dem die Voraussetzungen entfallen (zum Beispiel wenn Sie erneut heiraten oder bei Ende der Kindererziehung, also in dem Monat, in dem das Kind das 18. Lebensjahr erreicht), spätestens jedoch, wenn der Rentenbezieher die Regelaltersgrenze erreicht. Danach wird, wenn nichts anderes bestimmt wird, die Regelaltersrente gezahlt.

2.6.3 Waisenrente

Sterben der Vater, die Mutter oder beide Elternteile, werden Kinder durch die gesetzliche Rentenversicherung mit Waisenrenten unterstützt.

Voraussetzungen

Waisenrente können leibliche und adoptierte Kinder, Stiefkinder und Pflegekinder, die im Haushalt des Verstorbenen lebten, Enkel und Geschwister, die im Haushalt des Verstorbenen lebten oder von ihm überwiegend unterhalten wurden, bekommen.

Anspruch auf Halbwaisenrente besteht, wenn noch ein unterhaltspflichtiger Elternteil lebt und der verstorbene Elternteil die allgemeine Wartezeit von fünf Jahren erfüllt hat bzw. diese als vorzeitig erfüllt gilt, weil der Elternteil durch einen Arbeitsunfall oder infolge einer Berufskrankheit verstorben ist. Vollwaisenrente wird gezahlt, wenn kein unterhaltspflichtiger Elternteil mehr lebt.

Höhe

Die Halbwaisenrente beträgt 10 %, die Vollwaisenrente 20 % der Versichertenrente des verstorbenen Elternteils. Zusätzlich wird ein Zuschlag gezahlt, der sich nach dem Umfang der rentenrechtlichen Zeiten des verstorbenen Elternteils bzw. der Eltern richtet.

Liegt der Todeszeitpunkt des verstorbenen Versicherten vor dem 65. Lebensjahr, wird die Waisenrente um einen Abschlag gemindert. Ist er vor dem 62. Lebensjahr verstorben, sind es 10,8 %, ist er zwischen dem 62. und dem 65. Lebensjahr verstorben, beträgt der Abschlag 0,3 % für jeden Monat vor dem 65. Lebensjahr.

=== **Dauer der Rentengewährung**

Waisenrenten werden regelmäßig bis zur Vollendung des 18. Lebensjahres des Kindes gezahlt. Der Rentenanspruch besteht darüber hinaus bis zur Vollendung des 27. Lebensjahres, wenn der Waise

- sich in Schul- oder Berufsausbildung befindet,

- ein freiwilliges soziales Jahr, ein freiwilliges ökologisches Jahr oder den Bundesfreiwilligendienst leistet oder

- behindert ist und deshalb nicht selbst für sich sorgen kann.

Falls eine Schul- oder Berufsausbildung wegen der Ableistung von Wehr- oder Zivildienst unterbrochen wurde, kann die Waisenrente unter Umständen auch über das 27. Lebensjahr hinaus gezahlt werden.

2.7 Rentenberechnung

Wenn der Rentenbeginn näher rückt, stellt sich die Frage nach der Höhe der Rente. Die Berechnung der Rente ist recht kompliziert, weil der persönliche Lebenslauf des Versicherten berücksichtigt wird. Klar ist: Wer länger oder höhere Beiträge als andere in die gesetzliche Rentenversicherung einzahlt, erhält später auch eine höhere Rente.

Entgeltpunkte, Zugangsfaktor, Rentenartfaktor und aktueller Rentenwert, das sind die wichtigsten Begriffe, die bei der Berechnung der voraussichtlichen Rentenhöhe der gesetzlichen Altersrente wichtig sind. Denn Grundlage für die Berechnung einer Rente ist die Rentenformel:

Monatliche Rente = Entgeltpunkte x Zugangsfaktor x Rentenartfaktor x aktueller Rentenwert

2.7.1 Entgeltpunkte

Weil die von den Beitragszahlern eingezahlten Beiträge sofort wieder an die aktuellen Rentner ausgezahlt werden, gibt es kein individuelles Konto des Versicherten, auf dem seine künftige Rente zurückgelegt und angespart wird. Ein Beitragszahler sammelt vielmehr Ansprüche in Form von Entgeltpunkten, die sich an der Höhe seines Arbeitseinkommens orientieren.

Wer genau das jährliche Durchschnittseinkommen verdient, erreicht einen Entgeltpunkt. Das vorläufige Durchschnittseinkommen im Jahr 2018 beträgt € 37 873,–. Wer also 2018 einen Jahresverdienst in dieser Höhe hat, erhält einen Entgeltpunkt. Wer zum Beispiel nur die Hälfte verdient, bekommt für dieses Jahr einen halben Entgeltpunkt gutgeschrieben, wer das Doppelte verdient, erhält zwei Punkte.

2.7.2 Zugangsfaktor

Mit dem Zugangsfaktor werden Auf- oder Abschläge berücksichtigt, die zum Beispiel durch einen verfrühten Start in den Ruhestand entstehen können. Bei Renten, die vorzeitig in Anspruch genommen werden, erfolgt ein Abschlag von 0,3 % pro Monat bei vorzeitiger Inanspruchnahme. Zuschläge bei der Rentenberechnung gibt es etwa, wenn der Versicherte nach Erreichen der Regelaltersgrenze zunächst auf seine Rente verzichtet. Ist weder ein Abschlag noch ein Zuschlag zur Rente enthalten, beträgt der Zugangsfaktor 1,0.

2.7.3 Aktueller Rentenwert

Der aktuelle Rentenwert ist der monatliche Rentenbetrag, den ein Altersrentner erhält, wenn er Rentenversicherungsbeiträge für ein Jahr entsprechend dem Durchschnittsentgelt in der Rentenversicherung gezahlt hat. In den alten Bundesländern beträgt er seit Juli 2017 € 31,03, in den neuen Bundesländern € 29,69.

2.7.4 Rentenartfaktor

Der Rentenartfaktor bestimmt die Höhe der Rente nach der Rentenart. So hat beispielsweise eine Altersrente den Faktor 1,0, eine Rente wegen teilweiser Erwerbsminderung den Faktor 0,5.

 Beispiel: A hat 45 Jahre jeweils dem Durchschnitt aller Versicherten entsprechend verdient. Daraus resultieren 45 Entgeltpunkte (für jedes Jahr 1 Entgeltpunkt). Er nimmt seine Altersrente mit dem 65. Lebensjahr in Anspruch. Es gibt keine Zu- und Abschläge.

Zugangsfaktor = 1,0

Rentenartfaktor = 1,0

aktueller Rentenwert (West) = € 31,03,
aktueller Rentenwert (Ost) = € 29,69

Die monatliche durchschnittliche Bruttorente beträgt in den alten Bundesländern 45 × 1,0 × € 31,03 × 1,0 = € 1 396,35, in den neuen Bundesländern 45 × 1,0 × € 29,69 × 1,0 = € 1 336,05.

2.8 Versorgungsausgleich und Rentensplitting

Im Rahmen eines Versorgungsausgleichs, der bei einer Scheidung der Eheleute bzw. der eingetragenen Lebenspartner von Amts wegen durchgeführt wird, teilt das Familiengericht die Rentenanwartschaften zwischen den Ex-Partnern auf. Ähnlich wie beim Versorgungsausgleich teilen Ehepaare oder eingetragene Lebenspartner auch beim Rentensplitting ihre Rentenansprüche. Gegenüber dem Versorgungsausgleich ist allerdings eine Scheidung der Ehegatten bzw. der Lebenspartner nicht erforderlich.

2.8.1 Versorgungsausgleich bei Scheidung

Der Versorgungsausgleich ist eine Folge der Scheidung einer Ehe. Durch ihn werden die während der Ehezeit von den Partnern erworbenen Anwartschaften auf eine Versorgung wegen Alters oder

Berufs- oder Erwerbsunfähigkeit geteilt. In Betracht kommen u. a. Renten oder Rentenanwartschaften aus der gesetzlichen Rentenversicherung. Der Versorgungsausgleich erfolgt nur für die während der Ehezeit erworbenen Anwartschaften.

Der Versorgungsausgleich wird vom Familiengericht von Amts wegen durchgeführt. Nur in Ausnahmefällen findet kein Versorgungsausgleich statt. So etwa bei einer kurzen Ehe von bis zu drei Jahren; die Ehepartner können aber dennoch den Ausgleich durchführen lassen, wenn sie dies beantragen. Das Familiengericht sieht von einem Versorgungsausgleich ab, wenn einzelne Anrechte, die der jeweilige Partner erworben hat, nur einen geringen auszugleichenden Wert haben oder wenn sich bei den auszugleichenden Anrechten gleicher Art nur ein geringer Wertunterschied ergibt.

Im Rahmen des Versorgungsausgleichs werden die in der Ehezeit erworbenen Anrechte der Ehepartner vom Familiengericht jeweils einzeln ausgeglichen. Jeder Ehepartner gibt von seinen Anrechten die Hälfte des Ehezeitanteils an den anderen Ehepartner ab und erhält gleichzeitig von diesem entsprechende Anrechte. Damit kann jeder Ehepartner sowohl ausgleichspflichtig als auch ausgleichsberechtigt sein. Die Teilung erfolgt in der Regel in dem Versorgungssystem, in dem die Anrechte erwirtschaftet wurden. Diese sogenannte interne Teilung erfolgt in der gesetzlichen Rentenversicherung in Form von Entgeltpunkten.

2.8.2 Rentensplitting statt Hinterbliebenenrente

Beim Rentensplitting werden Rentenansprüche aus der Ehezeit zu gleichen Teilen unter den Ehegatten bzw. eingetragenen Lebenspartnern aufgeteilt. Der Partner mit den höheren Rentenansprüchen gibt also einen Teil seiner Ansprüche an den anderen ab.

Wer sich für das Rentensplitting entscheidet, muss dies dem Rentenversicherungsträger mitteilen. Die Erklärung muss von beiden Partnern abgegeben werden. Beim Rentenversicherungsträger steht ein entsprechendes Formular zur Verfügung.

Rentensplitting kommt nur in Betracht, wenn die Ehe bzw. Lebenspartnerschaft nach dem 31. 12. 2001 geschlossen wurde oder diese bereits zu diesem Zeitpunkt bestand, beide Ehegatten aber nach dem 1. 1. 1962 geboren sind. Weitere Voraussetzung ist, dass beide Ehepartner bzw. Lebenspartner über 25 Jahre an rentenrechtlichen Zeiten verfügen. Für das Rentensplitting können sich beide Partner erst entscheiden, wenn ihr Erwerbsleben abgeschlossen ist, sie also erstmals Anspruch auf eine volle Altersrente haben oder ein Partner erstmals Anspruch auf eine volle Altersrente hat und der andere die Regelaltersgrenze erreicht hat.

Ist ein Ehepartner verstorben, kann sich der andere Partner noch für das Rentensplitting entscheiden, wenn er 25 Jahre an rentenrechtlichen Zeiten hat. Der überlebende Partner kann dann zwischen der Hinterbliebenenrente oder dem Rentensplitting wählen.

Ein Rentensplitting will gut überlegt sein. Damit schließen die Partner die spätere Zahlung einer Hinterbliebenenrente aus. Ein Rentensplitting ist für die Partner verbindlich. Nach Abgabe einer gemeinsamen Erklärung gibt es grundsätzlich keine Möglichkeit mehr, bei Tod des Partners statt des Rentensplittings eine Hinterbliebenenrente zu bekommen. Daher ist es ratsam, die Entscheidung für oder gegen ein Rentensplitting gut abzuwägen und sich vom Rentenversicherungsträger ausführlich beraten zu lassen. Sinnvoll kann das Rentensplitting beispielsweise sein, wenn der überlebende Ehegatte dauerhaft über ein hohes eigenes Einkommen verfügt, das zum Ruhen einer Witwen-/Witwerrente führen würde.

3 Wie Beamte und Hinterbliebene im Ruhestand finanziell versorgt sind

Die Alters- und Hinterbliebenenversorgung der Beamten, Richter und Berufssoldaten erfolgt durch den jeweiligen Dienstherrn, also den Bund, die Länder, die Gemeinden und sonstige öffentlich-rechtliche Körperschaften. Die Leistungen der Beamtenversorgung umfassen in erster Linie die Zahlung von Ruhegehältern wegen Erreichen der Altersgrenzen oder wegen Dienstunfähigkeit sowie Leistungen an Hinterbliebene. Eigene Beiträge müssen die Beamten nicht entrichten.

Die Versorgung der Beamten und Richter des Bundes ist im Beamtenversorgungsgesetz geregelt. In den Ländern bestehen für die Landesbeamten und die Beamten in den Kommunen jeweils eigene Landesbeamtenversorgungsgesetze. Das Beamtenversorgungsgesetz des Bundes kann aber immer noch als Rahmen für die Versorgung für die Versorgungsempfänger des Bundes, der Länder, der Gemeinden sowie der Körperschaften, Anstalten und Stiftungen des öffentlichen Rechts angesehen werden. Den folgenden Ausführungen liegt deshalb das Beamtenversorgungsgesetz des Bundes zugrunde.

3.1 Eintritt in den Ruhestand

Anspruch auf ein Ruhegehalt besteht nur, wenn das Beamtenverhältnis durch Eintritt oder Versetzung in den Ruhestand geendet hat. Endet das Beamtenverhältnis durch Entlassung, besteht kein Anspruch auf Ruhegehalt. In diesem Fall wird der Beamte für die Dauer des Beamtenverhältnisses vom Dienstherrn in der gesetzlichen Rentenversicherung nachversichert.

3.1.1 Wartezeit

Ein Ruhegehalt wird nur gewährt, wenn der Beamte eine Dienstzeit von mindestens fünf Jahren abgeleistet hat. Die Dienstzeit und mithin auch die Wartezeit werden vom Zeitpunkt der ersten Berufung in das Beamtenverhältnis angerechnet. Eingerechnet werden insbesondere

- ruhegehaltsfähige Beamtendienstzeiten,

- ruhegehaltsfähige Wehr- und Zivildienstzeiten und vergleichbare Zeiten,

- ruhegehaltsfähige Zeiten in einem privatrechtlichen Arbeitsverhältnis im öffentlichen Dienst,

- Ausbildungszeiten.

Achtung: Keine Wartezeit besteht bei Dienstunfähigkeit wegen eines Dienstunfalls.

3.1.2 Ruhestand wegen Erreichens der Altersgrenze

Beamte auf Lebenszeit treten mit Erreichen der gesetzlichen Altersgrenze in den Ruhestand. Die Regelaltersgrenze wird in der Regel mit Vollendung des 67. Lebensjahrs erreicht (Regelaltersgrenze). Besondere Altersgrenzen gelten insbesondere für Polizeivollzugsbeamte, Feuerwehrbeamte und Beamte im Strafvollzugsdienst.

Beamte auf Lebenszeit, die vor dem 1. 1. 1947 geboren sind, erreichen die Regelaltersgrenze mit Vollendung des 65. Lebensjahrs. Für Beamte auf Lebenszeit, die nach dem 31. 12. 1946 geboren sind, wird die Regelaltersgrenze wie folgt angehoben:

Geburtsjahr	Anhebung um Monate	Altersgrenze	
		Jahr	Monat
1947	1	65	1
1948	2	65	2
1949	3	65	3
1950	4	65	4
1951	5	65	5
1952	6	65	6
1953	7	65	7
1954	8	65	8
1955	9	65	9
1956	10	65	10
1957	11	65	11
1958	12	66	0
1959	14	66	2
1960	16	66	4
1961	18	66	6
1962	20	66	8
1963	22	66	10
ab 1964	24	67	0

3.1.3 Ruhestand auf Antrag

Beamte auf Lebenszeit können auf ihren Antrag hin in den Ruhestand versetzt werden, wenn sie das 63. Lebensjahr vollendet haben. Schwerbehinderte Beamte auf Lebenszeit können in den Ruhestand treten, wenn sie das 62. Lebensjahr vollendet haben; wenn sie vor 1952 geboren sind, können sie auf ihren Antrag hin in den Ruhestand versetzt werden, wenn sie das 60. Lebensjahr vollendet haben. Für Beamte auf Lebenszeit, die schwerbehindert sind und 1952 und später geboren sind, wird die Altersgrenze schrittweise wie folgt angehoben:

Geburtsjahr Geburtsmonat	Anhebung um Monate	Altersgrenze	
		Jahr	Monat
1952			
Januar	1	60	1
Februar	2	60	2
März	3	60	3
April	4	60	4
Mai	5	60	5
Juni-Dezember	6	60	6
1953	7	60	7
1954	8	60	8
1955	9	60	9
1956	10	60	10
1957	11	60	11
1958	12	61	0
1959	14	61	2
1960	16	61	4
1961	18	61	6
1962	20	61	8
1963	22	61	10
1964	24	62	0

3.1.4 Versetzung in den Ruhestand wegen Dienstunfähigkeit

Ein Beamter auf Lebenszeit, der wegen seines körperlichen Zustands oder aus gesundheitlichen Gründen nicht mehr in der Lage ist, seine Dienstpflichten zu erfüllen, ist wegen Dienstunfähigkeit in den Ruhestand zu versetzen. Als dienstunfähig kann auch angesehen werden, wer wegen Erkrankung innerhalb von sechs Monaten mehr als drei Monate keinen Dienst getan hat, wenn keine Aussicht besteht, dass innerhalb weiterer sechs Monate die Dienstunfähigkeit wieder voll hergestellt ist. Für Beamte auf Probe gilt dies nur, wenn sie wegen Krankheit, Verwundung oder sonstiger Beschädigung, die sie sich ohne grobes Verschulden bei Ausübung oder aus Veranlassung des Dienstes zugezogen haben, dienstunfähig geworden sind.

Im Falle einer begrenzten Dienstfähigkeit wird der Beamte nicht in den Ruhestand versetzt, sondern erhält weiterhin Dienstbezüge. Eine begrenzte Dienstunfähigkeit liegt vor, wenn der Beamte unter Beibehaltung des übertragenen Amts die Dienstpflichten noch während mindestens der Hälfte der regelmäßigen Arbeitszeit erfüllen kann. Entsprechend der begrenzten Dienstfähigkeit ist die Arbeitszeit des Beamten zu verkürzen. Mit Zustimmung des Beamten ist auch eine Verwendung in einer nicht dem Amt entsprechenden Tätigkeit möglich.

Achtung: In den Ruhestand wird nicht versetzt, wer anderweitig verwendbar ist. Eine anderweitige Verwendung ist möglich, wenn ein anderes Amt, auch einer anderen Laufbahn, übertragen werden kann. Die Übertragung eines anderen Amtes ohne Zustimmung ist zulässig, wenn das neue Amt zum Bereich desselben Dienstherrn gehört, es mit mindestens demselben Endgrundgehalt verbunden ist wie das bisherige Amt und zu erwarten ist, dass die Beamtin oder der Beamte den gesundheitlichen Anforderungen des neuen Amtes genügt.

Beamte, die wegen Dienstunfähigkeit in den Ruhestand versetzt wurden, sind verpflichtet, einer erneuten Berufung in das Beamtenverhältnis Folge zu leisten, wenn ihnen im Dienstbereich ihres früheren Dienstherrn ein Amt ihrer früheren oder einer anderen Laufbahn mit mindestens demselben Endgrundgehalt übertragen werden soll und zu erwarten ist, dass sie den gesundheitlichen Anforderungen des neuen Amtes genügen. Der Dienstherr ist verpflichtet, in regelmäßigen Abständen das Vorliegen der Voraussetzungen für die Dienstunfähigkeit zu überprüfen, es sei denn, nach den Umständen des Einzelfalls kommt eine erneute Berufung in das Beamtenverhältnis nicht in Betracht. Beamten, die wegen Dienstunfähigkeit in den Ruhestand versetzt wurden, kann ferner unter Übertragung eines Amtes ihrer früheren Laufbahn auch eine geringerwertige Tätigkeit übertragen werden, wenn eine anderweitige Verwendung nicht möglich ist und ihnen die Wahrnehmung der neuen Aufgabe unter Berücksichtigung ihrer früheren Tätigkeit zumutbar ist.

3.2 Berechnung des Ruhegehalts

Das Ruhegehalt des Beamten wird auf der Grundlage der ruhegehaltsfähigen Dienstbezüge und der ruhegehaltsfähigen Dienstzeit berechnet. Gegebenenfalls erhöht sich das Ruhegehalt um Zuschläge für Kindererziehungszeiten, es verringert sich um einen Versorgungsabschlag, wenn der Beamte vor Erreichen der gesetzlichen Altersgrenze in den Ruhestand tritt.

3.2.1 Ruhegehaltsfähige Dienstbezüge

Zu den ruhegehaltsfähigen Dienstbezügen gehören insbesondere

- das zuletzt bezogene Grundgehalt,

- der Familienzuschlag der Stufe 1 und

- sonstige Dienstbezüge, die im Besoldungsrecht als ruhegehaltsfähig bezeichnet sind.

Maßgebend ist das Grundgehalt, das dem Beamten nach der Besoldungsgruppe des ihm verliehenen statusrechtlichen Amtes zuletzt zugestanden hat. Dabei ist die Stufe anzusetzen, die der Beamte im Zeitpunkt des Eintritts in den Ruhestand erreicht hat. Die ruhegehaltsfähigen Dienstbezüge werden mit dem Faktor 0,9901 vervielfältigt.

Ist ein Beamter aus einem Amt in den Ruhestand getreten, das nicht der Eingangsbesoldungsgruppe seiner Laufbahn oder das keiner Laufbahn angehört, und hat er die Dienstbezüge dieses oder eines mindestens gleichwertigen Amtes vor dem Eintritt in den Ruhestand nicht mindestens zwei Jahre erhalten, so sind nur die Bezüge des vorher bekleideten Amtes ruhegehaltsfähig.

Bei Teilzeitbeschäftigung und Beurlaubung ohne Dienstbezüge (Freistellung) gelten als ruhegehaltsfähige Dienstbezüge die dem letzten Amt entsprechenden vollen ruhegehaltsfähigen Dienstbezüge. Dies gilt entsprechend bei eingeschränkter Verwendung eines Beamten wegen begrenzter Dienstfähigkeit.

Für die Gewährung des Familienzuschlags gelten die besoldungsrechtlichen Regelungen entsprechend. Anzusetzen ist der Familienzuschlag, der dem Beamten nach seinem Familienstand zustehen würde. Dieser sogenannte ehebezogene Teil des Familienzuschlags ist Bestandteil der ruhegehaltsfähigen Dienstbezüge. Diesen Zuschlag erhalten

- verheiratete Ruhestandsbeamte sowie Ruhestandsbeamte in einer Lebenspartnerschaft,

- verwitwete Ruhestandsbeamte sowie hinterbliebene Ruhestandsbeamte in einer Lebenspartnerschaft,

- geschiedene Ruhestandsbeamte sowie Beamte, deren Ehe oder Lebenspartnerschaft aufgehoben oder für nichtig erklärt ist, wenn sie dem früheren Ehegatten oder dem früheren Lebenspartner aus der letzten Ehe oder Lebenspartnerschaft zum Unterhalt verpflichtet sind,

- andere Ruhestandsbeamte, die ein Kind nicht nur vorübergehend in ihre Wohnung aufgenommen haben, für das ihnen Kindergeld nach dem Einkommensteuergesetz oder nach dem Bundeskindergeldgesetz zusteht oder zustehen würde, sowie andere Beamte, die eine Person nicht nur vorübergehend in ihre Wohnung aufgenommen haben, weil sie aus beruflichen oder gesundheitlichen Gründen ihrer Hilfe bedürfen.

Achtung: Sind beide Ehegatten oder Lebenspartner im öffentlichen Dienst beschäftigt oder liegt aufgrund einer Tätigkeit im öffentlichen Dienst eine Versorgungsberechtigung nach beamtenrechtlichen Grundsätzen vor, ist bei den ruhegehaltsfähigen Dienstbezügen nur die Hälfte des Familienzuschlags der Stufe 1 anzusetzen, wenn dem Ehegatten oder Lebenspartner ebenfalls der Familienzuschlag der Stufe 1 oder eine entsprechende Leistung in Höhe von mindestens der Hälfte des Höchstbetrags der Stufe 1 des Familienzuschlags zustünde. Ein dem Ruhestandsbeamten zustehender kinderbezogener Teil des Familienzuschlags (Unterschiedsbetrag zwischen der Stufe 1 und den folgenden Stufen des Familienzuschlags) wird allerdings in voller Höhe neben dem Ruhegehalt gezahlt.

3.2.2 Ruhegehaltsfähige Dienstzeit

Der Ruhegehaltssatz wird auf der Grundlage der ruhegehaltsfähigen Dienstzeit berechnet. Bei der Ermittlung der ruhegehaltsfähigen Dienstzeit wird unterschieden zwischen Zeiten, die bei Erfüllung der geforderten Voraussetzungen von Amts wegen anzurechnen sind oder angerechnet werden sollen, und Zeiten, die im Rahmen der Ermessensentscheidung angerechnet werden können.

⎯⎯ Dienstzeiten als Beamter

Ruhegehaltfähig ist die Dienstzeit, die der Beamte vom Tag seiner ersten Berufung in das Beamtenverhältnis an im Dienst eines öffentlich-rechtlichen Dienstherrn im Beamtenverhältnis zurückgelegt hat. Dies gilt u. a. nicht für die Zeit

- vor Vollendung des 17. Lebensjahres,

- in einem Amt, das die Arbeitskraft des Beamten nur nebenbei beansprucht,

- einer ehrenamtlichen Tätigkeit,

- eines schuldhaften Fernbleibens vom Dienst unter Verlust der Dienstbezüge.

Nicht berücksichtigt werden auch Zeiten einer Beurlaubung ohne Dienstbezüge. Allerdings kann die Zeit einer Beurlaubung ohne

Dienstbezüge berücksichtigt werden, wenn spätestens bei Beendigung des Urlaubs schriftlich zugestanden worden ist, dass diese öffentlichen Belangen oder dienstlichen Interessen dient. Nicht ruhegehaltsfähig sind somit Zeiten einer Beurlaubung ohne Grundbezüge aus familiären oder arbeitsmarktpolitischen Gründen und die Beurlaubung für die Erziehung eines Kindes.

Zeiten einer Teilzeitbeschäftigung sind nach dem Bundesbeamtenversorgungsgesetz nur zu dem Teil ruhegehaltfähig, der dem Verhältnis der ermäßigten zur regelmäßigen Arbeitszeit entspricht. Zeiten einer Altersteilzeit sind zu neun Zehnteln der Arbeitszeit ruhegehaltfähig, die der Bemessung der ermäßigten Arbeitszeit während der Altersteilzeit zugrunde gelegt worden ist. Die Zeit der eingeschränkten Verwendung eines Beamten wegen begrenzter Dienstfähigkeit ist nur zu dem Teil ruhegehaltfähig, der dem Verhältnis der ermäßigten zur regelmäßigen Arbeitszeit entspricht. Abweichend davon ist sie bis zum Ende des Monats der Vollendung des 60. Lebensjahrs mindestens zu zwei Drittel ruhegehaltfähig.

Nicht ruhegehaltfähig sind Dienstzeiten (Ausnahmen können allerdings zugelassen werden)

- in einem Beamtenverhältnis, das durch Verlust der Beamtenrechte beendet wurde (z. B. bei Verurteilung wegen einer vorsätzlichen Tat zu einer Freiheitsstrafe von mindestens einem Jahr),

- in einem Beamtenverhältnis auf Probe oder auf Widerruf, wenn der Beamte entlassen worden ist, weil er eine Handlung begangen hat, die bei einem Beamten auf Lebenszeit mindestens eine Kürzung der Dienstbezüge zur Folge hätte,

- in einem Beamtenverhältnis, das durch Entlassung auf Antrag des Beamten beendet worden ist, wenn ihm ein Verfahren mit der Folge des Verlustes der Beamtenrechte oder der Entfernung aus dem Dienst drohte oder wenn der Beamte den Antrag gestellt hat, um einer drohenden Entlassung zuvorzukommen.

=== Wehr- und Zivildienst

Berufsmäßiger Wehrdienst (als Berufssoldat oder Soldat auf Zeit), der nach der Vollendung des 17. Lebensjahrs vor der Berufung in das Beamtenverhältnis zurückgelegt wurde, zählt zur ruhegehaltsfähigen Dienstzeit, nicht allerdings Zeiten im Bundesfreiwilligendienst nach dem Bundesfreiwilligendienstgesetz. Als ruhegehaltfähig gilt auch die Zeit, während der ein Beamter nach Vollendung des 17. Lebensjahres vor der Berufung in das Beamtenverhältnis nichtberufsmäßigen Wehrdienst in der Bundeswehr oder der Nationalen Volksarmee der ehemaligen Deutschen Demokratischen Republik oder einen vergleichbaren zivilen Ersatzdienst oder Polizeivollzugsdienst geleistet hat.

=== Privatrechtliche Arbeitsverhältnisse im öffentlichen Dienst

Als ruhegehaltfähig sollen auch

- Zeiten einer hauptberuflichen, in der Regel einem Beamten obliegenden oder später einem Beamten übertragenen entgeltlichen Beschäftigung oder

- Zeiten einer für die Laufbahn des Beamten förderlichen Tätigkeit

berücksichtigt werden, in denen ein Beamter nach Vollendung des 17. Lebensjahres vor der Berufung in das Beamtenverhältnis im privatrechtlichen Arbeitsverhältnis im Dienst eines öffentlich-rechtlichen Dienstherrn ohne von dem Beamten zu vertretende Unterbrechung tätig war, sofern diese Tätigkeit zu seiner Ernennung geführt hat.

=== Sonstige Zeiten

Im Ermessen des Dienstherrn steht es, Zeiten in sonstigen Beschäftigungsverhältnissen als ruhegehaltsfähige Dienstzeiten zu berücksichtigen. Anrechenbar sind folgende vor der Berufung in das Beamtenverhältnis liegende hauptberufliche Zeiten:

- Zeiten als Rechtsanwalt oder Verwaltungsrechtsrat oder als Beamter oder Notar, der ohne Ruhegehaltsberechtigung nur Gebühren bezieht (zur Hälfte, höchstens zehn Jahre),

- Zeiten hauptberuflich im Dienst öffentlich-rechtlicher Religionsgesellschaften oder ihrer Verbände oder im öffentlichen oder nicht öffentlichen Schuldienst (uneingeschränkt),

- Zeiten hauptberuflich im Dienst der Fraktionen des Bundestages oder eines Landtags oder kommunaler Vertretungskörperschaften (uneingeschränkt),

- Zeiten hauptberuflich im Dienst von kommunalen Spitzenverbänden oder ihren Landesverbänden sowie von Spitzenverbänden der Sozialversicherung oder ihren Landesverbänden (uneingeschränkt),

- Zeiten hauptberuflich im ausländischen öffentlichen Dienst (uneingeschränkt),

- Zeiten des Erwerbs besonderer Fachkenntnisse auf wissenschaftlichem, künstlerischem, technischem oder wirtschaftlichem Gebiet, die die notwendige Voraussetzung für die Wahrnehmung des Amtes bilden (zur Hälfte, höchstens zehn Jahre),

- Zeiten als Entwicklungshelfer (zur Hälfte, höchstens zehn Jahre).

Ausbildungszeiten

Auch Ausbildungszeiten können vom Dienstherrn als ruhegehaltsfähige Dienstzeit berücksichtigt werden. Dazu zählen die nach Vollendung des 17. Lebensjahrs verbrachte Mindestzeit

- der vorgeschriebenen Fachschul- und Hochschulausbildung bis zu einer Dauer von drei Jahren einschließlich der Prüfungszeit,

- einer vorgeschriebenen praktischen Ausbildung sowie eines Vorbereitungsdienstes außerhalb eines Beamtenverhältnisses,

- einer für die Übernahme in das Beamtenverhältnis vorgeschriebenen praktischen hauptberuflichen Tätigkeit.

Achtung: Zeiten der allgemeinen Schulausbildung werden nicht berücksichtigt.

Für Beamte des Vollzugsdienstes und des Einsatzdienstes der Feuerwehr können nach Vollendung des 17. Lebensjahres verbrachte Zeiten einer praktischen Ausbildung und einer praktischen hauptberuflichen Tätigkeit bis zu einer Gesamtzeit von fünf Jahren als ruhegehaltsfähige Dienstzeit berücksichtigt werden, wenn sie für die Wahrnehmung des Amtes förderlich sind. Dies gilt jedoch nicht für Zeiten, die eine allgemeine Schulbildung ersetzen.

=== Zurechnungszeit

Ist der Beamte vor Vollendung des 60. Lebensjahres wegen Dienstunfähigkeit in den Ruhestand getreten, wird die Zeit vom Eintritt in den Ruhestand bis zum Ablauf des Monats der Vollendung des 60. Lebensjahres für die Berechnung des Ruhegehalts der ruhegehaltsfähigen Dienstzeit zu zwei Dritteln berücksichtigt.

3.2.3 Höhe des Ruhegehalts

Das Ruhegehalt wird auf der Grundlage der ruhegehaltsfähigen Dienstbezüge und des sich aus der ruhegehaltsfähigen Dienstzeit ergebenden Ruhegehaltssatzes ermittelt.

=== Ruhegehaltssatz

Der Ruhegehaltssatz bemisst sich nach der ruhegehaltsfähigen Dienstzeit. Er beträgt für jedes Jahr ruhegehaltsfähiger Dienstzeit 1,79375 % der ruhegehaltsfähigen Dienstbezüge, insgesamt jedoch höchstens 71,75 %.

Der Ruhegehaltssatz ist auf zwei Dezimalstellen auszurechnen. Dabei ist die zweite Dezimalstelle um eins zu erhöhen, wenn in der dritten Stelle eine der Ziffern fünf bis neun verbleiben würde. Zur Ermittlung der gesamten ruhegehaltfähigen Dienstjahre sind etwa anfallende Tage unter Benutzung des Nenners 365 umzurechnen.

Dienstzeit (Jahre)	Ruhegehaltssatz gerundet	Dienstzeit (Jahre)	Ruhegehaltssatz gerundet
1	1,79 %	21	37,67 %
2	3,59 %	22	39,46 %
3	5,38 %	23	41,26 %
4	7,18 %	24	43,05 %
5	8,97 %	25	44,84 %
6	10,76 %	26	46,64 %
7	12,56 %	27	48,43 %
8	14,35 %	28	50,23 %
9	16,14 %	29	52,02 %
10	17,94 %	30	53,81 %
11	19,73 %	31	55,61 %
12	21,53 %	32	57,40 %
13	23,32 %	33	59,19 %
14	25,11 %	34	60,99 %
15	26,91 %	35	62,78 %
16	28,70 %	36	64,58 %
17	30,49 %	37	66,37 %
18	32,29 %	38	68,16 %
19	34,08 %	39	69,96 %
20	35,88 %	40	71,75 %

 Beispiel: Ruhegehaltfähige Dienstzeit: 25 Jahre, 150 Tage umgerechnet in Dezimaljahre: 25 150/365 = 25,4109 Jahre = 25,41 Jahre

25,41 Jahre × 1,79375 = 45,5779 = 45,58 % Ruhegehaltssatz

=== Vorübergehende Erhöhung des Ruhegehaltssatzes

Der Ruhegehaltssatz wird unter bestimmten Voraussetzungen erhöht. Die Erhöhung wird auf Antrag vorgenommen. Anträge, die innerhalb von drei Monaten nach Eintritt des Beamten in den Ruhestand gestellt werden, gelten als zum Zeitpunkt des Ruhestandseintritts gestellt. Wird der Antrag zu einem späteren Zeitpunkt gestellt, so tritt die Erhöhung vom Beginn des Antragsmonats an ein.

Voraussetzung für die Erhöhung des Ruhegehaltssatzes ist, dass der Beamte vor Erreichen der Regelaltersgrenze in den Ruhestand getreten ist und er

- bis zum Beginn des Ruhestandes die Wartezeit von 60 Kalendermonaten für eine Rente der gesetzlichen Rentenversicherung erfüllt hat,

- wegen Dienstunfähigkeit in den Ruhestand versetzt worden oder wegen Erreichens einer besonderen Altersgrenze in den Ruhestand getreten ist,

- einen Ruhegehaltssatz von 66,97 % noch nicht erreicht hat und

- keine Einkünfte aus nicht selbstständiger oder selbstständiger Tätigkeit, aus Gewerbebetrieb oder aus Land- und Forstwirtschaft bezieht (Einkünfte bleiben außer Betracht, soweit sie durchschnittlich im Monat einen Betrag von € 450,– zuzüglich des Zweifachen dieses Betrages innerhalb eines Kalenderjahres nicht überschreiten).

Die Erhöhung des Ruhegehaltssatzes beträgt 0,95667 % der ruhegehaltsfähigen Dienstbezüge für je zwölf Kalendermonate der auf die Wartezeit anrechnungsfähigen Pflichtbeitragszeiten, soweit sie nicht bereits als ruhegehaltsfähig berücksichtigt sind. Der hiernach berechnete Ruhegehaltssatz darf 66,97 % nicht überschreiten.

Die Erhöhung fällt spätestens mit Ablauf des Monats weg, in dem der Ruhestandsbeamte die gesetzliche Altersgrenze erreicht. Unter bestimmten Umständen (z. B. bei Bezug einer Rente) endet die Erhöhung vorher.

═══ Ruhegehalt

Das monatliche Ruhegehalt wird berechnet, indem die ruhegehaltsfähigen Dienstbezüge mit dem Ruhegehaltssatz multipliziert werden.

Beispiel:

Grundgehalt	€ 4 704,26
× Faktor 0,9901	€ 4 657,69
+ ehebezogener Familienzuschlag	€ 125,12
= ruhegehaltsfähige Dienstbezüge	€ 4 782,81
× maßgebender Ruhegehaltssatz	71,75 %
= monatliches Ruhegehalt	**€ 3 431,67**

Achtung: Das Ruhegehalt kann sich erhöhen um den kinderbezogenen Teil des Familienzuschlags und einen Kinder- oder Pflegezuschlag. Es kann sich u. a. vermindern um einen Versorgungsabschlag, beim Bezug von Erwerbs- und Erwerbsersatzeinkommen und von Renten, ferner bei einer Ehescheidung im Rahmen des Versorgungsausgleichs.

═══ Kindererziehungszuschlag und Kinderergänzungszuschlag

Einen Kindererziehungszuschlag erhalten Beamte, denen eine Kindererziehungszeit zuzuordnen ist, wenn die Kindererziehung bei keinem Elternteil rentenrechtlich berücksichtigt wird. Den Zuschlag zum Ruhegehalt erhalten Beamte, denen die Kindererziehungszeit zuzuordnen ist, das heißt, die ein Kind erzogen haben. Wenn beide Elternteile ihr Kind gemeinsam erzogen haben, können sie durch übereinstimmende Erklärung bestimmen, wem die Kindererziehungszeit zugeordnet werden soll. Wird hierzu keine Erklärung abgegeben, wird die Kindererziehungszeit automatisch der Mutter zugeordnet.

Als weiterer Ausgleich wird für Zeiten der Kindererziehung ein Kindererziehungsergänzungszuschlag zum Ruhegehalt gezahlt, wenn mehrere Kinder gleichzeitig erzogen oder nicht erwerbsmäßig gepflegt wurden oder wenn neben der Erziehung bzw. nicht erwerbsmäßigen Pflege eines Kindes gleichzeitig ruhegehaltsfähige Dienstzeiten im Beamtenverhältnis zurückgelegt wurden.

Die Höhe des Kindererziehungszuschlags bzw. des Kinderergänzungszuschlags ergibt sich aus dem jeweils geltenden Beamtenversorgungsgesetz.

Pflegezuschlag, Kinderpflegeergänzungszuschlag

Wenn Beamte versicherungspflichtig in der gesetzlichen Rentenversicherung waren, weil sie eine pflegebedürftige Person nicht erwerbsmäßig gepflegt haben, erhalten sie für die Zeit der Pflege einen Pflegezuschlag zum Ruhegehalt. Der Zuschlag wird nicht gezahlt, wenn die allgemeine Wartezeit in der gesetzlichen Rentenversicherung erfüllt ist.

Hat ein Beamter ein pflegebedürftiges Kind nicht erwerbsmäßig gepflegt, erhält er neben dem Pflegezuschlag einen Kinderpflegeergänzungszuschlag. Dieser wird längstens für die Zeit bis zur Vollendung des 18. Lebensjahres des pflegebedürftigen Kindes und nicht neben einem Kindererziehungsergänzungszuschlag gewährt.

Die Höhe des Pflegezuschlags bzw. des Kinderpflegeergänzungszuschlags ergibt sich aus dem jeweils geltenden Beamtenversorgungsgesetz.

Versorgungsabschlag

In Anlehnung an das Rentenrecht der gesetzlichen Rentenversicherung wird im Falle des vorzeitigen Ruhestands das Ruhegehalt um einen Versorgungsabschlag gemindert. Das gilt auch für die aus dem Ruhegehalt abgeleitete Hinterbliebenenversorgung.

Achtung: Es wird stets das Ruhegehalt gemindert und nicht der Ruhegehaltssatz. Das Mindestruhegehalt darf durch den Versorgungsabschlag nicht gemindert werden.

Versorgungsabschläge gelten neben dem Fall der Inanspruchnahme der allgemeinen Altersgrenze auch für die Fälle des vorzeitigen Ruhestands bei schwerbehinderten Beamten und bei Dienstunfähigkeit. Im Bund und in den Ländern gelten teilweise unterschiedliche Regelungen über den Versorgungsabschlag. Den nachfolgenden Ausführungen liegt das Bundesversorgungsrecht zugrunde.

Versorgungsabschlag bei Inanspruchnahme der Antragsaltersgrenze

Ein Beamter kann nach Vollendung des 63. Lebensjahrs auf Antrag ohne Nachweis der Dienstunfähigkeit in den Ruhestand versetzt werden. In diesem Fall vermindert sich das Ruhegehalt um 3,6 % für jedes Jahr, um das der Beamte vor Ablauf des Monats, in dem er die für ihn geltende gesetzliche Altersgrenze (nach Geburtsjahrgang gestaffelt bis zum 67. Lebensjahr) erreicht, in den Ruhestand versetzt wird. Der Versorgungsabschlag wird bis zum Ablauf des Monats berechnet, in dem die gesetzliche Altersgrenze erreicht wird. Der maximale Versorgungsabschlag beträgt 14,4 %.

Der Versorgungsabschlag entfällt, wenn der Beamte zum Zeitpunkt des Eintritts in den Ruhestand das 65. Lebensjahr vollendet und mindestens 45 Jahre berücksichtigungsfähige Dienstzeiten erreicht hat.

Geburtsdatum bis	Lebensalter	
	Jahre	Monate
31. 12. 1948	65	0
31. 01. 1949	65	1
28. 02. 1949	65	2
31. 12. 1949	65	3
31. 12. 1950	65	4
31. 12. 1951	65	5
31. 12. 1952	65	6
31. 12. 1953	65	7
31. 12. 1954	65	8
31. 12. 1955	65	9
31. 12. 1956	65	10
31. 12. 1957	65	11
31. 12. 1958	66	0
31. 12. 1959	66	2
31. 12. 1960	66	4
31. 12. 1961	66	6
31. 12. 1962	66	8
31. 12. 1963	66	10
Ab 1964	67	0

Beispiel: Geburtsdatum 15. 4. 1954

Versetzung in den Ruhestand auf Antrag mit Ablauf des 30. 4. 2017

Regelaltersgrenze: Vollendung 65. Lebensjahr + 8 Monate =
14. 12. 2019

1. 5. 2017–31. 12. 2019 = 2 Jahre 245 Tage = 2,67 Jahre × 3,6 % =
9,61 %

Versorgungsabschlag bei Schwerbehinderung

Beamte, die auf Antrag wegen Schwerbehinderung in den Ruhestand
versetzt werden, erhalten keinen Versorgungsabschlag, wenn der
Ruhestand nach Ablauf des Monats beginnt, in dem das 65. Lebens-

jahr vollendet wurde. Für jedes Jahr, das der Beamte vor Ablauf des Monats, in dem er das 65. Lebensjahr vollendet, auf Antrag in den Ruhestand versetzt wird, beträgt der Versorgungsabschlag 3,6 %. Bemessungsgrundlage für die Berechnung des Versorgungsabschlages ist der Zeitraum vom Beginn des Ruhestandes bis zum Ablauf des Monats, in dem der Beamte das 65. Lebensjahr vollendet. Der maximale Versorgungsabschlag beträgt 10,8 %.

Versorgungsabschlag bei Dienstunfähigkeit

Beamte, die wegen Dienstunfähigkeit in den Ruhestand versetzt werden, erhalten keinen Versorgungsabschlag, wenn sie das 65. Lebensjahr vollendet haben oder aufgrund eines Dienstunfalls dienstunfähig geworden sind. Andernfalls wird das Ruhegehalt gemindert. Die Minderung beträgt 3,6 % für jedes Jahr, um das der Beamte vor Ablauf des Monats, in dem er das 63. Lebensjahr vollendet, wegen Dienstunfähigkeit in den Ruhestand versetzt wird. Die Minderung des Ruhegehaltes darf jedoch 10,8 % nicht übersteigen.

 Der Versorgungsabschlag entfällt, wenn der Beamte zum Zeitpunkt des Eintritts in den Ruhestand das 63. Lebensjahr vollendet und mindestens 40 Jahre berücksichtigungsfähige Dienstzeiten erreicht hat.

Mindestversorgung

Wegen des im Beamtenrecht geltenden Alimentationsprinzips wird für den Beamten gesetzlich eine Mindestversorgung gewährleistet. Sie beträgt 35 % der ruhegehaltsfähigen Dienstbezüge aus der jeweiligen Besoldungsgruppe oder – wenn es für den Beamten günstiger ist – 65 % der ruhegehaltsfähigen Dienstbezüge aus der Endstufe der Besoldungsgruppe A 4, zuzüglich € 30,68.

3.3 Bezug von Erwerbs- und Erwerbsersatzeinkommen

Bezieht der Ruhestandsbeamte neben seinen Versorgungsbezügen Erwerbs- oder Erwerbsersatzeinkommen, erhält er daneben Versorgungsbezüge nur bis zu einer bestimmten Höchstgrenze.

Erwerbseinkommen sind Einkünfte aus nicht selbstständiger Arbeit einschließlich Abfindungen, aus selbstständiger Arbeit sowie aus Gewerbebetrieb, aus Land- und Forstwirtschaft sowie entsprechende Einkünfte, die unabhängig vom Wohnsitz im Ausland erzielt werden, abzüglich der Werbungskostenpauschale nach dem Einkommensteuergesetz. Auf Nachweis können Betriebsausgaben und erhöhte Werbungskosten geltend gemacht werden. Als Erwerbseinkommen gelten auch Gewinne aus Kapitalgesellschaften, in denen der Versorgungsberechtigte ohne angemessene Vergütung tätig ist, soweit die Gewinne auf die Tätigkeit entfallen.

Achtung: Nicht als Erwerbseinkommen berücksichtigt werden beispielsweise Aufwandsentschädigungen, Einkünfte aus Kapitalvermögen oder solche aus schriftstellerischen, wissenschaftlichen oder künstlerischen Tätigkeiten.

Erwerbsersatzeinkommen sind Leistungen, die aufgrund oder in entsprechender Anwendung öffentlich-rechtlicher Vorschriften kurzfristig erbracht werden, um Erwerbseinkommen zu ersetzen (z. B. Krankengeld, Mutterschaftsgeld, Übergangsgeld, Arbeitslosengeld und vergleichbare Leistungen).

Als Höchstgrenzen gelten

- für Ruhestandsbeamte und Witwen die ruhegehaltsfähigen Dienstbezüge aus der Endstufe der Besoldungsgruppe, aus der sich das Ruhegehalt berechnet, mindestens ein Betrag in Höhe des Eineinhalbfachen der jeweils ruhegehaltsfähigen Dienstbezüge aus der Endstufe der Besoldungsgruppe A 4,

- für Waisen 40 % der vorstehenden Höchstgrenze,

- für Ruhestandsbeamte, die wegen Dienstunfähigkeit, die nicht auf einem Dienstunfall beruht, oder auf Antrag wegen Schwerbehinderung in den Ruhestand versetzt wurden, bis zum Ablauf des Monats, in dem die Regelaltersgrenze erreicht wird, 71,75 % der ruhegehaltsfähigen Dienstbezüge aus der Endstufe der Besoldungsgruppe, aus der sich das Ruhegehalt berechnet, mindestens ein Betrag in Höhe von monatlich € 450,– zuzüglich des Zweifachen dieses Betrages innerhalb eines Kalenderjahres.

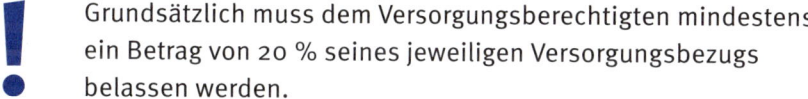

> Grundsätzlich muss dem Versorgungsberechtigten mindestens ein Betrag von 20 % seines jeweiligen Versorgungsbezugs belassen werden.

3.4 Erwerb mehrerer Versorgungsbezüge

Hat ein Beamter Anspruch auf zwei oder mehrere voneinander unabhängige Versorgungsansprüche (z. B. neben dem Ruhegehalt ein Witwengeld aus einem früheren Beamtenverhältnis des verstorbenen Ehegatten), wird grundsätzlich der zuletzt erworbene Versorgungsbezug ungekürzt gezahlt, während vom früher erworbenen Versorgungsbezug nur so viel verbleibt, bis eine gesetzlich festgelegte Höchstgrenze erreicht ist. Insgesamt darf die Gesamtversorgung nicht hinter der früheren Versorgung zurückbleiben. Der die Höchstgrenze übersteigende Betrag ruht. Diese Regelung soll verhindern, dass mehrere Zahlungen aus öffentlichen Kassen ungekürzt an eine Person erfolgen können. Die Berechnung ist im Einzelnen – erst recht, wenn die Versorgungsbezüge aus verschiedenen Rechtskreisen stammen – sehr kompliziert.

3.5 Bezug von Renten neben Versorgungsbezügen

Bezieht der Beamte neben Versorgungsbezügen eine Rente, werden die Versorgungsbezüge nur bis zum Erreichen einer bestimmten Höchstgrenze gezahlt. Als Renten gelten

- Renten aus der gesetzlichen Rentenversicherung, wie Altersruhegeld, eine Erwerbsminderungsrente und bei Hinterbliebenen eine Witwen-, Witwerrente bzw. Waisenrente,

- Renten aus einer zusätzlichen Alters- und Hinterbliebenenversorgung für Angehörige des öffentlichen Dienstes,

- Renten aus der gesetzlichen Unfallversicherung, soweit sie einen dem Unfallausgleich entsprechenden Betrag übersteigen, und

- Leistungen aus einer berufsständischen Versorgungseinrichtung oder aus einer befreienden Lebensversicherung, zu denen der Arbeitgeber aufgrund eines Beschäftigungsverhältnisses im öffentlichen Dienst mindestens die Hälfte der Beiträge oder Zuschüsse in dieser Höhe geleistet hat.

Wird eine dieser Renten nicht beantragt, darauf verzichtet oder als Abfindung gezahlt, findet eine fiktive Anrechnung der Rente auf die Versorgungsbezüge statt. Der Teil der Rente, der auf freiwillige Beiträge und Höherversicherungsbeiträge, die der Versicherte überwiegend selbst gezahlt hat, beruht, bleibt bei der Anrechnung außer Ansatz.

Nicht zu den anzurechnenden Renten gehören u. a.

- bei Ruhestandsbeamten Hinterbliebenenrenten aus einer Beschäftigung oder Tätigkeit des Ehegatten,

- bei Witwen und Waisen Renten aufgrund einer eigenen Beschäftigung oder Tätigkeit.

Für Ruhestandsbeamte gilt als Höchstgrenze der Betrag, der sich als Ruhegehalt zuzüglich des Unterschiedsbetrages ergeben würde, wenn der Berechnung zugrunde gelegt werden

- bei den ruhegehaltsfähigen Dienstbezügen die Endstufe der Besoldungsgruppe, aus der sich das Ruhegehalt berechnet,

- als ruhegehaltsfähige Dienstzeit die Zeit vom vollendeten siebzehnten Lebensjahr bis zum Eintritt des Versorgungsfalles, zuzüglich der Zeiten, um die sich die ruhegehaltsfähige Dienstzeit erhöht, und der bei der Rente berücksichtigten Zeiten einer rentenversicherungspflichtigen Beschäftigung oder Tätigkeit nach Eintritt des Versorgungsfalles.

Als Höchstbetrag für Witwen und Waisen gilt der Betrag, der sich als Witwengeld oder Waisengeld aus der Höchstgrenze für Ruhestandsbeamte ergeben würde.

3.6 Kürzung der Versorgungsbezüge wegen Ehescheidung (Versorgungsausgleich)

Bei einer Ehescheidung entscheidet das Familiengericht von Amts wegen über die Durchführung des Versorgungsausgleichs. Dabei werden die während der Ehezeit erworbenen Versorgungsanwartschaften auf die beiden Ehegatten gleichwertig verteilt. In diesem Zusammenhang ist zwischen der internen und der externen Teilung zu unterscheiden.

- Bei der externen Teilung werden für den ausgleichsberechtigten Ehegatten in Höhe der Hälfte des ehezeitlichen Versorgungsanrechts aus dem Beamtenverhältnis Rentenanwartschaften in der gesetzlichen Rentenversicherung begründet (externe Teilung). Dies ist auch dann der Fall, wenn der ausgleichsberechtigte Ehegatte selbst als Beamter über beamtenrechtliche Versorgungsanwartschaften verfügt. Dem verpflichteten Ehegatten werden im Gegenzug die späteren Versorgungsbezüge entsprechend gekürzt.

- Dagegen überträgt das Familiengericht bei der internen Teilung für die ausgleichsberechtigte Person zulasten des Anrechts der ausgleichspflichtigen Person ein Anrecht bei dem Versorgungsträger, bei dem das Anrecht der ausgleichspflichtigen Person besteht.

Während bei Bundesbeamten eine interne Teilung der Beamtenversorgung erfolgt, ist in den Beamtenversorgungsgesetzen der Länder häufig die externe Teilung der Anwartschaften festgelegt.

Ist ein Beamter aufgrund des Versorgungsausgleichs ausgleichspflichtig, werden seine Versorgungsbezüge ab Eintritt des Ruhestands gekürzt. Der Kürzungsbetrag für das Ruhegehalt berechnet sich aus dem Monatsbetrag der durch die Entscheidung des Familiengerichts begründeten Anwartschaften oder übertragenen Anrechte. Dieser Monatsbetrag erhöht oder vermindert sich bei einem Beamten um die Vomhundertsätze der nach dem Ende der Ehezeit bis zum Zeitpunkt des Eintritts in den Ruhestand eingetretenen Erhöhungen oder Verminderungen der beamtenrechtlichen Versorgungsbezüge, die in festen Beträgen festgesetzt sind. Vom Zeitpunkt des Eintritts in den Ruhestand an, bei einem Ruhestandsbeamten vom Tag nach dem Ende der Ehezeit an, erhöht oder vermindert sich der Kürzungsbetrag in dem Verhältnis, in dem sich das Ruhegehalt vor Anwendung von Ruhens-, Kürzungs- und Anrechnungsvorschriften durch Anpassung der Versorgungsbezüge erhöht oder vermindert.

In folgenden Fällen bestehen Ausnahmen von der Kürzung der Versorgungsbezüge:

- Solange die ausgleichsberechtigte Person aus einem im Versorgungsausgleich erworbenen Anrecht keine laufenden Leistungen erhalten kann und sie gegen die ausgleichspflichtige Person einen gesetzlichen Unterhaltsanspruch hat, wird auf Antrag die Kürzung der laufenden Versorgung der ausgleichspflichtigen Person ausgesetzt oder vermindert. Die Anpassung wirkt ab dem ersten Tag des Monats, der auf den Monat der Antragstellung folgt. Antragsberechtigt sind ausgleichspflichtige und ausgleichsberechtigte Personen. Über die Anpassung und deren Abänderung entscheidet auf Antrag das Familiengericht.

- Beim Tod der ausgleichsberechtigten Person entfällt die Kürzung der Versorgungsbezüge für die Zukunft, wenn die ausgleichsberechtigte Person aus dem im Versorgungsausgleich erworbenen Anrecht keine Leistungen oder nicht länger als 36 Monate Leistungen bezogen hat. Antragsberechtigt ist die ausgleichspflichtige Person.

- Solange die ausgleichspflichtige Person eine laufende Versorgung wegen Invalidität oder Erreichens einer besonderen Altersgrenze erhält und sie aus einem im Versorgungsausgleich erworbenen Anrecht keine Leistung beziehen kann, wird die Kürzung der laufenden Versorgung aufgrund des Versorgungsausgleichs auf Antrag ausgesetzt. Antragsberechtigt ist die ausgleichspflichtige Person.

Die Kürzung der Versorgungsbezüge kann jederzeit ganz oder teilweise durch Zahlung eines Kapitalbetrags an den Dienstherrn abgewendet werden. Der Kapitalbetrag ist abhängig vom Ausgleichswert zum Ende der Ehezeit und den erfolgten Anpassungen der Versorgungsbezüge. Er muss deshalb individuell berechnet werden.

3.7 Unfallfürsorge

Zur beamtenrechtlichen Versorgung gehört auch die Unfallfürsorge. Diese wird dem Beamten und seinen Hinterbliebenen gewährt, wenn ein Beamter durch einen Dienstunfall verletzt wird, es sei denn, dass der Verletzte den Dienstunfall vorsätzlich herbeigeführt hat.

3.7.1 Dienstunfall

Ein Dienstunfall ist ein auf äußerer Einwirkung beruhendes, plötzliches, örtlich und zeitlich bestimmbares, einen Körperschaden verursachendes Ereignis, das in Ausübung oder infolge des Dienstes eingetreten ist. Zum Dienst gehören auch

- Dienstreisen und die dienstliche Tätigkeit am Bestimmungsort,

- die Teilnahme an dienstlichen Veranstaltungen und

- Nebentätigkeiten im öffentlichen Dienst oder in dem ihm gleich-stehenden Dienst, zu deren Übernahme der Beamte verpflichtet ist, oder Nebentätigkeiten, deren Wahrnehmung von ihm im Zusammenhang mit den Dienstgeschäften erwartet wird, sofern der Beamte hierbei nicht in der gesetzlichen Unfallversicherung versichert ist.

Als Dienst gilt auch das Zurücklegen des mit dem Dienst zusam-menhängenden Weges nach und von der Dienststelle (sogenannter Wegeunfall). Hat der Beamte wegen der Entfernung seiner ständigen Familienwohnung vom Dienstort an diesem oder in dessen Nähe eine Unterkunft, so ist auch der Weg zwischen Familienwohnung und Unterkunft am Dienstort unfallrechtlich geschützt.

Der Zusammenhang mit dem Dienst gilt als nicht unterbrochen, wenn der Beamte von dem unmittelbaren Weg zwischen der Woh-nung und der Dienststelle in vertretbarem Umfang abweicht, weil

- der Beamte sein dem Grunde nach kindergeldberechtigendes Kind, das mit ihm in einem Haushalt lebt, wegen seiner beruf-lichen Tätigkeit oder der beruflichen Tätigkeit beider Eheleute fremder Obhut anvertraut (z. B. in den Kindergarten bringt) oder

- weil er mit anderen berufstätigen oder in der gesetzlichen Unfall-versicherung versicherten Personen gemeinsam ein Fahrzeug für den Weg nach und von der Dienststelle benutzt.

Als Dienstunfall gilt auch eine Berufskrankheit, wenn der Beamte nach der Art seiner dienstlichen Verrichtung der Gefahr der Erkran-kung besonders ausgesetzt ist, es sei denn, dass der Beamte sich die Krankheit außerhalb des Dienstes zugezogen hat. Die Erkrankung an einer solchen Krankheit gilt jedoch stets als Dienstunfall, wenn sie durch gesundheitsschädigende Verhältnisse verursacht worden ist, denen der Beamte am Ort seines dienstlich angeordneten Auf-enthaltes im Ausland besonders ausgesetzt war.

3.7.2 Leistungen der Unfallfürsorge

Die Unfallfürsorge umfasst neben dem Unfallruhegehalt, dem erhöhten Unfallruhegehalt und der Unfall-Hinterbliebenenversorgung u. a. die Erstattung von Sachschäden und besonderen Aufwendungen, Heilverfahren und eine einmalige Unfallentschädigung.

- **Erstattung von Sachschäden und besonderen Aufwendungen:** Sind bei einem Dienstunfall Kleidungsstücke oder sonstige Gegenstände, die der Beamte mit sich geführt hat, beschädigt oder zerstört worden oder abhandengekommen, so kann dafür Ersatz geleistet werden. Anträge auf Gewährung von Sachschadenersatz müssen innerhalb einer Ausschlussfrist von drei Monaten geltend gemacht werden.

- **Heilverfahren:** Das Heilverfahren umfasst die notwendige ärztliche Behandlung, die notwendige Versorgung mit Arznei- und anderen Heilmitteln, Ausstattung mit Körperersatzstücken, orthopädischen und anderen Hilfsmitteln, die den Erfolg der Heilbehandlung sichern oder die Unfallfolgen erleichtern sollen, und die notwendige Pflege. Anstelle der ärztlichen Behandlung sowie der Versorgung mit Arznei- und anderen Heilmitteln kann Krankenhausbehandlung oder Heilanstaltspflege gewährt werden. Der Verletzte ist verpflichtet, sich einer Krankenhausbehandlung oder Heilanstaltspflege zu unterziehen, wenn sie nach einer Stellungnahme eines durch die Dienstbehörde bestimmten Arztes zur Sicherung des Heilerfolges notwendig ist.

- **Unfallausgleich:** Ist der Verletzte infolge des Dienstunfalles in seiner Erwerbsfähigkeit länger als sechs Monate wesentlich beschränkt, so erhält er, solange dieser Zustand andauert, neben den Dienstbezügen, den Anwärterbezügen oder dem Ruhegehalt einen Unfallausgleich. Dieser wird in Höhe der Grundrente nach dem Bundesversorgungsgesetz gewährt.

- **Einmalige Unfallentschädigung:** Ein Beamter des Bundes, der einen Dienstunfall erleidet, erhält eine einmalige Unfallentschädigung von € 150 000,–, wenn er wegen des Unfalls in seiner Erwerbsfähigkeit dauerhaft um wenigstens 50 % beeinträchtigt ist.

3.7.3 Unfallruhegehalt

Ist der Beamte wegen des Dienstunfalles dienstunfähig geworden und in den Ruhestand getreten, so erhält er ein Unfallruhegehalt. Die Berechnung des Unfallruhegehalts richtet sich grundsätzlich nach den allgemeinen Vorschriften. Allerdings gelten folgende Besonderheiten:

- Bei der Ermittlung der ruhegehaltsfähigen Dienstzeit eines vor Vollendung des 60. Lebensjahres in den Ruhestand getretenen Beamten ist die Zurechnungszeit auf die Hälfte begrenzt.

- Der Ruhegehaltssatz erhöht sich um 20 % und beträgt mindestens 66,67 %, höchstens aber 75 % der ruhegehaltsfähigen Dienstbezüge. Das Unfallruhegehalt beträgt jedoch mindestens 75 % der ruhegehaltsfähigen Dienstbezüge aus der Endstufe der Besoldungsgruppe A 4.

3.7.4 Erhöhtes Unfallruhegehalt

Setzt sich ein Beamter bei Ausübung einer dienstlichen Handlung einer damit verbundenen besonderen Lebensgefahr aus und tritt infolge dieser Gefährdung ein Dienstunfall mit daraus resultierender Dienstunfähigkeit ein, sind bei der Bemessung des Unfallruhegehalts 80 % der ruhegehaltsfähigen Dienstbezüge aus der Endstufe der übernächsten Besoldungsgruppe zugrunde zu legen. Allerdings muss der Beamte infolge des Dienstunfalls in den Ruhestand versetzt worden und zum Zeitpunkt der Versetzung um mindestens 50 % in seiner Erwerbsfähigkeit beschränkt sein.

Das erhöhte Unfallruhegehalt ist in den Laufbahnen des

- einfachen Dienstes mindestens aus der Besoldungsgruppe A 6,

- mittleren Dienstes mindestens aus der Besoldungsgruppe A 9,

- gehobenen Dienstes mindestens aus der Besoldungsgruppe A 12 und

- höheren Dienstes mindestens aus der Besoldungsgruppe A 16 zu berechnen.

Erhöhtes Unfallruhegehalt kommt auch in Betracht, wenn der Beamte dienstunfähig geworden ist, weil er in Ausübung des Dienstes durch einen rechtswidrigen Angriff oder einen außerhalb des Dienstes erlittenen Körperschaden, den er im Hinblick auf ein pflichtgemäßes dienstliches Verhalten oder deswegen erlitten hat, weil er in seiner Eigenschaft als Beamter angegriffen wurde.

3.7.5 Unfall-Hinterbliebenenversorgung

Ist ein Beamter, der ein Unfallruhegehalt erhalten hätte, oder ein Ruhestandsbeamter, der Unfallruhegehalt bezog, an den Folgen des Dienstunfalles verstorben, so erhalten seine Hinterbliebenen eine Unfall-Hinterbliebenenversorgung. Für diese gelten folgende besondere Vorschriften:

- Das Witwengeld beträgt 60 % des Unfallruhegehaltes.

- Das Waisengeld beträgt für jedes waisengeldberechtigte Kind 30 % des Unfallruhegehalts. Es wird auch elternlosen Enkeln gewährt, deren Unterhalt zur Zeit des Dienstunfalles ganz oder überwiegend durch den Verstorbenen bestritten wurde.

Die Unfallversorgung der Hinterbliebenen darf insgesamt die Bezüge nicht übersteigen, die der Verstorbene erhalten hat oder hätte erhalten können.

3.7.6 Verfahren

Unfälle, aus denen Ansprüche auf Unfallfürsorge entstehen können, hat der Verletzte innerhalb einer Ausschlussfrist von zwei Jahren nach Eintritt des Unfalls bei seinem Dienstvorgesetzten zu melden.

Nach Ablauf der Ausschlussfrist wird Unfallfürsorge nur gewährt, wenn seit dem Unfall noch nicht zehn Jahre vergangen sind und gleichzeitig glaubhaft gemacht wird, dass mit der Möglichkeit einer den Anspruch auf Unfallfürsorge begründenden Folge des Unfalles nicht habe gerechnet werden können oder dass der Berechtigte durch außerhalb seines Willens liegende Umstände gehindert worden ist, den Unfall zu melden. Die Meldung muss, nachdem mit der Möglichkeit einer den Anspruch auf Unfallfürsorge begründenden Folge des Unfalles gerechnet werden konnte oder das Hindernis für die Meldung weggefallen ist, innerhalb von drei Monaten erfolgen. Die Unfallfürsorge wird in diesen Fällen vom Tag der Meldung an gewährt; zur Vermeidung von Härten kann sie auch von einem früheren Zeitpunkt an gewährt werden.

Der Dienstvorgesetzte hat jeden Unfall, der ihm von Amts wegen oder durch Meldung der Beteiligten bekannt wird, sofort zu untersuchen. Die oberste Dienstbehörde oder die von ihr bestimmte Stelle entscheidet, ob ein Dienstunfall vorliegt und ob der Verletzte den Unfall vorsätzlich herbeigeführt hat. Die Entscheidung ist dem Verletzten oder seinen Hinterbliebenen bekannt zu geben.

3.8 Hinterbliebenenversorgung

Stirbt ein Beamter, der Anspruch auf Unfallruhegehalt gehabt hätte, oder der Empfänger von Unfallruhegehalt an den Folgen eines Dienstunfalls, erhalten die Hinterbliebenen eine Unfall-Hinterbliebenenversorgung. Diese umfasst u. a. die Bezüge für den Sterbemonat, Sterbegeld, Witwengeld, Witwenabfindung und Waisengeld.

3.8.1 Bezüge für den Sterbemonat

Den Erben eines verstorbenen Beamten, Ruhestandsbeamten oder entlassenen Beamten verbleiben für den Sterbemonat die Bezüge des Verstorbenen. Eine anteilige Rückforderung bereits gezahlter Versorgungsbezüge findet nicht statt. Sind Teile der Bezüge für den Sterbemonat ganz oder teilweise noch nicht ausgezahlt worden, können sie auch an den überlebenden Ehegatten oder die Kinder gezahlt werden.

3.8.2 Sterbegeld

Stirbt ein Beamter oder ein Ruhestandsbeamter, erhalten der überlebende Ehegatte bzw. der eingetragene Lebenspartner oder die Abkömmlinge (leibliche bzw. angenommene Kinder oder Enkelkinder) Sterbegeld. Sind diese anspruchsberechtigten Personen nicht vorhanden, kann das Sterbegeld an Verwandte der aufsteigenden Linie (z. B. Eltern), Geschwister, Geschwisterkinder sowie Stiefkinder gezahlt werden, wenn sie zur Zeit des Todes des Beamten mit diesem in häuslicher Gemeinschaft gelebt haben oder wenn der Verstorbene ganz oder überwiegend ihr Ernährer gewesen ist.

Das Sterbegeld wird in einer Summe gezahlt. Es beträgt grundsätzlich das Zweifache der im Sterbemonat zustehenden Dienst- oder Ruhegehaltsbezüge. Als Ruhegehalt gilt dabei ein Betrag einschließlich gegebenenfalls zuletzt gezahlter Kinder- und Pflegezuschläge und abzüglich des Kürzungsbetrags aufgrund Ehescheidung. Das Sterbegeld entspricht – zusammen mit den verbleibenden Bezügen für den Sterbemonat – im Wesentlichen dem sogenannten Sterbevierteljahr in der gesetzlichen Rentenversicherung, das die Weiterzahlung der Rente des Verstorbenen für drei Monate über den Tod hinaus gewährleistet.

3.8.3 Witwengeld

Der überlebende Ehegatte eines Beamten auf Widerruf oder eines Ruhestandsbeamten hat grundsätzlich Anspruch auf Witwengeld. Dies gilt nicht, wenn die Ehe mit dem Verstorbenen nicht mindestens ein Jahr gedauert hat, es sei denn, dass nach den besonderen Umständen des Falles die Annahme nicht gerechtfertigt ist, dass es der alleinige oder überwiegende Zweck der Heirat war, der Witwe eine Versorgung zu verschaffen, oder die Ehe erst nach dem Eintritt des Beamten in den Ruhestand geschlossen worden ist und der Ruhestandsbeamte zur Zeit der Eheschließung die Regelaltersgrenze bereits erreicht hatte.

Das Witwengeld beträgt 55 % des Ruhegehalts, das der Verstorbene erhalten hat oder hätte erhalten können, wenn er am Todestage in den Ruhestand getreten wäre. Dies bedeutet, dass bei vorzeitigem Ableben auch Versorgungsabschläge in die fiktive Berechnung einbezogen werden.

War die Witwe mehr als zwanzig Jahre jünger als der Verstorbene und ist aus der Ehe ein Kind nicht hervorgegangen, so wird das Witwengeld für jedes angefangene Jahr des Altersunterschiedes über zwanzig Jahre um 5 % gekürzt, jedoch höchstens um 50 %. Nach fünfjähriger Dauer der Ehe werden für jedes angefangene Jahr ihrer weiteren Dauer dem gekürzten Betrag 5 % des Witwengeldes hinzugesetzt, bis der volle Betrag wieder erreicht ist.

Neben den Empfängern von Ruhegehalt haben auch die Hinterbliebenen Anspruch auf Mindestversorgungsbezüge, falls die rechnerisch erdiente Versorgung unterhalb der definierten Untergrenze liegt. Das Mindestwitwengeld beträgt 60 % der Mindestversorgungsbezüge (jeweils ohne Erhöhungsbetrag) des Verstorbenen zuzüglich € 30,68.

Die Zahlung des Witwengeldes beginnt mit dem Ersten des auf den Sterbemonat folgenden Monats. Sie endet mit dem Tod oder der Wiederverheiratung der Witwe.

3.8.4 Witwenabfindung

Eine Witwe, die Anspruch auf Witwengeld hat, erhält bei Wiederheirat eine Witwenabfindung. Die beträgt das 24-Fache des für den Monat, in dem die Witwe heiratet, zu zahlenden Betrages des Witwengelds. Die Abfindung ist in einer Summe zu zahlen.

Hat eine Witwe sich wieder verheiratet und wird diese Ehe aufgelöst, so lebt der frühere Anspruch auf das Witwengeld wieder auf. Ein von der Witwe wegen Auflösung der Ehe erworbener neuer Versorgungs-, Renten- oder Unterhaltsanspruch ist auf das Witwengeld anzurechnen. Außerdem ist die Witwenabfindung, soweit sie für eine Zeit berechnet ist, die nach dem Wiederaufleben des Anspruchs liegt, in angemessenen Raten von dem Witwengeld einzubehalten.

3.8.5 Waisengeld

Kinder eines verstorbenen Beamten auf Lebenszeit oder eines Ruhestandsbeamten erhalten Waisengeld. Kein Waisengeld erhalten die Kinder eines verstorbenen Ruhestandsbeamten, wenn das Kindschaftsverhältnis durch Annahme als Kind begründet wurde und der Ruhestandsbeamte in diesem Zeitpunkt bereits im Ruhestand war und die Regelaltersgrenze erreicht hatte. Es kann ihnen jedoch ein Unterhaltsbeitrag bis zur Höhe des Waisengeldes bewilligt werden.

Das Waisengeld beträgt für die Halbwaise 12 %, für die Vollwaise 20 % des Ruhegehalts, das der Verstorbene erhalten hat oder hätte erhalten können, wenn er am Todestag in den Ruhestand getreten wäre.

Neben den Empfängern von Ruhegehalt haben auch die Hinterbliebenen Anspruch auf Mindestversorgungsbezüge, falls die rechnerisch erdiente Versorgung unterhalb der definierten Untergrenze liegt. Das Mindestwaisengeld beträgt 12 % der Mindestversorgungsbezüge des verstorbenen Beamten (20 % bei Vollwaisen).

Die Zahlung des Waisengeldes beginnt mit dem Ablauf des Sterbe-monats. Kinder, die nach diesem Zeitpunkt geboren werden, erhal-ten Waisengeld vom Ersten des Geburtsmonats an. Der Anspruch auf Waisengeld endet grundsätzlich mit Vollendung des 18. Lebensjahrs des Berechtigten. Auf Antrag wird das Waisengeld unter bestimm-tenm Voraussetzungen (z. B. Schul- und Berufsausbildung) über das 18. Lebensjahr hinaus bis zum 27. Lebensjahr weiter gewährt.

4 Wie Einkünfte im Alter besteuert werden

Von der Wiege bis zur Bahre: Steuer zahlen muss man das ganze Leben. Zu einer sorgfältigen Finanzplanung fürs Alter gehört auch, dass man weiß, mit welchen Steuerbelastungen man rechnen muss. Insbesondere die Besteuerung der Alterseinkünfte (Renten und Pensionen) ist von Bedeutung, daneben auch andere Einkünfte wie Renten aus privaten Versicherungen, Basis-Renten (Rürup-Renten), Riester-Renten, Kapitalerträge und Mieteinnahmen.

4.1 Unterschiedliche Besteuerung von Renten

Aus steuerlicher Sicht ist Rente nicht gleich Rente. Nur wenige Altersbezüge sind steuerfrei. Deshalb müssen viele Rentner auch weiterhin jährlich eine Steuererklärung abgeben. Und das nicht nur, wenn neben der Rente oder Pension noch andere steuerpflichtige Einkünfte (z. B. Einnahmen aus Vermietung und Verpachtung) vorhanden sind.

Renten werden unterschiedlich besteuert. Die entscheidende Frage ist dabei, wie hoch der steuerpflichtige Anteil der Rente ist. Deshalb müssen verschiedene Arten von Renten unterschieden werden.

4.1.1 Nachgelagert besteuerte Renten

Bei der nachgelagerten Besteuerung werden Alterseinkünfte in voller Höhe der Einkommensteuer unterworfen. Im Gegenzug werden die Beiträge oder Aufwendungen zum Erwerb des Rentenanspruchs durch Steuerbefreiungen oder Sonderausgabenabzug einkommensteuerlich freigestellt. Nachgelagert besteuert werden insbesondere Renten aus

- der gesetzlichen Rentenversicherung (einschließlich Erwerbsminderungs- und Hinterbliebenenrenten),

- den berufsständischen Versorgungseinrichtungen,

- der landwirtschaftlichen Alterskasse,

- einer privaten Rürup-Rente (Basis-Rente).

4.1.2 Nur mit dem Ertragsanteil besteuerte Renten

Ist nur der meist günstigere Ertragsanteil einer Rente steuerpflichtig, so wird im Prinzip nur der »Zinsertrag« einer Anlage während des Rentenbezugs besteuert. Die Höhe des steuerpflichtigen Anteils ist abhängig vom Alter des Rentenberechtigten bei Beginn der Rente sowie der Rentenart. Mit dem Ertragsanteil besteuert werden

- Renten aus einer privaten Rentenversicherung,

- Renten aus einer privaten Unfallversicherung,

- Renten aus einer privaten Berufsunfähigkeitsversicherung,

- Renten aus der umlagefinanzierten Zusatzversorgung nach dem öffentlichen Dienst, soweit die Beiträge pauschal oder normal versteuert wurden,

- Betriebsrenten aus einer Direktversicherung, einer Pensionskasse oder einem Pensionsfonds, soweit die Beiträge pauschal oder normal versteuert wurden.

4.1.3 Voll besteuerte Renten

Renten und andere Leistungen aus besonders geförderten Altersvorsorgeprodukten (Riester-Renten aus geförderten Altersvorsorgeverträgen und auf steuerfreien Beiträgen beruhende Leistungen aus der betrieblichen Altersversorgung) unterliegen in vollem Umfang der Besteuerung. Das gilt auch für Pensionen der Beamten. Unter Umständen werden die Einkünfte durch Versorgungsfreibeträge steuerlich begünstigt.

4.1.4 Steuerfreie Renten

Verschiedene Renten sind in voller Höhe steuerfrei. Dazu gehören

- Renten aus der gesetzlichen Unfallversicherung, unabhängig davon, ob sie an den ursprünglich Berechtigten oder an Hinterbliebene ausgezahlt werden;

- Wiedergutmachungsrenten, also Geldrenten, Kapitalentschädigungen und Leistungen im Heilverfahren, die aufgrund gesetzlicher Vorschriften zur Wiedergutmachung nationalsozialistischen Unrechts gewährt werden (auch Geldrenten zur Wiedergutmachung erlittenen DDR-Unrechts sind steuerfrei);

- Renten, die aufgrund gesetzlicher Vorschriften versorgungshalber an Wehr- und Zivildienstbeschädigte, Kriegsbeschädigte und ihnen gleichgestellte Personen gezahlt werden (steuerfrei sind auch entsprechende Renten an Hinterbliebene).

 Diese Renten brauchen in der Steuererklärung nicht angegeben zu werden.

4.2 Renten aus der gesetzlichen Rentenversicherung

Von der nachgelagerten Besteuerung betroffen sind in erster Linie Bezieher von Renten aus der gesetzlichen Rentenversicherung. Dazu gehören auch Selbstständige und nicht pflichtversicherte Personen, die eine gesetzliche Rente erhalten. Der nachgelagerten Besteuerung unterworfen sind alle Leistungen der gesetzlichen Rentenversicherung, unabhängig davon, ob sie als Rente oder Teilrente (z. B. Altersrente, Erwerbsminderungsrente, Hinterbliebenenrente) oder als einmalige Leistung (z. B. Sterbegeld oder Abfindung) ausgezahlt werden.

4.2.1 Altersrenten

Seit 2005 gilt für Altersrenten die nachgelagerte Besteuerung. Bis 2040 gibt es eine Übergangsphase, in der nur ein Teil der Rente zu versteuern ist; im Gegenzug ist ein immer höherer Anteil der geleisteten Rentenversicherungsbeiträge steuerlich abzugsfähig.

Besteuerungsanteil und Rentenfreibetrag

Für Renten, die bis zum Ablauf des Jahres 2005 begonnen haben (sogenannte Bestandsrenten) unterliegt der Jahresbetrag der Rente mit einem Anteil von 50 % der Besteuerung. Liegt der Rentenbeginn in einem späteren Jahr, steigt der steuerliche Anteil, und zwar bis zum Jahr 2020, schrittweise um zwei Prozentpunkte jährlich auf 80 % und danach um einen Prozentpunkt jährlich auf 100 % ab dem Jahr 2040.

Achtung: Der steuerfreie Teil der Renten wird für jeden Rentenjahrgang auf Dauer festgeschrieben. Allerdings wird hierbei nicht ein bestimmter Prozentsatz, sondern ein fester Freibetrag ermittelt. Die Festschreibung des Freibetrags erfolgt in dem auf den Rentenbeginn folgenden Jahr. Erhöhungsbeträge aus regelmäßigen Rentenanpassungen in den Folgejahren sind daher in vollem Umfang steuerpflichtig.

Besteuerungsanteil für Renten aus der gesetzlichen Rentenversicherung

Jahr des Rentenbeginns	Besteuerungsanteil	Jahr des Rentenbeginns	Besteuerungsanteil
bis 2005	50 %	2023	83 %
2006	52 %	2024	84 %
2007	54 %	2025	85 %
2008	56 %	2026	86 %
2009	58 %	2027	87 %
2010	60 %	2028	88 %
2011	62 %	2029	89 %
2012	64 %	2030	90 %
2013	66 %	2031	91 %
2014	68 %	2032	92 %
2015	70 %	2033	93 %
2016	72 %	2034	94 %
2017	74 %	2035	95 %
2018	76 %	2036	96 %
2019	78 %	2037	97 %
2020	80 %	2038	98 %
2021	81 %	2039	99 %
2022	82 %	2040	100 %

Beispiel: A geht im Jahr 2018 in Rente, B 2028. Der Besteuerungsanteil von A beträgt 76 %. Für B gilt ein Besteuerungsanteil von 88 %.

Maßgebender Rentenbeginn und Rentenbetrag

Für die Höhe des Besteuerungsanteils ist grundsätzlich das Jahr des Rentenbeginns maßgebend. Das ist der Zeitpunkt, ab dem die Rente, gegebenenfalls auch nach rückwirkendender Zubilligung, tatsächlich bewilligt wird. Auch bei Rentennachzahlungen ist unter Rentenbeginn der Zeitpunkt zu verstehen, in dem der Rentenanspruch entstanden ist. Das Jahr des Rentenbeginns kann aus dem Rentenbescheid entnommen werden.

Berechnungsgrundlage für die Besteuerung ist der Jahresbetrag der Rente. Das ist die Summe der im Kalenderjahr zugeflossenen Rentenbeträge einschließlich der bei Auszahlung einbehaltenen eigenen Beitragsanteile zur Kranken- und Pflegeversicherung. Steuerfreie Zuschüsse zu den Krankenversicherungsbeiträgen werden dagegen nicht mitgerechnet.

 Beispiel: A bezieht seit 2005 eine Altersrente aus der gesetzlichen Rentenversicherung. Aus seinem Rentenbescheid ergaben sich für 2006 Einnahmen (brutto, also vor Abzug des Krankenversicherungsbeitrags) in Höhe von insgesamt € 24 000,–. Der Rentenfreibetrag für A ermittelt sich wie folgt:

50 % von € 24 000,– = € 12 000,–

Die € 12 000,– werden vom Finanzamt für A als persönlicher Rentenfreibetrag festgestellt und gelten auch für die Folgejahre.

2017 erhält A eine Bruttojahresrente in Höhe von € 26 000,–. Daraus ergeben sich folgende Einkünfte:

Rente:		€ 26 000, –
abzüglich Rentenfreibetrag	./.	€ 12 000, –
abzüglich Werbungskosten-Pauschbetrag	./.	€ 102, –
Sonstige Einkünfte		**€ 13 898, –**

Achtung: Regelmäßige Rentenanpassungen, also Rentenerhöhungen, haben keinen Einfluss auf die Höhe des Rentenfreibetrags. Rentenerhöhungsbeträge zählen damit voll zum steuerpflichtigen Teil der Rente.

In den kommenden Jahren müssen von Jahr zu Jahr immer mehr Rentner Steuern zahlen. Das hat zwei Gründe:

- Für jeden neuen Rentnerjahrgang wird der steuerpflichtige Anteil der Rente immer höher. Der Besteuerungsanteil hängt ab vom Jahr des Rentenbeginns und steigt bis 2020 um jährlich zwei Prozentpunkte, anschließend um jeweils einen Prozentpunkt auf schließlich 100 % im Jahr 2040.

- Der festgeschriebene Rentenfreibetrag führt dazu, dass Erhöhungsbeträge aus regelmäßigen Rentenanpassungen in voller Höhe (nicht nur mit dem Besteuerungsanteil) das zu versteuernde Einkommen erhöhen. Das betrifft auch Bestandsrentner.

═══ Neuberechnung des Rentenfreibetrags

Ändert sich der Jahresbetrag der Rente aus anderen Gründen als einer regelmäßigen Rentenanpassung, wird der steuerfreie Anteil der Rente neu berechnet. Das ist der Fall, wenn sich die Höhe der Rente ändert, weil

- Einkommen angerechnet wird,

- von einer Teil- zu einer Vollrente gewechselt wird oder

- die Rente wegfällt.

In diesen Fällen wird der steuerfreie Teil der Rente vom Finanzamt geändert. Er wird in dem Verhältnis angepasst, in dem der veränderte Jahresbetrag der Rente zum Jahresbetrag der Rente steht, welcher der Ermittlung des bisherigen Rentenfreibetrags zugrunde gelegen hat. Nicht berücksichtigt werden dabei zwischenzeitlich erfolgte regelmäßige Rentenanpassungen.

4.2.2 Renten wegen verminderter Erwerbsfähigkeit

Wer wegen Erwerbsminderung nicht mehr oder nur noch stundenweise arbeiten kann, erhält Erwerbsminderungsrente. Seit 2005 richtet sich der Besteuerungsanteil der Erwerbsminderungsrenten aus der gesetzlichen Rentenversicherung nach denselben Grundsätzen, wie sie bei Altersrenten gelten. Das gilt für alle Erwerbsminderungsrenten der gesetzlichen Rentenversicherung, also für die

- Rente wegen voller Erwerbsminderung,

- Rente wegen teilweiser Erwerbsminderung,

- Rente wegen teilweiser Erwerbsminderung bei Berufsunfähigkeit und für die

- Berufs- oder Erwerbsunfähigkeitsrente.

Rentenbeginn bei Erwerbsminderungsrenten

Wie bei den Altersrenten ist auch bei den Erwerbsminderungsrenten das Jahr des Rentenbeginns für die Höhe des Besteuerungsanteils maßgebend. Dieser Zeitpunkt kann dem Rentenbescheid entnommen werden. Grundsätzlich beginnt die Rente mit dem auf den Eintritt der Erwerbsminderung folgenden Monat. Wird der Rentenantrag später als drei Monate nach Eintritt der Erwerbsminderung gestellt, beginnt die Erwerbsminderungsrente erst mit dem Antragsmonat.

Rentenfreibetrag bei zeitlicher Befristung

Renten wegen verminderter Erwerbsfähigkeit werden auf Zeit geleistet. Die Befristung erfolgt für längstens drei Jahre. Aus der Befristung der Erwerbsminderungsrente ergeben sich für den Rentenfreibetrag folgende steuerliche Konsequenzen:

- Wird die Erwerbsminderungsrente verlängert, gilt der bisherige Rentenfreibetrag weiter.

- Wird eine Rente wegen teilweiser Erwerbsminderung in eine Rente wegen voller Erwerbsminderung umgewandelt, handelt es sich um eine Folgerente aus derselben Versicherung. Zwar bleibt in diesem Fall der ursprüngliche Besteuerungsanteil maßgebend, der Rentenfreibetrag wird aber neu berechnet. Das gilt auch, wenn eine volle Erwerbsminderungsrente in eine Rente wegen teilweiser Erwerbsminderung umgewandelt wird.

- Endet die Erwerbsminderungsrente, wird der Rentenfreibetrag in diesem Jahr entsprechend angepasst.

=== **Rentenfreibetrag bei Umwandlung der Erwerbsminderungsrente in eine Altersrente**

Die Erwerbsminderungsrente wird in die Regelaltersrente umgewandelt, wenn der Rentenbezieher die Altersgrenze erreicht hat. Für die Altersrente wird ein Rentenfreibetrag neu festgesetzt. Maßgebend ist der Besteuerungsanteil, der bereits für die Erwerbsminderungsrente herangezogen wurde. Der steuerfreie Teil der Rente ist in dem Verhältnis anzupassen, in dem der veränderte Jahresbetrag der Rente zum Jahresbetrag der Rente steht, der der Ermittlung des bisherigen steuerfreien Teils der Rente zugrunde gelegen hat. Regelmäßige Anpassungen des Jahresbetrags der Rente bleiben dabei außer Betracht.

4.2.3 Hinterbliebenenrenten

Beim Tod eines Versicherten zahlt die gesetzliche Rentenversicherung unter bestimmten Voraussetzungen an die Familienangehörigen Hinterbliebenenrenten. Zu den Hinterbliebenenrenten gehören insbesondere Witwen- bzw. Witwer-, Erziehungs- und Waisenrenten. Für die Ermittlung des Besteuerungsanteils und des Rentenfreibetrags gelten seit 1. 1. 2005 die für die Besteuerung von Altersrenten geltenden steuerrechtlichen Regelungen.

=== **Witwen-/Witwerrenten**

Hat der Verstorbene keine gesetzliche Rente bezogen, ist für die Höhe des Besteuerungsanteils der tatsächliche Rentenbeginn maßgebend. Das ist bei der Witwen- bzw. Witwerrente der Todestag des Verstorbenen. Hat der Verstorbene bereits eine Altersrente oder eine Erwerbsminderungsrente aus der gesetzlichen Rentenversicherung bezogen, handelt es sich um eine Folgerente aus derselben Versicherung. Das bedeutet, dass vom Finanzamt ein günstigeres, fiktives Jahr des Rentenbeginns ermittelt wird, sofern die vorherige Rente des Verstorbenen nicht vor dem 1. 1. 2005 endete.

Um eine Folgerente aus derselben Versicherung handelt es sich auch dann, wenn eine große Witwen-/Witwerrente in eine kleine Witwen-/Witwerrente umgewandelt wird und umgekehrt. Der Rentenfreibetrag wird neu ermittelt. Der günstigere Besteuerungsanteil der alten Rente bleibt aber erhalten.

In voller Höhe steuerfrei ist der Abfindungsbetrag einer Witwen- bzw. Witwerrente wegen Wiederheirat des Berechtigten. Wird die neue Ehe geschieden oder stirbt der neue Ehegatte und entsteht somit erneut ein Anspruch auf die Witwen-/Witwerrente nach dem vorletzten Ehegatten, so berechnet sich der Rentenfreibetrag nach der ursprünglichen, später weggefallenen Witwen-/Witwerrente.

Waisenrente

Die Waisenrente wird steuerlich dem Kind zugerechnet. Auch in diesem Fall gelten für die Ermittlung des Besteuerungsanteils und des Rentenfreibetrags die seit 1. 1. 2005 für die Besteuerung der Altersrenten geltenden steuerrechtlichen Regelungen.

Wie bei der Witwen-/Witwerrente gilt, dass das Finanzamt einen fiktiven Rentenbeginn ermittelt, wenn der Verstorbene bereits eine Altersrente oder eine Erwerbsminderungsrente aus der gesetzlichen Rentenversicherung bezogen hat. Dazu wird vom tatsächlichen Beginn der Waisenrente die Laufzeit der vorhergehenden Rente abgezogen, sofern sie nicht vor dem 1. 1. 2005 endete. Angesetzt wird aber immer mindestens ein Besteuerungsanteil von 50 %.

4.3 Besteuerung der Pensionen

Versorgungsbezüge (z. B. Ruhegehalt, Witwengeld, Waisengeld) sind Einkünfte aus nicht selbstständiger Arbeit und unterliegen der Einkommensbesteuerung. Die Versteuerung erfolgt im Prinzip genauso wie die der Dienstbezüge. Der einzige Unterschied liegt darin, dass ein zusätzlicher Versorgungsfreibetrag gewährt wird.

Von den Versorgungsbezügen bleiben der Versorgungsfreibetrag und ein Zuschlag zum Versorgungsfreibetrag steuerfrei. Der Versorgungsfreibetrag ist ein bestimmter Prozentsatz von den Versorgungsbezügen, allerdings auf einen Höchstsatz begrenzt. Der Prozentsatz, der Höchstbetrag und der Zuschlag zum Versorgungsfreibetrag werden schrittweise bis zum Jahr 2040 auf 0 abgeschmolzen. Je später der Versorgungsbeginn, desto niedriger ist der zu berücksichtigende Freibetrag, bis bei einem Versorgungsbeginn ab dem Jahr 2040 kein Versorgungsfreibetrag mehr besteht.

Entscheidend für die Höhe des Freibetrages und des Zuschlags zum Versorgungsfreibetrag ist das Jahr des Versorgungsbeginns. Der Versorgungsfreibetrag und der Zuschlag zum Versorgungsfreibetrag gelten für die gesamte Laufzeit des Versorgungsbezugs. Regelmäßige Anpassungen des Versorgungsbezugs führen nicht zu einer Neuberechnung. Eine Neuberechnung ist jedoch vorzunehmen, wenn sich der Versorgungsbezug wegen Anwendung von Anrechnungs-, Ruhens-, Erhöhungs- oder Kürzungsregelungen erhöht oder vermindert. Im Kalenderjahr der Änderung sind der höchste Versorgungsfreibetrag und Zuschlag zum Versorgungsfreibetrag maßgebend.

Bei mehreren Versorgungsbezügen bestimmen sich der Prozentsatz, der Höchstbetrag und der Zuschlag zum Versorgungsfreibetrag nach dem Beginn des einzelnen Versorgungsbezugs. Die Summe aus den so ermittelten Freibeträgen ist auf den Höchstbetrag und den Zuschlag bemessen nach dem Beginn des ersten Versorgungsbezugs begrenzt.

Der maßgebende Prozentsatz, der Höchstbetrag des Versorgungsfreibetrags und der Zuschlag zum Versorgungsfreibetrag sind der folgenden Tabelle zu entnehmen:

Jahr des Versorgungsbeginns	Versorgungsfreibetrag		Zuschlag zum Versorgungsfreibetrag
	in Prozent der Versorgungsbezüge	Höchstbetrag	
bis 2005	40,0 %	€ 3 000,–	€ 900,–
ab 2006	38,4 %	€ 2 880,–	€ 864,–
2007	36,8 %	€ 2 760,–	€ 828,–
2008	35,2 %	€ 2 640,–	€ 792,–
2009	33,6 %	€ 2 520,–	€ 756,–
2010	32,0 %	€ 2 400,–	€ 720,–
2011	30,4 %	€ 2 280,–	€ 684,–
2012	28,8 %	€ 2 160,–	€ 648,–
2013	27,2 %	€ 2 040,–	€ 612,–
2014	25,6 %	€ 1 920,–	€ 576,–
2015	24,0 %	€ 1 800,–	€ 540,–
2016	22,4 %	€ 1 680,–	€ 504,–
2017	20,8 %	€ 1 560,–	€ 468,–
2018	19,2 %	€ 1 440,–	€ 432,–
2019	17,6 %	€ 1 320,–	€ 396,–
2020	16,0 %	€ 1 200,–	€ 360,–
2021	15,2 %	€ 1 140,–	€ 342,–
2022	14,4 %	€ 1 080,–	€ 324,–
2023	13,6 %	€ 1 020,–	€ 306,–
2024	12,8 %	€ 960,–	€ 288,–
2025	12,0 %	€ 900,–	€ 270,–
2026	11,2 %	€ 840,–	€ 252,–
2027	10,4 %	€ 780,–	€ 234,–
2028	9,6 %	€ 720,–	€ 216,–
2029	8,8 %	€ 660,–	€ 198,–
2030	8,0 %	€ 600,–	€ 180,–
2031	7,2 %	€ 540,–	€ 162,–
2032	6,4 %	€ 480,–	€ 144,–
2033	5,6 %	€ 420,–	€ 126,–
2034	4,8 %	€ 360,–	€ 108,–

Jahr des Versorgungsbeginns	Versorgungsfreibetrag		Zuschlag zum Versorgungsfreibetrag
	in Prozent der Versorgungsbezüge	Höchstbetrag	
2035	4,0 %	€ 300,–	€ 90,–
2036	3,2 %	€ 240,–	€ 72,–
2037	2,4 %	€ 180,–	€ 54,–
2038	1,6 %	€ 120,–	€ 36,–
2039	0,8 %	€ 60,–	€ 18,–
2040	0,0 %	€ 0,–	€ 0,–

 Beispiel: A bezieht 2017 ein Ruhegehalt von € 2 500,– monatlich. Die Höhe der steuerpflichtigen Einnahmen berechnet sich wie folgt:

Einnahmen 12 × € 2 500,– =		€ 30 000, –
abzüglich Versorgungsfreibetrag (Höchstbetrag) =	./.	€ 1 560, –
abzüglich Zuschlag zum Versorgungsfreibetrag =	./.	€ 468, –
Steuerpflichtige Einnahmen		**€ 27 972, –**

Der Versorgungsfreibetrag von € 1 560,– sowie der Zuschlag zum Versorgungsfreibetrag in Höhe von € 468,– sind für die restliche Laufzeit des Ruhegehalts maßgebend. Auch bei späteren Erhöhungen der Versorgungsbezüge ändert sich am Versorgungsfreibetrag und am Zuschlag nichts mehr.

Im Januar 2019 wird das Ruhegehalt von A auf € 2 550,– monatlich erhöht. Damit ergibt sich folgende Berechnung des steuerpflichtigen Ruhegehalts:

Einnahmen 12 × € 2 550,– =		€ 30 600, –
abzüglich Versorgungsfreibetrag (Höchstbetrag) =	./.	€ 1 560, –
abzüglich Zuschlag zum Versorgungsfreibetrag =	./.	€ 468, –
Steuerpflichtige Einnahmen		**€ 28 572, –**

4.4 Besteuerung von anderen Renten

Andere Renten werden entweder gemäß der nachgelagerten Besteuerung oder lediglich mit dem Ertragsanteil besteuert.

4.4.1 Renten aus privaten Versicherungen

Anders als Renten aus der gesetzlichen Rentenversicherung werden Leibrenten aus privaten Versicherungen meist mit dem günstigeren Ertragsanteil besteuert. Dazu gehören insbesondere

- Renten aus einer privaten Rentenversicherung,

- Renten aus einer privaten Unfallversicherung,

- Renten aus einer privaten Berufsunfähigkeitsversicherung.

Weil der Rentenbezieher bereits Beiträge aus größtenteils versteuertem Einkommen eingezahlt hat, muss er nur den im Rentenbetrag enthaltenen Zinsanteil versteuern. Der Ertragsanteil ist abhängig vom Alter des Rentenbeziehers bei Beginn der Rente. Er ist umso höher, je jünger der Rentenbezieher bei Beginn der Rente ist.

Achtung: Nicht mit dem Ertragsanteil besteuert werden Rentenzahlungen aus einer privaten Versicherung, deren eingezahlte Beträge steuerlich begünstigt waren. Dazu gehören Rentenzahlungen aus einer privaten Rürup-Rente und einer privaten Riester-Rente.

Ertragsanteile von lebenslangen Leibrenten

Vollendetes Lebensjahr bei Rentenbeginn	Ertrags-anteil	Vollendetes Lebensjahr bei Rentenbeginn	Ertrags-anteil	Vollendetes Lebensjahr bei Rentenbeginn	Ertrags-anteil
0 bis 1	59 %	38	39 %	64	19 %
2 bis 3	58 %	39 bis 40	38 %	65 bis 66	18 %
4 bis 5	57 %	41	37 %	67	17 %
6 bis 8	56 %	42	36 %	68	16 %
9 bis 10	55 %	43 bis 44	35 %	69 bis 70	15 %

Vollendetes Lebensjahr bei Rentenbeginn	Ertrags- anteil	Vollendetes Lebensjahr bei Rentenbeginn	Ertrags- anteil	Vollendetes Lebensjahr bei Rentenbeginn	Ertrags- anteil
11 bis 12	54 %	45	34 %	71	14 %
13 bis 14	53 %	46 bis 47	33 %	72 bis 73	13 %
15 bis 16	52 %	48	32 %	74	12 %
17 bis 18	51 %	49	31 %	75	11 %
19 bis 20	50 %	50	30 %	76 bis 77	10 %
21 bis 22	49 %	51 bis 52	29 %	78 bis 79	9 %
23 bis 24	48 %	53	28 %	80	8 %
25 bis 26	47 %	54	27 %	81 bis 82	7 %
27	46 %	55 bis 56	26 %	83 bis 84	6 %
28 bis 29	45 %	57	25 %	85 bis 87	5 %
30 bis 31	44 %	58	24 %	88 bis 91	4 %
32	43 %	59	23 %	92 bis 93	3 %
33 bis 34	42 %	60 bis 61	22 %	94 bis 96	2 %
35	41 %	62	21 %	ab 97	1 %
36 bis 37	40 %	63	20 %		

 Beispiel: A erhält ab seinem 63. Lebensjahr aus einer privaten Rentenversicherung eine lebenslange monatliche Rente von € 1 000,–. Der steuerpflichtige Anteil der Rente berechnet sich wie folgt:

Einnahmen 12 × € 1 000,–   =   € 12 000, –
davon steuerpflichtig 20 %   =   € 2 400, –

Achtung: Bei Renten, die nicht auf Lebenszeit gezahlt werden, sondern auf eine bestimmte Laufzeit beschränkt sind (z. B. private Erwerbsunfähigkeitsrente, die nur bis zum Eintritt ins Regelrentenalter gezahlt wird), gibt es abweichende Regelungen.

4.4.2 Basisrente (Rürup-Rente)

Die Rürup-Rente, auch Basisrente genannt, ist eine staatliche subventionierte Altersversorgung. Sie entspricht in ihren Leistungskriterien und in der steuerlichen Behandlung der gesetzlichen Rente, ist aber nicht wie diese durch Umlagen finanziert, sondern kapitalgedeckt.

Die Rürup-Rente ist im Prinzip eine ganz normale private Rentenversicherung, die bestimmte Bedingungen erfüllen muss, damit die Beiträge als Altersvorsorgeaufwendungen steuerlich abziehbar sind. Anders als die »normale« private Rentenversicherung wird diese Rente steuerlich wie die gesetzliche Rente behandelt, weil die Beiträge hierfür als Altersvorsorgeaufwendungen steuerlich begünstigt absetzbar sind.

Die Ausführungen zur Besteuerung von gesetzlichen Renten gelten für Renten und andere Leistungen aus einer privaten Rürup-Rente entsprechend. Dabei spielt es keine Rolle, inwieweit die Beiträge in der Ansparphase tatsächlich als Altersvorsorgeaufwendungen steuerlich abzugsfähig waren. Je später die Rente beginnt, desto höher ist der steuerpflichtige Teil der Rente. Wird die Rürup-Rente 2017 ausgezahlt, beträgt der Besteuerungsanteil 74 %, bei Rentenbeginn 2020 80 %. Ab 2020 steigt der Besteuerungsanteil um jährlich einen Prozentpunkt. Bei Rentenbeginn nach 2039 muss die Rürup-Rente voll versteuert werden.

4.4.3 Riester-Rente

Wer sich für das Riester-Sparen entscheidet, wird bei den Beitragszahlungen in der Ansparphase steuerlich begünstigt. Erst in der Auszahlungsphase werden Leistungen aus Altersvorsorgeverträgen besteuert. Das gilt auch dann, wenn zugunsten des Vertrags ausschließlich Beiträge geleistet wurden, für die der Anleger keine »Riester-Förderung« erhalten hat. Für die Höhe der Besteuerung ist von Bedeutung,

- ob die in der Ansparphase erfolgten Beitragszahlungen steuerlich gefördert wurden oder

- ob der Anleger in der Ansparphase keine Förderung erhalten hat.

=== Zahlungen aus geförderten Beiträgen

Erfolgen die Leistungen aus der Riester-Rente ausschließlich auf der Grundlage geförderter Beiträge, unterliegt der gesamte Auszahlungsbetrag der nachgelagerten Besteuerung. Dies gilt auch, soweit die Leistungen auf für diese Beiträge gutgeschriebenen Zulagen, erzielten Erträgen und Wertsteigerungen beruhen.

Zu den geförderten Beiträgen gehören die zugunsten eines Altersvorsorgevertrags geleisteten Eigenbeträge zuzüglich der für das Beitragsjahr zustehenden Zulage, soweit sie insgesamt den jährlichen Sonderausgaben-Höchstbetrag nicht übersteigen, mindestens jedoch die gewährten Zulagen und die geleisteten Sockelbeträge (seit 2005: € 60,– im Jahr).

=== Zahlungen aus ungeförderten Beiträgen

Erfolgen Zahlungen aus der Riester-Rente aus ungeförderten Beiträgen, dann richtet sich die Besteuerung der auf diesen Beiträgen beruhenden Leistung nach der Art der Auszahlung.

- Wird eine lebenslange Rente gewährt, erfolgt die Besteuerung nur mit dem Ertragsanteil. Dieser ist abhängig vom Alter des Steuerpflichtigen im Zeitpunkt des Rentenbeginns.

- Wird das Kapital in Form eines Versicherungsvertrags ausgezahlt, werden die Leistungen wie in einer »normalen« Lebensversicherung besteuert. Maßgebend ist in diesem Fall der Zeitpunkt des Vertragsabschlusses. Das entscheidende Datum ist der 1. 1. 2015.

4.4.4 Renten aus betrieblicher Altersversorgung

Seit Januar 2002 haben Beschäftigte das Recht, einen Teil ihres Lohns zugunsten der betrieblichen Altersvorsorge umzuwandeln, um später Betriebsrente zu erhalten. Diese sogenannte Entgeltumwandlung bedeutet, dass Teile des künftigen Lohns, Sonderzahlungen wie Weihnachts- und Urlaubsgeld oder Gehaltserhöhungen in sogenannte Anwartschaften auf Betriebsrente umgewandelt werden können.

Zur Durchführung der betrieblichen Altersvorsorge kann der Arbeitgeber zwischen fünf Wegen wählen. Welche Anlageform er auswählt, liegt allein in seinem Ermessen.

- Bei der **Direktzusage** verpflichtet sich das Unternehmen gegenüber den Arbeitnehmern, bei Eintritt des Versicherungsfalls Leistungen zu gewähren, die aus betrieblichen Mitteln finanziert werden. Der Arbeitgeber bedient sich also nicht zur Erfüllung der Zusage eines Versorgungsträgers.

- **Pensionskassen** erhalten von den beteiligten Unternehmen Beiträge; die Arbeitnehmer erwerben einen unmittelbaren Anspruch auf die zugesagten Leistungen gegen die Pensionskasse. Dabei handelt es sich um eine Art Lebensversicherungsunternehmen, dessen Zweck die Absicherung von wegfallendem Erwerbseinkommen wegen Alter, Invalidität oder Tod ist.

- Auch eine **Unterstützungskasse** ist eine rechtlich selbstständige Versorgungseinrichtung. Der Arbeitgeber ist an dieser Unterstützungskasse beteiligt und zahlt Beiträge für die Arbeitnehmer ein. Dem Arbeitnehmer steht kein Rechtsanspruch gegen die Unterstützungskasse zu; es haftet nur der Arbeitgeber für die zugesagten Leistungen.

- Bei einer **Direktversicherung** erfolgt die Durchführung der betrieblichen Altersversorgung über ein Versicherungsunternehmen, mit dem der Arbeitgeber eine Lebens- oder Rentenversicherung abschließt.

- **Pensionsfonds** übernehmen gegen die Zahlung von Beiträgen die Durchführung der betrieblichen Altersversorgung. Die Arbeitnehmer haben einen direkten Anspruch gegen den Pensionsfonds.

Wegen der steuerlichen Behandlung von Leistungen der betrieblichen Altersversorgung ist von Bedeutung, ob es sich um

- Leistungen aus der Direktzusage und der Unterstützungskasse oder um

- Leistungen aus dem Pensionsfonds, der Pensionskasse und der Direktversicherung handelt.

=== **Leistungen aus Direktzusage oder Unterstützungskasse**

Leistungen aus der Direktzusage und aus einer betrieblichen Unterstützungskasse werden als Einkünfte aus nicht selbstständiger Arbeit in voller Höhe besteuert. Wenn es sich dabei um Versorgungsbezüge handelt, sind die Leistungen allerdings steuerlich begünstigt. Versorgungsbezüge liegen vor, wenn der Berechtigte die Betriebsrente

- wegen verminderter Erwerbsfähigkeit oder als Hinterbliebenenbezüge oder

- wegen Erreichens einer Altersgrenze erhält und das 63. Lebensjahr oder als schwerbehinderter Mensch das 60. Lebensjahr vollendet hat.

In diesem Fall wird die Betriebsrente steuerlich wie die Pension eines Beamten behandelt. Es wird also der Versorgungsfreibetrag einschließlich ein Zuschlag zum Versorgungsfreibetrag gewährt. Die Höhe des Versorgungsfreibetrags und des Zuschlags zum Versorgungsfreibetrag richtet sich nach dem Jahr des Versorgungsbeginns. Das ist grundsätzlich das Jahr, in dem der Anspruch auf die Versorgungsbezüge entstanden ist. Der einmal errechnete Versorgungsfreibetrag sowie der Zuschlag zum Versorgungsfreibetrag bleiben für die restliche Laufzeit fest. Regelmäßige Erhöhungen der Betriebsrente führen nicht zu einer Neuberechnung der Freibeträge. Allerdings müssen der Versorgungsfreibetrag und der Zuschlag zum Versorgungsfreibetrag neu berechnet werden, wenn sich die Versorgungsbezüge wegen der Anwendung von Anrechnungs-, Ruhens-, Erhöhungs- oder Kürzungsregelungen erhöhen oder vermindern.

Achtung: Der Altersentlastungsbetrag kann nicht steuerlich geltend gemacht werden.

Beispiel: A geht 2017 mit 63 Jahren in den Ruhestand und bezieht eine Betriebsrente von € 500,– monatlich. Die Höhe der steuerpflichtigen Einnahmen berechnet sich wie folgt:

Einnahmen 12 × € 500,– =	€ 6 000, –
abzüglich Versorgungsfreibetrag 20,8 % von € 6 000,– =	./. € 1 248, –
abzüglich Zuschlag zum Versorgungsfreibetrag =	./. € 468, –
Steuerpflichtige Einnahmen	**€ 4 284, –**

Der Versorgungsfreibetrag von € 1 248,– sowie der Zuschlag zum Versorgungsfreibetrag in Höhe von € 468,– sind für die restliche Laufzeit der Betriebsrente maßgebend. Auch bei späteren Erhöhungen der Versorgungsbezüge ändert sich am Versorgungsfreibetrag und am Zuschlag nichts mehr.

Im Januar 2019 wird das Ruhegehalt von A auf € 510,– monatlich erhöht. Damit ergibt sich folgende Berechnung des steuerpflichtigen Ruhegehalts:

Einnahmen 12 × € 510,– =	€ 6 120, –
abzüglich Versorgungsfreibetrag (Höchstbetrag) =	./. € 1 248, –
abzüglich Zuschlag zum Versorgungsfreibetrag =	./. € 468, –
Steuerpflichtige Einnahmen	**€ 4 404, –**

Handelt es sich bei der Betriebsrente wegen Alters nicht um Versorgungsbezüge, weil der Berechtigte noch keine 63 bzw. 60 Jahre alt ist, wird sie steuerlich als Arbeitslohn behandelt. Es besteht dann Anspruch auf den Arbeitnehmer-Pauschbetrag, nicht aber auf den höheren Versorgungsfreibetrag.

Erst ab dem Monat, in dem der Berechtigte seinen 63. bzw. 60. Geburtstag hat, handelt es sich steuerlich um Versorgungsbezüge, für die dem Steuerpflichtigen der Versorgungsfreibetrag und der Zuschlag zum Versorgungsfreibetrag zustehen.

Leistungen aus Direktversicherung, Pensionskasse oder Pensionsfonds

Leistungen aus Pensionsfonds, Pensionskassen und Direktversicherungen werden steuerlich wie Renten behandelt. Das bedeutet, dass dem Steuerpflichtigen weder der Versorgungsfreibetrag und der Zuschlag zum Arbeitnehmerfreibetrag noch der Arbeitnehmer-Pauschbetrag zustehen. Lediglich der Werbungskosten-Pauschbetrag von € 102,– jährlich kann geltend gemacht werden, sofern keine höheren Werbungskosten vorhanden sind.

In welcher Form die Betriebsrente steuerpflichtig ist, richtet sich danach, ob und inwieweit die eingezahlten Beiträge steuerlich gefördert wurden.

- Soweit die Leistungen auf geförderten Beiträgen beruhen, erfolgt die volle nachgelagerte Besteuerung.

- Soweit die Betriebsrente auf Beiträgen beruht, die vom Arbeitgeber pauschal oder vom Arbeitnehmer normal als Arbeitslohn versteuert wurden, und handelt es sich um eine lebenslange Rente, erfolgt die Besteuerung nur mit dem Ertragsanteil. Die Höhe des Ertragsanteils ist abhängig vom Alter des Steuerpflichtigen im Zeitpunkt des Rentenbeginns.

4.4.5 Altersrente aus der Zusatzversorgung nach dem öffentlichen Dienst

Die Zusatzversorgung des öffentlichen Dienstes ist eine ergänzende Altersvorsorgemaßnahme für die Beschäftigten (Arbeitnehmer des öffentlichen Dienstes, nicht Beamte). Der größte Träger der Zusatzversorgung ist die Versorgungsanstalt des Bundes und der Länder (VBL). Daneben gibt es noch kommunale und kirchliche Zusatzversorgungskassen. Finanziert wird die Zusatzversorgung durch Beiträge während der Beschäftigungszeit.

Anders als die gesetzliche Rente ist die daneben ausbezahlte Zusatzversorgungsrente wie eine Rente aus privaten Versicherungen nur mit dem Ertragsanteil steuerpflichtig. Für Renten, die vor 2002 begonnen haben, gilt dies uneingeschränkt, weil diese ausschließlich nach dem sogenannten Umlageverfahren finanziert und die Beiträge hierfür während der Berufstätigkeit als Arbeitslohn versteuert wurden. In diesem Fall hängt die Höhe des bei der Zusatzrente steuerpflichtigen Ertragsanteils vom Lebensalter des Rentenbeziehers bei Rentenbeginn ab. Dabei gilt: Je jünger der Berechtigte bei Rentenbeginn ist, desto höher ist der steuerpflichtige Ertragsanteil.

 Beispiel: A ist 65 Jahre alt und geht am 1. 1. 2017 in den Ruhestand. Er erhält eine gesetzliche Altersrente von € 1 200,– monatlich und eine Zusatzrente von der VBL von € 300,– monatlich. Der steuerpflichtige Teil der Renten von A beträgt 2017:

Gesetzliche Rente (€ 1 200,– × 12) = € 14 400,– × 74 % Besteuerungsanteil =	€ 10 656, –
Zusatzrente (€ 300,– × 12) = € 3 600,– × 18 % Ertragsanteil =	+ 648,–
Werbungskosten-Pauschbetrag =	./. € 102, –
Zu versteuernde Rente =	**€ 11 202, –**

Auch in den Jahren ab 2017 beträgt der Besteuerungsanteil der gesetzlichen Rente 74 % und der Ertragsanteil für die Zusatzrente 18 %.

Dagegen müssen Neurentner gegebenenfalls einen Teil der Zusatzversorgungsrente höher besteuern. Maßgebend ist, wie die Beiträge in der Ansparphase steuerlich behandelt wurden. Waren die Beiträge oder Umlagen in der Ansparphase steuerfrei, ist der Teil der Rente, der auf diesen steuerfreien Beiträgen und Umlagen beruht, in voller Höhe steuerpflichtig.

4.5 Besteuerung von Kapitalerträgen

Einkünfte aus Kapitelvermögen sind steuerpflichtig, und zwar unabhängig davon, ob sie im Inland oder im Ausland erzielt werden.

Für Kapitalanlagen im Privatvermögen wurde 2009 eine Abgeltungsteuer eingeführt.

4.5.1 Einheitlicher Steuersatz

Kapitalerträge, die nicht in einem Unternehmen anfallen, werden mit einem einheitlichen Steuersatz von 25 % besteuert. Hinzu kommen noch der Solidaritätszuschlag und gegebenenfalls die Kirchensteuer.

Die anfallende Steuer hat »abgeltende« Wirkung, das heißt, der Anleger hat nach Abzug der Abgeltungsteuer seiner Steuerpflicht entsprochen. Die Kreditinstitute ziehen die anfallende Steuer gleich bei der Gutschrift der Erträge ab. Das gilt auch für erzielte Kursgewinne. Kapitalerträge und Kursgewinne müssen dann in der Einkommensteuererklärung nicht mehr angegeben werden.

4.5.2 Besteuerte Einkünfte

Der Abgeltungsteuer unterliegen alle Erträge aus einem privaten Kapitalvermögen ohne Rücksicht darauf, ob sie laufend gezahlt werden oder aus realisierten Wertveränderungen resultieren, u. a.

- Zinserträge aus Geldeinlagen bei Kreditinstituten,

- Kapitalerträge aus Forderungswertpapieren,

- Dividenden,

- Erträge aus Investmentfonds oder Termingeschäften,

- Zertifikatserträge.

Weiterhin erfasst die Abgeltungsteuer Gewinne aus privaten Veräußerungsgeschäften insbesondere mit festverzinslichen Wertpapieren, Investmentanteilen und Aktien, nicht jedoch mit Immobilien.

4.5.3 Sparer-Pauschbetrag

Jeder Anleger hat einen sogenannten Sparer-Pauschbetrag von € 801,– pro Jahr für sämtliche Kapitalerträge (Ehepaare € 1 602,–). Abgeltungsteuer fällt nur an, wenn der Sparer-Pauschbetrag überschritten wird. Um Kapitalerträge von einer Besteuerung freizustellen, muss vom Anleger ein Freistellungsauftrag beim jeweiligen Kreditinstitut eingereicht werden. Darin legt der Anleger den Anteil des Sparer-Pauschbetrages fest, bis zu dem das Institut keine Abgeltungsteuer abführen soll.

Der Freistellungsauftrag gilt für alle Kapitalerträge, die bei dem Institut erzielt werden. Eine Beschränkung auf bestimmte Konten oder Depots ist nicht möglich. Freistellungsaufträge können gegenüber mehreren Kreditinstituten erteilt werden, dürfen jedoch in der Summe nicht den Sparerfreibetrag übersteigen. Freistellungsaufträge können befristet oder unbefristet erteilt werden. Am weitesten verbreitet ist der unbefristete Freistellungsauftrag, der bis auf Widerruf gilt.

4.5.4 Veranlagungswahlrecht

Wer aufgrund seiner geringen Einkünfte einen persönlichen Steuersatz von unter 25 % hat, hat die Möglichkeit zur sogenannten Veranlagungsoption. Um diese zu nutzen, müssen die Kapitalerträge in die Einkommensteuererklärung vollständig eingetragen werden. Das Finanzamt prüft dann, ob die Einbeziehung in die Veranlagung für den Steuerpflichtigen günstiger ist als die Abgeltungsteuer. Ist dies der Fall, wird im Einkommensteuerbescheid die entsprechende Rückzahlung festgesetzt. Wenn dagegen die Abgeltungsteuer für den Steuerpflichtigen günstiger ist, muss er keine Steuer nachbezahlen.

4.6 Besteuerung von Erträgen aus Kapitallebensversicherungen

Wie Einnahmen aus einer Kapitallebensversicherung versteuert werden müssen, hängt vor allem vom Zeitpunkt des Abschlusses ab. Das entscheidende Datum ist dabei der 1. 1. 2005.

4.6.1 Abschluss der Police vor dem 1. 1. 2005

Wurde eine Kapitallebensversicherung vor dem 1. 1. 2005 abgeschlossen, ist die Kapitalauszahlung unter folgenden Voraussetzungen steuerfrei:

- Der Vertrag hatte eine mindestens zwölfjährige Laufzeit,

- während der gesamten Laufzeit bestand ein mindestens 60%iger Todesfallschutz,

- es wurden mindestens fünf Jahre laufende Beiträge gezahlt,

- die Auszahlung erfolgt frühestens zwölf Jahre nach Vertragsabschluss,

- es darf keine schädliche Beleihung oder Abtretung des Versicherungsanspruchs erfolgt sein,

- der Betrag der Ablaufleistung wird vollständig auf einmal ausbezahlt.

Wird die Ablaufleistung als monatliche Rente ausgezahlt, muss der Ertragsanteil versteuert werden. Dieser hängt vom Alter ab, mit dem sich der Steuerpflichtige die Kapitallebensversicherung auszahlen lässt.

4.6.2 Abschluss der Police nach dem 31. 12. 2004

Bei Kapitalauszahlungen aus Lebensversicherungen, die nach dem 31. 12. 2004 abgeschlossen wurden, ist grundsätzlich der Unterschiedsbetrag zwischen der Ablaufleistung und den eingezahlten Beiträgen steuerpflichtig. Ausnahmsweise muss jedoch nur die Hälfte des Unterschiedsbetrags zwischen der Ablaufleistung und den eingezahlten Beiträgen versteuert werden, wenn

- die Ablaufleistung in einem Betrag ausgezahlt wird,

- der Vertrag eine Mindestlaufzeit von zwölf Jahren hatte,

- die Auszahlung nach Vollendung des 60. Lebensjahrs erfolgt (für Neuverträge seit dem Jahr 2012 nach dem vollendeten 62. Lebensjahr) und

- der Todesfallschutz mindestens 50 % der Beitragssumme umfasst (für Verträge, die nach dem 31. 3. 2009 abgeschlossen wurden).

Wird die Ablaufleistung als Leibrente ausgezahlt, muss wie bei Kapitallebensversicherungen, die vor dem 1. 1. 2005 abgeschlossen wurden, der Ertragsanteil versteuert werden.

4.7 Besteuerung von Einkünften aus Vermietung und Verpachtung

Wer ein Haus oder eine Wohnung vermietet, erzielt Einkünfte aus Vermietung und Verpachtung. Der Vermieter muss seine Einkünfte versteuern, kann aber im Gegenzug seine Werbungskosten geltend machen. Die Einkünfte aus Vermietung und Verpachtung ermitteln sich als Überschuss der Einnahmen gegenüber den Werbungskosten. Der Überschuss kann positiv oder negativ sein.

4.7.1 Einkünfte

Zu den Einkünften gehören in erster Linie die Mieteinnahmen. Keine Bedeutung hat, woher diese stammen, etwa aus

- der Vermietung eines Hauses oder einer Eigentumswohnung,

- der Vermietung einer Wohnung im ansonsten selbst genutzten Haus,

- der Vermietung möblierter Räume und Wohnungen,

- der Untervermietung eines einzelnen Zimmers in der Mietwohnung,

- der Vermietung einer Ferienwohnung oder

- aus der Verpachtung eines unbebauten Grundstücks.

Zu den Mieteinnahmen gehören vor allem die Miete (Kaltmiete) und die Umlagen (Betriebskostenvorauszahlungen), die der Mieter an den Vermieter zahlt.

4.7.2 Werbungskosten

Den Einnahmen gegenüber stehen alle Aufwendungen, die »dem Erwerb, der Sicherung und der Erhaltung« der Einnahmen dienen. Alle Aufwendungen, die mit der Vermietungstätigkeit im Zusammenhang stehen, können als Werbungskosten steuerlich geltend gemacht werden. Dazu gehören insbesondere

- Renovierungs- und Instandhaltungskosten,

- Schuldzinsen und andere Finanzierungskosten,

- Abschreibungen auf das Gebäude bzw. den Gebäudeteil,

- Hausnebenkosten wie Grundsteuer und Gebäudeversicherung,

- Kosten für Gartenpflege,

- Kosten für Hausverwaltung,

- nicht auf den Mieter umlegbare andere Kosten im Zusammenhang mit der Immobilie.

Finanzierungskosten sind in erster Linie die laufenden Zinsen aufgrund von Darlehen, die zur Finanzierung der Immobilie aufgenommen wurden. Außer den Zinsen sind auch Gebühren, Provisionen und ein bei der Darlehensauszahlung einbehaltenes Disagio als Werbungskosten abziehbar.

Steuermindernd wirken sich Abschreibungen auf das vermietete Gebäude bzw. den Gebäudeteil aus. Abschreibungsfähig ist nur das Gebäude, nicht dagegen der Grund und Boden, auf dem es steht. Abgeschrieben wird linear, also in gleichen Jahresbeträgen. Der jährliche Abschreibungsprozentsatz beträgt grundsätzlich 2 %; bei Altgebäuden, die vor dem 1. 1. 1925 fertiggestellt wurden, 2,5 %.

4.8 Steuerabzugsbeträge

Von den Einkünften kann unter Umständen der Altersentlastungsbetrag abgezogen werden. Ferner mindern Werbungskosten, Sonderausgaben und außergewöhnliche Belastungen das zu versteuernde Einkommen.

4.8.1 Altersentlastungsbetrag

Der Altersentlastungsbetrag ist ein Steuerfreibetrag, der Steuerpflichtigen über 64 Jahre gewährt wird. Er soll eine gerechtere Besteuerung im Alter gewährleisten. Schließlich werden für Versorgungsbezüge, allgemeine Leibrenten und bestimmte Leistungen aus Altersvorsorgeverträgen z. B. in Form von Versorgungsfreibeträgen oder ermäßigter Besteuerung steuerliche Vergünstigungen gewährt.

Achtung: Bei der Bemessung des Altersentlastungsbetrags werden diejenigen Alterseinkünfte nicht berücksichtigt, bei denen der Steuerpflichtige bereits eine steuerliche Vergünstigung in Anspruch nehmen konnte, so z. B. Versorgungsbezüge (z. B. Beamtenpensionen), für die bereits ein Versorgungsfreibetrag zu gewähren ist, oder Leibrenten. Deshalb wird bei der Ermittlung des Altersentlastungsbetrags vor allem laufender Arbeitslohn angesetzt, daneben aber auch Einkünfte aus bestimmten Einkunftsarten (z. B. aus Vermietung und Verpachtung oder aus Kapitalvermögen).

Der Altersentlastungsbetrag wird nicht erst bei der jährlichen Veranlagung zur Einkommensteuer berücksichtigt, sondern bereits bei der Berechnung der Lohnsteuer. Er wird vom Finanzamt von Amts wegen gewährt. Bei zusammen veranlagten Ehegatten wird der Betrag jedem Ehegatten, der die altersmäßigen Voraussetzungen erfüllt, anhand der von ihm bezogenen Einkünfte abgezogen.

Den Altersentlastungsbetrag erhalten Steuerzahler ab dem Kalenderjahr, das der Vollendung des 64. Lebensjahrs folgt. Er wird schrittweise für jeden Jahrgang ab 2006 abgeschmolzen und läuft 2040 ganz aus.

Das auf die Vollendung des 64. Lebensjahres folgende Kalenderjahr	Altersentlastungsbetrag	
	in Prozent der Einkünfte	Höchstbetrag
2005	40,0 %	€ 1 900,–
2006	38,4 %	€ 1 824,–
2007	36,8 %	€ 1 748,–
2008	35,2 %	€ 1 672,–
2009	33,6 %	€ 1 596,–
2010	32,0 %	€ 1 520,–
2011	30,4 %	€ 1 444,–
2012	28,8 %	€ 1 368,–
2013	27,2 %	€ 1 292,–
2014	25,6 %	€ 1 216,–
2015	24,0 %	€ 1 140,–
2016	22,4 %	€ 1 064,–
2017	20,8 %	€ 988,–
2018	19,2 %	€ 912,–
2019	17,6 %	€ 836,–
2020	16,0 %	€ 760,–
2021	15,2 %	€ 722,–
2022	14,4 %	€ 684,–
2023	13,6 %	€ 646,–

Das auf die Vollendung des 64. Lebensjahres folgende Kalenderjahr	Altersentlastungsbetrag	
	in Prozent der Einkünfte	Höchstbetrag
2024	12,8 %	€ 608,–
2025	12,0 %	€ 570,–
2026	11,2 %	€ 532,–
2027	10,4 %	€ 494,–
2028	9,6 %	€ 456,–
2029	8,8 %	€ 418,–
2030	8,0 %	€ 380,–
2031	7,2 %	€ 342,–
2032	6,4 %	€ 304,–
2033	5,6 %	€ 266,–
2034	4,8 %	€ 228,–
2035	4,0 %	€ 190,–
2036	3,2 %	€ 152,–
2037	2,4 %	€ 114,–
2038	1,6 %	€ 76,–
2039	0,8 %	€ 38,–
2040	0,0 %	€ 0,–

4.8.2 Werbungskosten

Wer Einkünfte aus nicht selbstständiger Arbeit erzielt, kann von den Einnahmen (Bruttoarbeitslohn) die Werbungskosten abziehen. Dazu gehören beispielsweise Kosten für die Fahrten zum Arbeitsplatz, Arbeitsmittel, soweit der Arbeitnehmer sie selbst bezahlen muss, oder Kosten für typische Berufskleidung. Für den Fall, dass keine oder nur geringe Werbungskosten nachgewiesen werden, kommt der Arbeitnehmer-Pauschbetrag in Höhe von € 1 000,– pro Jahr zum Abzug.

Versorgungsempfänger können einen Werbungskosten-Pauschbetrag von € 102,– jährlich nutzen.

4.8.3 Vorsorgeaufwendungen als Sonderausgaben

Zu den Sonderausgaben zählen Aufwendungen, die der privaten Lebensführung zuzurechnen sind und nicht als Werbungskosten oder Betriebsausgaben berücksichtigt werden können. Sonderausgaben mindern den Gesamtbetrag der Einkünfte und führen zu einer Verringerung der Steuerlast. Zu den Sonderausgaben gehören Unterhaltsleistungen an den geschiedenen oder dauernd getrennt lebenden Ehegatten, Renten und dauernde Lasten, Beiträge zur Kranken-, Pflege-, Unfall- und Haftpflichtversicherung, die auf einem bestimmten Verpflichtungsgrund beruhen, Beiträge zu Versicherungen auf den Lebens- oder Todesfall, gezahlte Kirchensteuer, Steuerberatungskosten und Spenden.

Besondere Bedeutung haben Vorsorgeaufwendungen, also die Versicherungsbeiträge wie die zur Renten-, Kranken-, Unfall- und Haftpflichtversicherung. Innerhalb der Vorsorgeaufwendungen sind zu unterscheiden:

- Basis-Altersvorsorgeaufwendungen,

- Kranken- und Pflegeversicherungsbeiträge,

- sonstige Vorsorgeaufwendungen.

Basis-Altersvorsorgeaufwendungen

Zu den steuerlich abzugsfähigen Sonderausgaben gehören die sogenannten Basis-Altersvorsorgeaufwendungen. Abzugsfähig sind Beiträge

- zu den gesetzlichen Rentenversicherungen (Arbeitnehmer- und Arbeitgeberanteil),

- zu den landwirtschaftlichen Alterskassen,

- zu den berufsständischen Versorgungseinrichtungen, wenn sie Leistungen erbringen, die denen der gesetzlichen Rentenversicherung ähnlich sind,

- Beiträge zu einem »Rürup-Vertrag«.

Im Prinzip sind die Beiträge zur Basisversorgung bis zu € 20 000,– (bei Ehegatten € 40 000,–) im Jahr als Sonderausgaben abzugsfähig. Allerdings können die Beiträge für einen Übergangszeitraum von 2005 bis 2024 nur zu einem bestimmten Prozentsatz angesetzt werden.

- Für 2017 sind 82 % der gezahlten Beiträge als Sonderausgaben absetzbar, maximal bis € 16 800,– bei Ledigen und € 33 600,– bei Verheirateten.

- Bis zum Jahr 2025 steigt der Sonderausgabenabzug um jährlich zwei Prozentpunkte.

- Im Jahr 2025 können dann 100 % der gezahlten Beiträge, maximal € 20 000,– bei Ledigen und € 40 000,– bei Verheirateten, als Sonderausgaben geltend gemacht werden.

Die nachfolgende Tabelle gibt einen Überblick über die Höhe der abzugsfähigen Altersvorsorgeaufwendungen und die gesetzlich festgeschriebenen Höchstbeträge.

Jahr	Höhe der abzugsfähigen Altersvorsorgeaufwendungen	Höchstbetrag (ledig)	Höchstbetrag (verheiratet)
2017	84 %	€ 16 800,–	€ 33 600,–
2018	86 %	€ 17 200,–	€ 34 400,–
2019	88 %	€ 17 600,–	€ 35 200,–
2020	90 %	€ 18 000,–	€ 36 000,–
2021	92 %	€ 18 400,–	€ 36 800,–
2022	94 %	€ 18 800,–	€ 37 600,–
2023	96 %	€ 19 200,–	€ 38 400,–
2024	98 %	€ 19 600,–	€ 39 200,–
ab 2025	100 %	€ 20 000,–	€ 40 000,–

Von den abzugsfähigen Beiträgen ist bei sozialversicherungspflichtigen Arbeitnehmern der steuerfreie Arbeitgeberanteil zur Rentenversicherung abzuziehen. Der dann letztendlich verbleibende Betrag ist als Sonderausgabe abzugsfähig.

Kranken- und Pflegeversicherungsbeiträge

Die Beiträge für eine sogenannte Basiskrankenversicherung können in voller Höhe abgezogen werden. Bei gesetzlich versicherten Arbeitnehmern ergeben sich diese Beiträge, indem die entrichteten Arbeitnehmerbeiträge um 4 % vermindert werden.

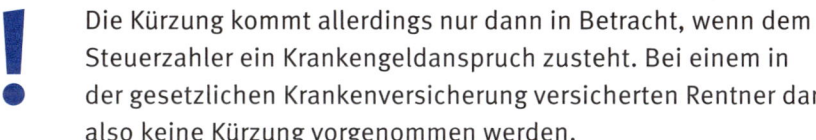 Die Kürzung kommt allerdings nur dann in Betracht, wenn dem Steuerzahler ein Krankengeldanspruch zusteht. Bei einem in der gesetzlichen Krankenversicherung versicherten Rentner darf also keine Kürzung vorgenommen werden.

Beiträge zur privaten Krankenversicherung können in voller Höhe abgezogen werden, soweit damit Leistungen abgesichert werden, die denen der gesetzlichen Krankenversicherung entsprechen (sogenannter Basisschutz). Werden also in einem privaten Krankenversicherungstarif auch über eine Basisversicherung hinausgehende Leistungen (Komfortleistungen) versichert, ist der für den entsprechenden Tarif geleistete Beitrag entsprechend zu kürzen.

Die Beiträge zur Pflegepflichtversicherung sind stets in vollem Umfang abzugsfähig.

Sonstige Vorsorgeaufwendungen

Unter die sonstigen Vorsorgeaufwendungen fallen Beiträge u. a. zu folgenden Versicherungen:

- »Nicht-Basis«-Krankenversicherungen (z. B. für Zusatzleistungen oder Tagegeld),
- Unfallversicherung,
- Haftpflichtversicherung,

- Arbeitslosenversicherung,

- Berufsunfähigkeitsversicherung,

- Risikolebensversicherung,

- bestimmte »Altfälle« von Kapitallebensversicherungen und Rentenversicherungen mit oder ohne Kapitalwahlrecht (ohne besondere staatliche Förderung und Vertragsabschluss vor dem 1. 1. 2005).

Sonstige Vorsorgeaufwendungen können bis zu einem Höchstbetrag von € 1 900,– pro Person und Jahr geltend gemacht werden. Sind beide Ehegatten Rentner und/oder Arbeitnehmer, so ergibt sich ein gemeinsamer Höchstbetrag von € 3 800,–.

Achtung: Auf den Höchstbetrag werden die Beiträge zur Basis-Krankenversicherung und zur gesetzlichen Pflegeversicherung angerechnet, sodass vom Höchstbetrag meist nicht mehr viel übrig bleibt.

══ Günstigerprüfung

Bis einschließlich 2019 führt das Finanzamt eine sogenannte Günstigerprüfung durch. Dabei wird geprüft, ob nach einer komplizierten Altregelung höhere Vorsorgeaufwendungen geltend gemacht werden können. Die für den Steuerpflichtigen günstigere Variante wird dann der Besteuerung zugrunde gelegt.

4.8.4 Außergewöhnliche Belastungen

Normalerweise bleiben private Ausgaben steuerlich unberücksichtigt. Besondere Situationen können aber zu außergewöhnlichen Belastungen führen, und die dürfen vom Steuerpflichtigen dann doch steuermindernd geltend gemacht werden.

Zu unterscheiden ist zwischen

- außergewöhnlichen Belastungen allgemeiner Art, die nicht im Gesetz genannt sind und einzeln nachgewiesen werden müssen, und
- außergewöhnlichen Belastungen besonderer Art, die ausdrücklich gesetzlich definiert sind.

Allgemeine außergewöhnliche Belastungen

Außergewöhnliche Belastungen liegen vor, wenn ein Steuerzahler zwangsläufig größere Aufwendungen als die meisten anderen Steuerzahler mit ähnlichem Einkommen und Vermögen sowie gleichem Familienstand hat. Als zwangsläufig gelten Aufwendungen, die sich aus rechtlichen, tatsächlichen oder sittlichen Gründen nicht vermeiden lassen und den Umständen nach notwendig sind. Außerdem dürfen die Aufwendungen einen angemessenen Betrag nicht überschreiten.

Zumutbare Belastung

Außergewöhnliche Belastungen sind nur abzugsfähig, soweit sie die zumutbare Eigenbelastung übersteigen. Die zumutbare Eigenbelastung wird für jeden Steuerzahler individuell berechnet. Sie hängt ab vom Gesamtbetrag der Einkünfte, dem Familienstand und der Anzahl der Kinder.

Gesamtbetrag der Einkünfte	bis € 15 340,–	€ 15 341,– bis € 51 130,–	über € 51 130,–
Steuerpflichtige ohne Kinder, die ledig sind oder getrennt veranlagt werden	5 %	6 %	7 %
Verheiratete Steuerzahler ohne Kinder, die zusammen veranlagt werden	4 %	5 %	6 %
Steuerpflichtige mit einem oder zwei Kindern	2 %	3 %	4 %
Steuerpflichtige mit mehr als zwei Kindern	1 %	1 %	2 %

Kinder in diesem Sinne sind solche, für die Kindergeld gezahlt wird.

Beispiel: Das Ehepaar A hat Gesamteinkünfte von € 45 000,–. Kinder sind keine vorhanden. 2017 werden Eigenanteile an Medikamenten und anderen Krankheitskosten in Höhe von insgesamt € 3 000,– gezahlt. Die zumutbare Belastung beträgt 5 % von € 45 000,– = € 2 250,–. € 750,– (€ 3 000,– ./. € 2 250,–) werden als außergewöhnliche Belastungen berücksichtigt.

Einzelne Kostenarten

Es gibt keine allgemeingültige Liste für sämtliche außergewöhnlichen Belastungen. In Betracht kommen u. a. folgende Aufwendungen:

- **Krankheitskosten:** Dazu zählen Aufwendungen, Eigenanteile bzw. Zuzahlungen für ärztliche Behandlungen, Medikamente, Hilfsmittel wie Brillen, Kontaktlinsen oder Hörgeräte oder die Kosten für Heilpraktiker. Unter Umständen können auch Besuchsfahrten zu einem für längere Zeit in einem Krankenhaus liegenden Ehegatten geltend gemacht werden.

- **Pflegekosten:** Abzugsfähig sind die Kosten für die Unterbringung in der Pflegestation eines Heims oder die in der Abrechnung des Heims einzeln ausgewiesenen Krankheits- und Pflegekosten. Mehraufwendungen für Unterkunft und Verpflegung gegenüber der normalen Haushaltsführung können ebenfalls geltend gemacht werden. Die rein altersbedingte Unterbringung in einem Pflegeheim wird steuerlich allerdings nicht berücksichtigt.

- **Aufwendungen für eine Heilkur:** Kosten für Heilkuren können geltend gemacht werden, wenn ein amtsärztliches Attest vorliegt, in dem die Notwendigkeit der Kur, bei Klimakuren auch der medizinisch angezeigte Kurort und die voraussichtliche Dauer der Kur bescheinigt werden. Alternativ genügen entsprechende Bescheinigungen des Medizinischen Dienstes der Versicherungsanstalt (bei Pflichtversicherten) oder der Beihilfestelle (bei Beamten).

- **Bestattungskosten:** Abzugsfähig sind die Kosten der Beerdigung eines Angehörigen, soweit sie den Nachlass und etwaige Ersatzleistungen (z. B. Sterbegeld der Krankenkasse) übersteigen. Berücksichtigt werden nur Kosten, die unmittelbar mit der Bestattung zusammenhängen (z. B. für Grabstätte, Sarg, Blumen).

- **Behindertenbedingte Aufwendungen:** Für Aufwendungen, die aufgrund einer Behinderung entstehen, kann der Behinderte die tatsächlichen Kosten geltend machen. Abziehbar sind u. a. Krankenhausaufenthalte, Pflegedienstleistungen und medizinische Hilfsmittel wie z. B. Treppenschräglift, Prothesen oder Medikamente. Die entsprechenden Kosten müssen nachgewiesen werden. Alternativ kann der Steuerpflichtige auf den Einzelnachweis verzichten und einen Pauschbetrag in Anspruch nehmen.

- **Scheidungskosten:** Abzugsfähig sind die unmittelbaren und unvermeidbaren Kosten des Scheidungsprozesses einschließlich der Scheidungsfolgeregelungen.

Außergewöhnliche Belastungen in besonderen Fällen

Die außergewöhnlichen Belastungen »besonderer Art« sind gesetzlich einzeln genannt und der Höhe nach beschränkt durch Pausch- oder Höchstbeträge.

Behinderten-Pauschbetrag

Anstelle der tatsächlichen Kosten können behinderte Menschen einen Pauschbetrag geltend machen, wenn ihr Grad der Behinderung mindestens 50 % beträgt. Bei einem Grad der Behinderung von weniger als 50 %, aber mindestens 25 % wird ein Pauschbetrag unter folgenden Voraussetzungen gewährt:

- wegen der Behinderung werden gesetzliche Renten- oder andere laufende Bezüge gezahlt oder

- es liegt eine dauernde Einbuße der körperlichen Beweglichkeit vor oder

- die Behinderung beruht auf einer typischen Berufskrankheit.

 Der Behinderten-Pauschbetrag sollte genutzt werden, wenn die Aufwendungen per Einzelnachweis geringer sind als der jeweilige Pauschbetrag.

Welcher Pauschbetrag zum Ansatz kommt, richtet sich nach dem Grad der Behinderung:

Grad der Behinderung (%)	Behinderten-Pauschbetrag (jährlich)
25 und 30	€ 310,–
35 und 40	€ 430,–
45 und 50	€ 570,–
55 und 60	€ 720,–
65 und 70	€ 890,–
75 und 80	€ 1 060,–
85 und 90	€ 1 230,–
95 und 100	€ 1 420,–

Sind Behinderte blind (Merkmal BL) oder hilflos (Merkmal Hl), so können sie einen erhöhten Behinderten-Pauschbetrag von € 3 700,– in Anspruch nehmen.

 Der Behinderten-Pauschbetrag wird jährlich gewährt. Dies gilt auch dann, wenn die Behinderung erst zum Ende des Jahres vorlag. Trat z. B. erst am 25.12. die Behinderung ein, so kann trotzdem der volle Jahresbetrag steuerlich geltend gemacht werden. Der Pauschbetrag kann vom Behinderten oder von dessen Eltern in Anspruch genommen werden.

Achtung: Wird der Behinderten-Pauschbetrag genutzt, so können die typischen außergewöhnlichen Belastungen, die durch die Behinderung entstehen, nicht mehr geltend gemacht werden. Untypische außergewöhnliche Belastungen (z. B. Kurkosten, Operationskosten, Kosten für die Haushaltshilfe) können trotzdem noch berücksichtigt werden.

Pflege-Pauschbetrag

Wer einen Angehörigen selbst pflegt, kann im Rahmen der außergewöhnlichen Belastungen den sogenannten Pflege-Pauschbetrag geltend machen, wenn folgende Voraussetzungen vorliegen:

- Bei der gepflegten Person muss es sich um einen Angehörigen oder eine dem Steuerpflichtigen nahestehende Person handeln (z. B. Geschwister, Schwager und Schwägerin, Tante und Onkel, Nichte und Neffe).

- Der Gepflegte muss hilflos sein. Das ist der Fall, wenn die Person für eine Reihe von häufig und regelmäßig wiederkehrenden Verrichtungen zur Sicherung ihrer persönlichen Existenz im Ablauf eines jeden Tages fremder Hilfe dauernd bedarf.

- Der Steuerpflichtige muss die pflegebedürftige Person persönlich pflegen.

- Die Pflege muss in häuslicher Umgebung durchgeführt werden und unentgeltlich erfolgen.

Der Pflege-Pauschbetrag beträgt € 924,– im Jahr. Er wird auch dann in voller Höhe gewährt, wenn die Pflege nur einen Teil des Jahres andauert, etwa weil der Gepflegte verstirbt.

Unterhaltshöchstbetrag

Unterhaltsaufwendungen können als außergewöhnliche Belastungen oder als Sonderausgaben abzugsfähig sein. Entstehen einem Steuerpflichtigen Unterhaltsaufwendungen gegenüber einer Person, zu deren Unterhalt er gesetzlich verpflichtet ist, so kann er die entstandenen Aufwendungen als außergewöhnliche Belastungen geltend machen.

Auf Antrag können die Aufwendungen bis zu einem Betrag von € 8 820,– (Stand 2017) jährlich abgesetzt werden. Der Unterhaltshöchstbetrag erhöht sich um die Beiträge zur Basiskranken- und Pflegeversicherung, die der Unterhaltszahlende an den oder für den Unterhaltsempfänger zahlt und die bei ihm noch nicht als Sonderausgaben berücksichtigt worden sind.

Zahlt der Steuerpflichtige an mehrere unterhaltsberechtigte Personen Unterhalt, ist ihm für jede unterhaltene Person der Unterhaltshöchstbetrag zu gewähren. Erhält der Unterhaltene von mehreren Personen Unterhalt, ist der Unterhaltshöchstbetrag auf die einzelnen Personen entsprechend ihres prozentualen Anteils an dem insgesamt gezahlten Unterhalt aufzuteilen.

4.9 Steuerfreie Aufwandsentschädigungen für Ehrenämter und andere Nebentätigkeiten

Aufwandsentschädigungen, die aus öffentlichen Kassen an Personen gezahlt werden, die öffentliche Dienste leisten, sind steuerfrei, soweit sie nicht für Verdienstausfall oder Zeitverlust gewährt werden. Hierunter fallen etwa Aufwandsentschädigungen an

- ehrenamtliche Ortsvorsteher,

- Gemeinde- und Stadtratsmitglieder,

- ehrenamtliche Richter bzw. Schöffen,

- Mitglieder von Gutachterausschüssen nach dem Baugesetzbuch,

- Mitglieder der Freiwilligen Feuerwehr oder des Technischen Hilfswerks.

Von Bedeutung sind in diesem Zusammenhang auch die Übungsleiterpauschale und die Ehrenamtspauschale.

4.9.1 Übungsleiterpauschale

Steuerfrei bis zu jährlich € 2 400,– ist eine sogenannte Übungsleiterpauschale. Lediglich der diesen Freibetrag übersteigende Teil nebenberuflicher Einnahmen muss versteuert werden.

Die Übungsleiterpauschale setzt nicht zwangsläufig eine Tätigkeit als Trainer in einem Sportverein voraus. Die steuerliche Vergünstigung kann auch bei Tätigkeiten als Ausbildungsleiter, Ausbilder, Erzieher, Betreuer, bei künstlerischen Tätigkeiten oder bei der Pflege behinderter, kranker oder alter Menschen in Anspruch genommen werden.

Die Übungsleiterpauschale ist an folgende Voraussetzungen geknüpft:

- Die Tätigkeit muss im Dienst oder Auftrag einer öffentlichen oder öffentlich-rechtlichen Institution, eines gemeinnützigen Vereins, einer Kirche oder vergleichbaren Einrichtung zur Förderung gemeinnütziger, mildtätiger oder kirchlicher Zwecke ausgeübt werden.

- Die Tätigkeit darf nicht im Hauptberuf ausgeübt werden, wobei eine Tätigkeit als nebenberuflich gilt, wenn sie zeitlich nicht mehr als ein Drittel eines vergleichbaren Vollzeitberufs in Anspruch nimmt.

Die durch die Übungsleitertätigkeit entstandenen Aufwendungen können als Werbungskosten oder Betriebsausgaben abgesetzt werden.

Übt der Steuerpflichtige verschiedene Ehrenämter aus, die gesondert vergütet werden, kann er zusätzlich zur Übungsleiterpauschale auch vom Ehrenamtsfreibetrag profitieren. Das ist beispielsweise der Fall, wenn er als Trainer für einen Sportverein tätig ist und zusätzlich die Vereinskasse verwaltet.

4.9.2 Ehrenamtspauschale

Die Ehrenamtspauschale kommt für alle Tätigkeiten von Personen im gemeinnützigen, mildtätigen oder kirchlichen Bereich in Betracht, die die Voraussetzungen für die Übungsleiterpauschale nur deshalb nicht erfüllen, weil sie keine pädagogisch ausgerichtete Tätigkeit als Übungsleiter, Ausbilder, Erzieher oder Betreuer ausüben. Die Ehrenamtspauschale kann für jede Art von Tätigkeit für gemeinnützige Vereine, kirchliche oder öffentliche Einrichtungen in Anspruch genommen werden, beispielsweise für eine Tätigkeit als Vereinsvorstand, Schatzmeister, Platzwart, Gerätewart, Reinigungsdienst, Fahrdienst von Eltern zu Auswärtsspielen von Kindern oder ehrenamtlich tätiger Schiedsrichter im Amateurbereich.

Die Ehrenamtspauschale ist an folgende Voraussetzungen geknüpft:

- Die Tätigkeit muss der Förderung von gemeinnützigen, mildtätigen oder kirchlichen Zwecken dienen.

- Die Tätigkeit muss nebenberuflich ausgeübt werden, also zeitlich nicht mehr als ein Drittel eines vergleichbaren Vollzeitberufs in Anspruch nehmen.

Zahlungen einer oder mehrerer Einrichtungen für nebenberufliche Tätigkeiten sind bis zur Höhe von insgesamt € 720,– pro Jahr und Person steuerfrei. Lediglich der diesen Freibetrag übersteigende Teil nebenberuflicher Einnahmen muss versteuert werden.

4.10 Pflicht zur Abgabe von Einkommensteuererklärungen

Rentner müssen eine Einkommensteuererklärung abgeben, wenn sie vom Finanzamt dazu aufgefordert werden oder wenn der Gesamtbetrag ihrer Einkünfte höher ist als der steuerliche Grundfreibetrag von € 8 822,– für Ledige bzw. € 17 644,– für Verheiratete bei gemeinsamer Veranlagung zur Einkommensteuer (Stand: 2017).

Beziehen Rentner außer ihrer gesetzlichen Rente keine weiteren steuerpflichtigen Einnahmen, fällt also nur bei hohen Rentenzahlungen Steuer an. Schließlich ist zu berücksichtigen, dass nur ein Teil der Rente der Besteuerung unterliegt, ferner fallen steuermindernde Beträge an, die in jedem Fall zu berücksichtigen sind: der Werbungskosten-Pauschbetrag von € 102,– jährlich, der Sonderausgaben-Pauschbetrag von € 36,– jährlich sowie die Beiträge zur gesetzlichen Kranken- und Pflegeversicherung.

Ab wann Steuer anfällt, muss immer im Einzelfall beurteilt werden. Selbst wenn der Gesamtbetrag der Einkünfte den Grundfreibetrag übersteigt, ist damit noch nicht gesagt, ob auch tatsächlich Einkommensteuer zu zahlen ist. Denn die meisten Rentner können Sonderausgaben abziehen (z. B. Spenden, Versicherungsbeiträge usw.) und häufig liegen auch noch außergewöhnliche Belastungen vor (z. B. Krankheitskosten oder Behinderten-Pauschbeträge), die das steuerpflichtige Einkommen weiter mindern. Deshalb müssen viele Rentner überhaupt keine Steuer mehr zahlen, weil ihr zu versteuerndes Einkommen unter dem Grundfreibetrag liegt.

Achtung: Seit 2005 gilt ein automatisches Meldeverfahren für gesetzliche, betriebliche und private Renten. Die Versicherungsträger sind gesetzlich dazu verpflichtet, jährliche Mitteilungen über geleistete steuerpflichtige Rentenzahlungen an eine zentrale Stelle der Finanzverwaltung elektronisch zu übermitteln. Diese Informationen ermöglichen es den Finanzämtern, Rentner gezielter zur Abgabe von Steuererklärungen aufzufordern. Und wenn der Gesamtbetrag der Einkünfte neben der Rente auch andere Einkünfte enthält, besteht die Pflicht zur Abgabe einer Steuererklärung auch bei einer niedrigen Rente und entsprechend hohen, dem Finanzamt nicht bekannten Nebeneinkünften. In diesem Fall müssen Betroffene unaufgefordert eine Steuererklärung einreichen. Andernfalls kann eine leichtfertige Steuerverkürzung oder – bei vorsätzlicher Nichtabgabe und hohen Einkünften – sogar eine Steuerhinterziehung vorliegen.

5 Wie man im Ruhestand gegen Krankheit versichert ist

Wer eine gesetzliche Rente bezieht, ist grundsätzlich in einer eigenen Krankenversicherung der Rentner (KVdR) versichert. Dabei handelt es sich allerdings nicht um eine eigene Krankenkasse, sondern um die Bezeichnung für einen Status. Die Krankenversicherung der Rentner wird von den normalen gesetzlichen Krankenkassen betrieben. Auch wer in der Krankenversicherung der Rentner ist, kann seine Krankenkasse frei wählen.

Wer im Alter nicht über die Krankenversicherung der Rentner versichert ist, kann sich unter Umständen freiwillig gesetzlich versichern lassen. Und wer als Rentner privat krankenversichert ist, kann zu seinem Beitrag einen Zuschuss vom Rentenversicherungsträger erhalten.

5.1 Gesetzliche Krankenversicherung der Rentner

Die Krankenversicherung der Rentner ist eine Pflichtversicherung. In ihr werden Rentner und Rentenantragsteller versichert, die für eine bestimmte Dauer Mitglied in der gesetzlichen Krankenversicherung waren (sogenannte Vorversicherungszeit). Wird die Vorversicherungszeit nicht erfüllt, besteht die Möglichkeit der freiwilligen Mitgliedschaft. Und wer die Voraussetzungen für eine Pflichtmitgliedschaft in der Krankenkasse der Rentner zwar erfüllt, aber diese nicht wünscht, kann sich unter bestimmten Voraussetzungen befreien lassen.

Wer in der Krankenversicherung der Rentner pflichtversichert oder freiwillig versichert ist, muss Krankenversicherungsbeiträge zahlen. Je nach Art der Einnahmen muss der Rentenbezieher die Beiträge nur teilweise oder allein tragen.

5.1.1 Pflichtmitgliedschaft

In der Krankenversicherung der Rentner ist pflichtversichert, wer

- Anspruch auf eine Rente aus der gesetzlichen Rentenversicherung hat,

- die sogenannte Vorversicherungszeit in einer gesetzlichen Krankenversicherung erfüllt und

- einen Rentenantrag gestellt hat.

Achtung: Wer in der Krankenversicherung der Rentner versichert ist, für den besteht auch in der sozialen Pflegeversicherung eine Versicherung.

Voraussetzungen

Voraussetzung für die Versicherungspflicht ist, dass eine Rente der gesetzlichen Rentenversicherung gezahlt bzw. beantragt wurde. Unerheblich ist die Art der Rente. Keine Bedeutung hat also, ob es sich um eine Rente wegen Alters, wegen voller oder verminderter Erwerbsfähigkeit oder wegen Todes (z. B. Witwen- bzw. Waisenrente) handelt.

Die Versicherungspflicht tritt nur ein, wenn eine Vorversicherungszeit erfüllt ist. In die Krankenversicherung darf, wer in der zweiten Hälfte seines Erwerbslebens zu 90 % gesetzlich versichert war. Keine Rolle spielt dabei, ob eine Pflichtversicherung, eine freiwillige Versicherung oder eine Familienversicherung bestand. Maßgebend ist allein, dass überhaupt eine Versicherung in der gesetzlichen Krankenkasse bestand. Versicherungszeiten in der ehemaligen DDR sind anrechenbar, ebenso Zeiten als Mitglied in einer gesetzlichen Krankenversicherung im Ausland, wenn es sich dabei um ein Land handelt, mit dem Deutschland ein Sozialversicherungsabkommen hat. Die Zeit des Erwerbslebens reicht vom Beginn der ersten Erwerbstätigkeit, einschließlich Berufsausbildung und Selbstständigkeit, bis zur Stellung des Rentenantrags.

Wer die Vorversicherungszeit nicht erfüllt, muss sich selbst um eine Krankenversicherung kümmern. Er kann sich dann – unter bestimmten Voraussetzungen – freiwillig in der gesetzlichen Krankenversicherung oder privat krankenversichern. Wenn nur ein geringes persönliches Gesamteinkommen vorhanden ist, kann auch eine beitragsfreie Familienversicherung in Betracht kommen.

Ausschluss der Mitgliedschaft

Ausgeschlossen von der Krankenversicherung der Rentner sind

- Beamte und andere versicherungsfreie Personen wie beispielsweise Richter, Berufssoldaten oder Geistliche,

- Bezieher eines Ruhegehalts (Pension),

- Versicherte, die wegen Überschreitens der Jahresarbeitsentgeltgrenze der gesetzlichen Krankenversicherung krankenversicherungsfrei sind oder

- Versicherte, die hauptberuflich selbstständig erwerbstätig sind.

Befreiung von der Pflichtmitgliedschaft

Wer sich wegen des Bezugs einer gesetzlichen Rente eigentlich in der Krankenversicherung der Rentner versichern müsste, darf sich von dieser Pflicht befreien lassen. Dies gilt beispielsweise für privat Krankenversicherte, die beihilfefähig sind. Der Befreiungsantrag muss innerhalb von drei Monaten nach dem Tag, an dem der Rentenantrag gestellt wurde, oder nach dem Beginn der Versicherungspflicht bei der Krankenkasse gestellt werden, die bei Versicherungspflicht zuständig wäre.

Eine Befreiung von der Pflichtmitgliedschaft sollte gut überlegt sein. Die Entscheidung gegen die gesetzliche Krankenversicherung ist nämlich im Regelfall dauerhaft. Sie gilt für die Dauer des gesamten Rentenbezuges und kann nicht widerrufen werden. Eine Rückkehr in die gesetzliche Krankenversicherung, etwa wenn der Rentner noch einmal eine Beschäftigung aufnimmt, ist dann nicht mehr möglich. Er kann sich auch nicht freiwillig bei einer gesetzlichen Krankenkasse versichern und auch nicht beitragsfrei familienversichert sein.

5.1.2 Freiwillige Versicherung

Gesetzlich versicherte Rentner, die die geforderte Vorversicherungszeit nicht erfüllen, haben die Möglichkeit, ihre Versicherung in Form einer freiwilligen Mitgliedschaft fortzusetzen.

- Wird die Vorversicherungszeit nicht erfüllt und war der Rentner bislang in einer gesetzlichen Krankenkasse versichert, wird die Versicherung dort als freiwillige Mitgliedschaft fortgesetzt. Ausnahme: Der Rentner ist aus einem anderen Grund (z. B. wegen eines bestehenden Arbeitsverhältnisses) noch pflichtversichert.

- War der Rentner nicht in der gesetzlichen Krankenversicherung versichert, bevor er den Antrag auf Rente gestellt hat, und erfüllt er die Vorversicherungszeit nicht, kann er unter bestimmten Voraussetzungen freiwilliges Mitglied einer gesetzlichen Krankenkasse werden oder er muss sich privat krankenversichern.

5.1.3 Familienversicherung

Für Rentner besteht die Möglichkeit, eine Familienversicherung fortzusetzen und damit beitragsfrei krankenversichert zu bleiben. In diesem Fall braucht der Rentner keine Kranken- und Pflegeversicherungsbeiträge aus seiner Rente zu zahlen. Voraussetzung ist, dass

- die geforderte Vorversicherungszeit für die eigene Pflichtversicherung der Rentner nicht erfüllt ist und

- das persönliche monatliche Gesamteinkommen des Rentners € 435,– monatlich (für geringfügig Beschäftigte € 450,– monatlich) nicht übersteigt (Stand 2018).

Bei der Berechnung des Einkommens werden auch ausgezahlte Renten berücksichtigt. Unberücksichtigt bleibt der Teil der Rente, der für Zeiten der Kindererziehung gezahlt wird.

Wird die Einkommensgrenze überschritten und ist die Vorversicherungszeit nicht erfüllt, besteht freiwillige Mitgliedschaft in der Krankenversicherung der Rentner. Ist dies nicht gewünscht, muss der Rentner innerhalb von zwei Wochen seinen Austritt aus der zuständigen Krankenkasse erklären. In diesem Fall muss er nachweisen, dass er im Krankheitsfall anderweitig abgesichert ist (z. B. durch eine private Krankenversicherung).

5.1.4 Auswahl der Krankenkasse

Im Regelfall wird für den Rentenantragsteller bereits ein Krankenversicherungsschutz bei einer gesetzlichen Krankenversicherung bestehen. Insoweit wird sich bei der Kassenzugehörigkeit nichts ändern, wenn der Rentenantrag gestellt wird. Gleichwohl haben sowohl pflichtversicherte als auch freiwillig versicherte Rentner das Recht auf freie Kassenwahl. Dagegen sind Familienversicherte stets bei der Krankenkasse versichert, der das Mitglied selbst angehört.

Pflichtversicherte und freiwillig versicherte Rentner können zwischen folgenden Kassen wählen:

- die AOK des Wohnorts,

- eine Ersatzkasse,

- eine Betriebskrankenkasse/Innungskrankenkasse,

- die Knappschaft,

- die letzte Krankenkasse vor der Rentenantragstellung,

- die Krankenkasse des Ehegatten,

- die Krankenkasse, bei der ein Elternteil versichert ist.

> **!** Alle gesetzlichen Krankenkassen sind verpflichtet, jeden wechselwilligen Versicherten unabhängig von dessen Alter oder Gesundheitszustand aufzunehmen.

Die Mitgliedschaft in einer gesetzlichen Krankenkasse kann mit einer Frist von zwei Monaten zum Ende des Kalendermonats gekündigt werden. Freiwillig- und Pflichtversicherte müssen nach einem Wechsel allerdings 18 Monate in der neuen Krankenkasse bleiben, bevor sie erneut in eine andere aufgenommen werden können. Und wenn spezielle freiwillige Wahltarife bestehen (z. B. Selbstbehalt- oder Beitragsrückerstattungstarife), können Bindungsfristen bis zu drei Jahren gelten.

> **!** Erhebt die Krankenkasse erstmals einen Zusatzbeitrag oder wird ein solcher erhöht, besteht für den Versicherten ein Sonderkündigungsrecht. In diesem Fall kann die Krankenkasse schon vor Ablauf der Bindungsfrist gewechselt werden. Zu beachten sind allerdings bestimmte Erklärungsfristen. Kein Sonderkündigungsrecht besteht für freiwillig gesetzlich Versicherte, die den Wahltarif »Krankengeld« abgeschlossen haben.

5.1.5 Beiträge in der Krankenversicherung

Auch wer in den Ruhestand tritt, muss Beiträge zur gesetzlichen Krankenversicherung zahlen. Welche Einkünfte bei der Beitragsbemessung zugrunde gelegt werden, richtet sich danach, ob die krankenversicherte Person pflichtversichert oder freiwillig krankenversichert ist. Und je nach Art der Einnahmen muss der Rentenbezieher die Beiträge nur teilweise oder allein tragen.

▬▬ Beiträge pflichtversicherter Rentner

Bei versicherungspflichtigen Rentnern werden der Beitragsberechnung Einkünfte zugrunde gelegt aus

- der gesetzlichen Rente,

- einer gesetzlichen Rente aus dem Ausland,

- mit der Rente vergleichbare Einnahmen (Versorgungsbezüge) und

- Arbeitseinkommen aus selbstständiger Tätigkeit.

Achtung: Beitragspflichtige Einnahmen sind nur bis zur Höhe der Beitragsbemessungsgrenze beitragspflichtig. 2018 liegt diese bei € 4 425,– monatlich (€ 53 100,– im Jahr). Der Teil der Einnahmen, der diesen Betrag überschreitet, ist beitragsfrei.

 Pflichtversicherte Rentner können bis zu € 450,– monatlich mit einer geringfügigen Beschäftigung dazuverdienen, ohne dass zusätzliche Beiträge zur Krankenversicherung anfallen. Das gilt auch, wenn eine freiwillige Krankenversicherung besteht. Mit einer Ausnahme: Bei den Beiträgen zur Pflegeversicherung zählt das Einkommen aus dem Minijob mit. Der Beitrag zur Pflegeversicherung kann also steigen.

── Renten der gesetzlichen Rentenversicherung

Die Beiträge zur Krankenversicherung richten sich nach der monatlichen Bruttorente. Wenn mehrere Renten bezogen werden (z. B. Altersrente und Witwenrente), sind für jede dieser Renten Krankenversicherungsbeiträge zu zahlen. Auch auf Rentennachzahlungen werden Beiträge erhoben.

Die Beitragshöhe richtet sich nach dem allgemeinen Beitragssatz. Dieser ist kassenübergreifend gleich und beträgt 14,6 %. Von diesem Beitrag zahlen der Rentenversicherungsträger und der Rentenempfänger jeweils die Hälfte, also je 7,3 %.

Der vom Rentenbezieher selbst zu zahlende Anteil wird vom Rentenversicherungsträger einbehalten und an die Krankenkasse bzw. den Gesundheitsfonds überwiesen.

Den Zusatzbeitrag zum Beitrag zur Krankenversicherung muss der Rentenbezieher allein tragen. Der Rentenversicherungsträger beteiligt sich am Zusatzbeitrag nicht. Die Höhe des Zusatzbeitrags hängt vom Zusatzbeitragssatz der jeweiligen Krankenkasse ab. Ändert die Krankenkasse den Zusatzbeitragssatz, wirkt sich dies auf die Höhe des Zusatzbeitrags aus der Rente erst nach zwei Monaten aus. Neben dem Anteil des Rentenbeziehers am allgemeinen Krankenversicherungsbeitrag behält der Rentenversicherungsträger auch den Zusatzbeitrag bei der monatlichen Rentenzahlung ein und leitet diese Beträge dann an den Gesundheitsfonds weiter.

Gesetzliche Renten aus dem Ausland

Beitragspflichtig sind auch gesetzliche Renten aus dem Ausland. Der Beitragssatz beträgt die Hälfte des allgemeinen Beitragssatzes, also 7,3 %. Diesen Betrag zuzüglich des von der Krankenkasse festgesetzten Zusatzbeitragssatzes muss der Rentenbezieher allein tragen und selbst an die Krankenkasse zahlen. Der ausländische Rentenversicherungsträger ist an den Beiträgen nicht finanziell beteiligt.

Achtung: Der Rentenbezieher muss den Bezug der Rente und Veränderungen einer ausländischen Rente der Krankenkasse unverzüglich mitteilen und mit geeigneten Unterlagen (z. B. Rentenbescheid) nachweisen.

Renten aus Versorgungsbezügen und Arbeitseinkommen

Erhalten versicherungspflichtige Rentner neben der Rente noch Versorgungsbezüge oder Arbeitseinkommen aus einer nebenberuflichen selbstständigen Tätigkeit, sind auch daraus Beiträge für die Krankenversicherung zu zahlen.

Als Versorgungsbezüge gelten Leistungen, die wegen einer Einschränkung der Erwerbsfähigkeit, zur Altersversorgung oder Hinterbliebenenversorgung erzielt werden, und zwar auch, wenn sie aus dem Ausland gezahlt werden. Zu den Versorgungsbezügen zählen u. a.

- Renten aus der betrieblichen Altersversorgung,

- Versorgungsbezüge aus einem öffentlich-rechtlichen Dienstverhältnis (z. B. Beamtenversorgung),

- Witwen- oder Waisengeld an Hinterbliebene eines Beamten,

- Renten aus der Zusatzversicherung für Beschäftigte des öffentlichen Dienstes,

- Renten und Versicherungsbezüge berufsständischer Versorgungswerke (z. B. Ärzte, Rechtsanwälte).

 Beiträge aus Versorgungsbezügen werden nur dann erhoben, wenn sie € 152,25 (Stand 2018) übersteigen.

Als Arbeitseinkommen gelten Einkünfte aus selbstständiger Tätigkeit, Gewerbebetrieb sowie Land- und Forstwirtschaft.

Beiträge zur Krankenversicherung aus Versorgungsbezügen und Arbeitseinkommen muss der Rentenbezieher in voller Höhe allein tragen. Es gilt der volle Beitragssatz von 14,6 % (bei Renten aus der Altersversorgung der Landwirte nur die Hälfte, also 7,3 %), hinzu kommt noch der Zusatzversorgungssatz der jeweiligen Krankenkasse.

Wenn einen Rentenbezieher Beiträge aus mehreren Rentenarten berechnet werden, gilt folgende Rangfolge:

- Renten der gesetzlichen Rentenversicherung und gesetzliche Rente aus dem Ausland

- Versorgungsbezüge

- Arbeitseinkommen aus selbstständiger Tätigkeit

Beispiel: A hat folgende Einkünfte: Rente von € 2 100,–; Zusatzversorgung VBL in Höhe von € 1 300,–; Einkünfte aus nebenberuflicher selbstständiger Tätigkeit: € 1 400,–. Das monatliche
Gesamteinkommen beträgt € 4 800,–. Bei der Berechnung der
Krankenversicherungsbeiträge ist die Beitragsbemessungsgrenze von € 4 425,– zu beachten.

Die Einkommen von A werden wie folgt berücksichtigt:

Rente	€ 2 100, –
Zusatzversorgung VBL	€ 1 300, –
Arbeitseinkommen	€ 1 025, –
zusammen	€ 4 425, –

Das die Beitragsbemessungsgrenze übersteigende Einkommen aus
der selbstständigen Tätigkeit (= € 375,–) ist beitragsfrei.

Beiträge freiwillig versicherter Rentner

Bei freiwillig versicherten Rentnern werden bei der Beitragsbemessung alle Einkünfte berücksichtigt. Neben der Rente der gesetzlichen
Rentenversicherung sind also insbesondere auch gesetzliche Renten
aus dem Ausland, Versorgungsbezüge, Arbeitseinkommen, Einkünfte aus Vermietung und Verpachtung, Kapitalerträge und Einnahmen aus privaten Lebensversicherungen beitragspflichtig.

Der maßgebliche Beitragssatz richtet sich nach der Art der beitragspflichtigen Einnahmen. Für die Beitragsbemessung aus Renten der
gesetzlichen Rentenversicherung, Versorgungsbezügen und Arbeitseinkommen aus einer nicht hauptberuflich selbstständigen Erwerbstätigkeit gilt der allgemeine Beitragssatz von 14,6 %. Für gesetzliche
Renten aus dem Ausland wird die Hälfte des allgemeinen Beitragssatzes (= 7,3 %) berechnet. Für alle anderen beitragspflichtigen Einnahmen (z. B. Einkünfte aus Vermietung und Verpachtung, Kapitalerträge) gilt grundsätzlich der ermäßigte Beitragssatz von 14 %.
Hinzu kommt jeweils der von der jeweiligen Krankenkasse festgesetzte Zusatzbeitrag.

Achtung: Bei geringen Einkünften müssen freiwillig versicherte Rentner in der Regel einen Mindestbeitrag zahlen, der aus einer gesetzlich festgelegten Mindesteinnahme von aktuell € 968,33 berechnet wird, selbst wenn das Einkommen unter diesem Betrag liegt. Für hauptberuflich selbstständig Erwerbstätige ist ein höheres monatliches Mindesteinkommen vorgesehen. Maximal werden die Beiträge aus der Beitragsbemessungsgrenze zur Krankenversicherung in Höhe von € 4 425,– monatlich (Stand 2018) berechnet.

Freiwillig Versicherte können beim Rentenversicherungsträger einen Zuschuss zur Krankenversicherung beantragen. Die Höhe des Zuschusses beträgt 7,3 % des ausgezahlten Rentenbetrags. Für Pflegeversicherungsbeiträge gibt es keinen Zuschuss.

Übersicht über die Krankenversicherungsbeiträge der Rentner

Einkünfte	In der Krankenversicherung der Rentner pflichtversichert		In der Krankenversicherung der Rentner freiwillig versichert	
	Beitrags-pflichtig*)	Beitrags-satz**)	Beitrags-pflichtig*)	Beitrags-satz**)a
Gesetzliche Rente	+	7,3 %	+	7,3 %
Versorgungs-bezüge	+	14,6 %	+	14,6 %
Erwerbsein-kommen	+	14,6 %	+	14,6 %
Miet- und Pachteinnah-men	–		+	14 %
Zinsen, Dividenden u.Ä.	–		+	14 %
Private Renten	–		+	14 %

*) + = beitragspflichtig, – = nicht beitragspflichtig
**) Zusätzlich zum Beitragssatz ist noch der Zusatzbeitrag zur jeweiligen Krankenversicherung zu zahlen

═══ ## Beiträge als Rentenantragsteller

Auch wenn die Rente gerade erst beantragt wurde, müssen bis zur Erteilung des Rentenbescheids Beiträge zur Krankenversicherung gezahlt werden. Wenn allerdings der Antragsteller zum Zeitpunkt der Rentenantragstellung noch in einem Arbeitsverhältnis oder anderweitig krankenversichert ist (z. B. als Arbeitsloser), hat die noch bestehende Krankenversicherung Vorrang vor der Mitgliedschaft als Rentenantragsteller.

Zu den beitragspflichtigen Einnahmen gehören neben Versorgungsbezügen und Einkommen aus nebenberuflicher selbstständiger Tätigkeit auch sämtliche anderen Einkünfte des Versicherten (z. B. Einkünfte aus Vermietung und Verpachtung, Kapitalerträge, ausländische Renten). Darüber hinaus wird ein Mindesteinkommen in Höhe von aktuell € 968,33 angenommen, selbst wenn das tatsächliche Einkommen geringer ist.

Der Beitragssatz richtet sich nach der Art der beitragspflichtigen Einnahmen. Für die Beitragsbemessung aus Renten der gesetzlichen Rentenversicherung und Versorgungsbezügen gilt der allgemeine Beitragssatz von 14,6 %. Für gesetzliche Renten aus dem Ausland wird die Hälfte des allgemeinen Beitragssatzes (= 7,3 %) berechnet. Für alle anderen beitragspflichtigen Einnahmen (z. B. Einkünfte aus Vermietung und Verpachtung, Kapitalerträge) gilt grundsätzlich der ermäßigte Beitragssatz von 14 %. Hinzu kommt jeweils der von der jeweiligen Krankenkasse festgesetzte Zusatzbeitrag.

Die Beiträge sind in voller Höhe vom Rentenantragsteller zu zahlen. Wird die Rente bewilligt, werden die Beiträge von der Krankenkasse erstattet oder mit den künftigen Beitragsforderungen verrechnet. Beitragszahlungen für die Zeit vor dem Rentenbeginn werden nicht erstattet. Das gilt auch dann, wenn der Rentenanspruch abgelehnt oder der Rentenantrag zurückgenommen wird.

Die Beiträge für Empfänger von Sozialhilfe und für Bezieher von Grundsicherung im Alter oder bei Erwerbsminderung übernimmt in der Regel der Sozialhilfeträger. Wer also diese Leistungen bezieht, sollte sich rechtzeitig mit dem zuständigen Sozialamt in Verbindung setzen.

Beiträge noch beschäftigter Rentner

Arbeitet ein Rentner noch nebenbei und bezieht er aufgrund des Beschäftigungsverhältnisses beitragspflichtige Einnahmen, ist zu berücksichtigen, ob der Rentner im Beschäftigungsverhältnis pflichtversichert oder freiwillig versichert ist.

Als pflichtversicherter Beschäftigter

Rentenbezieher, die noch nebenbei arbeiten und aufgrund dieser Beschäftigung in der gesetzlichen Krankenversicherung pflichtversichert sind, müssen auch aus ihrer Rente Beiträge zur Krankenversicherung zahlen. In diesem Fall wird für die verschiedenen Einkunftsarten eine getrennte Beitragsberechnung vorgenommen. Der Rentner zahlt dann zum einen Krankenversicherungsbeiträge aus dem Arbeitsverhältnis und aus Versorgungsbezügen, zum anderen Beiträge aus der Rente der gesetzlichen Rentenversicherung. Insgesamt müssen jedoch nur Beiträge bis zur Beitragsbemessungsgrenze von € 4 425,– monatlich (Stand 2018) gezahlt werden. Wurden aufgrund der getrennten Beitragsberechnungen zu viel Beiträge gezahlt, zahlt die Krankenkasse die zu viel eingehaltenen Beiträge auf Antrag zurück.

Als freiwillig versicherter Beschäftigter

Bei freiwilligen Mitgliedern, die Rente beziehen und daneben noch eine Beschäftigung gegen Arbeitsentgelt ausüben, werden für die Beitragsberechnung sowohl die Rente der gesetzlichen Rentenversicherung als auch eine ausländische Rente, das Arbeitsentgelt, Versorgungsbezüge, Arbeitseinkommen sowie alle sonstigen Einnahmen zugrunde gelegt.

Soweit dies insgesamt eine oberhalb der Beitragsbemessungsgrenze liegende Beitragsmehrbelastung zur Folge hat, zahlt der Rentner statt des Beitragsanteils aus der Rente nur den Beitragszuschuss des Rentenversicherungsträgers an die Krankenkasse.

▬▬ Beitragszuschuss zur freiwilligen Krankenversicherung

Rentner, die in der gesetzlichen Krankenversicherung freiwillig versichert sind, erhalten einen Zuschuss zu den Krankenversicherungsbeiträgen. Dieser wird vom Versicherungsträger gezahlt. Der Anspruch auf den Zuschuss zur Krankenversicherung besteht frühestens ab Rentenbeginn.

> ❗ Bei Versichertenrenten muss der Antrag auf den Zuschuss innerhalb von drei Monaten nach Ablauf des Monats gestellt werden, in dem die Anspruchsvoraussetzungen erfüllt sind. Wird der Antrag verspätet gestellt, beginnt der Zuschuss erst mit dem Monat der Antragstellung.

Die Höhe des Zuschusses zur Krankenversicherung ist vom Gesetzgeber vorgegeben. Der Zuschuss beträgt aktuell 7,3 % des ausgezahlten Rentenbetrags. Besteht neben einer freiwilligen Krankenversicherung noch eine private Zusatzversicherung, wird der Zuschuss nur zur freiwilligen Krankenversicherung gezahlt. Auch eine gesetzliche Rente aus dem Ausland bleibt bei der Zuschussberechnung unberücksichtigt.

 Beispiel: A erhält eine monatliche Rente in Höhe von € 1 400,–. Der Beitragszuschuss der Rentenversicherung beträgt € 102,20 (= 7,3 % von € 1 400,–). Der Zuschuss zur Krankenversicherung wird mit der Rente an A überwiesen.

Werden an den Rentenbezieher mehrere Renten gezahlt (z. B. Altersrente und Witwenrente), wird der Zuschuss aus der Summe beider Renten berechnet. Der Zuschuss wird dann nur zu einer dieser Renten gezahlt.

5.1.6 Beiträge zur Pflegeversicherung

Die soziale Pflegeversicherung ist eine Pflichtversicherung. Es gilt der Grundsatz: »Pflegeversicherung folgt der Krankenversicherung.« Alle Personen, die in der gesetzlichen Krankenversicherung pflichtversichert sind, sind auch in der sozialen Pflegeversicherung pflichtversichert. Somit müssen neben den Beiträgen zur Krankenversicherung aus der Rente auch Beiträge zur Pflegeversicherung gezahlt werden. Der Beitrag zur Pflegeversicherung wird zusammen mit dem Krankenversicherungsbeitrag vom Rentenversicherungsträger einbehalten und an die Pflegeversicherung abgeführt.

Der Beitragssatz beträgt seit 1. 1. 2017 2,55 % der beitragspflichtigen Einnahmen. Kinderlose Rentner, die nach 1939 geboren sind und das 23. Lebensjahr bereits vollendet haben, zahlen außerdem einen Beitragszuschlag von 0,25 %. Für sie beträgt der Beitragssatz somit 2,8 %. Bei versicherungspflichtigen Rentnern werden der Beitragsbemessung zugrunde gelegt:

- der Zahlbetrag der Rente der gesetzlichen Rentenversicherung,

- der Zahlbetrag der der Rente vergleichbaren Einnahmen und

- das Arbeitseinkommen.

Als Rente der gesetzlichen Rentenversicherung gelten Renten der allgemeinen Rentenversicherung sowie Renten der knappschaftlichen Rentenversicherung einschließlich der Steigerungsbeträge aus Beiträgen der Höherversicherung. Rentennachzahlungen sind ebenfalls beitragspflichtig, soweit sie auf einen Zeitraum entfallen, in dem der Rentner Anspruch auf Leistungen der sozialen Pflegeversicherung hatte.

Achtung: Während bei Arbeitnehmern die Hälfte des Beitrags der Arbeitgeber zahlt, müssen Rentner den Beitrag in voller Höhe selbst entrichten. Einen Zuschuss des Rentenversicherungsträgers zu den Beiträgen wie bei der Krankenversicherung gibt es bei der Pflegeversicherung nicht.

5.2 Privat krankenversicherte Rentner

Wer bereits im Berufsleben privat krankenversichert war, wird im Regelfall auch im Ruhestand in der privaten Krankenversicherung versichert sein. In diesem Fall gelten die Beitrags- und Prämienregelungen der jeweiligen privaten Krankenversicherung. Der privat krankenversicherte Rentner zahlt die Beiträge selbst an seine Versicherung. Die Höhe richtet sich nach den versicherten Gesundheits- und Pflegerisiken, nicht nach dem Einkommen des Versicherten.

Nicht selten klagen Ruheständler über unbezahlbar hohe Prämien. Vor allem Bezieher kleiner Renten und Pensionen stöhnen über die Beitragslast. Dann muss über Sparmaßnahmen nachgedacht werden. Denn eine Rückkehr in die gesetzliche Krankenversicherung kommt grundsätzlich nicht in Betracht.

5.2.1 Wechsel in die gesetzliche Krankenversicherung

Die Entscheidung, von der gesetzlichen in die private Krankenversicherung zu wechseln, ist grundsätzlich eine Entscheidung fürs Leben. Wer einmal aus der gesetzlichen Krankenkasse in die private gewechselt hat, kann nicht ohne Weiteres wieder zurück. Und ein Wechsel ist kaum noch möglich, wenn der privat Krankenversicherte über 55 Jahre alt ist.

Wechsel während der Dauer eines Arbeitsverhältnisses

Wer als Arbeitnehmer in die gesetzliche Krankenversicherung zurückkehren will, muss sein regelmäßiges Einkommen unter die Jahresarbeitsentgeltgrenze von € 59 400,– (Stand 2018) drücken. Dann wird er wieder sofort versicherungspflichtig und kann in die gesetzliche Krankenversicherung. Dort darf er auch bleiben, wenn später das Gehalt wieder über die Jahresarbeitsentgeltgrenze steigt.

Der Arbeitnehmer muss sein monatliches Einkommen so weit reduzieren, dass es auf zwölf Monate hochgerechnet unter die Jahresarbeitsentgeltgrenze sinkt. Er kann mit seinem Arbeitgeber z. B. Teilzeitarbeit vereinbaren oder ein Sabbatical nehmen. Eine andere Möglichkeit ist die, dass der Beschäftigte in eine betriebliche Altersvorsorge einzahlt und so sein Einkommen reduziert.

Wer sich arbeitslos meldet und Arbeitslosengeld I bezieht, kann sich ebenfalls wieder gesetzlich krankenversichern. Das gilt selbst für Privatversicherte, die sich in der Vergangenheit von der Versicherungspflicht befreien ließen; ausgenommen sind allerdings Versicherte, die 55 Jahre oder älter sind und deshalb von der Versicherungspflicht ausgeschlossen sind.

Wechsel von Privatversicherten über 55 Jahre

Wer älter als 55 Jahre ist, hat kaum noch eine Chance, in die gesetzliche Krankenversicherung zu wechseln. Eine Rückkehr ist selbst dann nicht möglich, wenn ein neues Arbeitsverhältnis eingegangen wird und damit eigentlich Versicherungspflicht bestehen würde.

Eine Chance, von der privaten in die gesetzliche Krankenversicherung zu wechseln, besteht dann, wenn der Versicherte in den vergangenen fünf Jahren mindestens einen Tag gesetzlich versichert war. Die Rückkehr in die gesetzliche Krankenversicherung ist allerdings ausgeschlossen, wenn in diesem Zeitraum mehr als die Hälfte der Zeit (also zwei Jahre und sechs Monate) keine Versicherungspflicht bestand, beispielsweise weil das Jahreseinkommen des Versicherten zu hoch oder der Betroffene von der Versicherungspflicht befreit war. Faktisch läuft das darauf hinaus, dass Rückkehrer in den fünf Jahren zuvor mindestens zweieinhalb Jahre Mitglied in der gesetzlichen Krankenversicherung gewesen sein mussten.

Möglich ist eine Rückkehr in die gesetzliche Krankenversicherung durch die Aufnahme in die Familienversicherung des Ehepartners. Voraussetzung ist, dass der Ehegatte gesetzlich versichert ist, und das eigene Einkommen € 435,– im Monat (Stand 2018) nicht überschreitet. Für Minijobber liegt diese Grenze bei € 450,–.

Eine gesetzliche Sonderregelung besteht für Schwerbehinderte: Wer zu mindestens 50 % schwerbehindert ist, kann die freiwillige Aufnahme in eine gesetzliche Kasse beantragen. Die Frist dafür beträgt drei Monate, nachdem die Behinderung festgestellt wurde. Die schwerbehinderte Person selbst, die Eltern, der Ehegatte oder der Partner in einer eingetragenen Lebenspartnerschaft müssen allerdings in den vergangenen fünf Jahren mindestens drei Jahre lang in einer gesetzlichen Krankenkasse gewesen sein. Konnte jemand wegen seiner Behinderung diese Voraussetzung nicht erfüllen, hat er trotzdem Anspruch auf Aufnahme.

5.2.2 Beitragszuschuss zur privaten Krankenversicherung

In der privaten Krankenversicherung versicherte Rentner erhalten auf Antrag einen Zuschuss zu ihrer an die Krankenversicherung zu zahlenden Prämie. Voraussetzung ist, dass das private Krankenversicherungsunternehmen, bei dem der Rentner versichert ist, der deutschen Versicherungsaufsicht unterliegt. Auf den Umfang des vereinbarten Tarifes oder Versicherungsschutzes kommt es nicht an. Ausreichend ist es, wenn einer der folgenden Tarife abgeschlossen ist:

- ambulante Heilbehandlung,

- stationäre Heilbehandlung (wahlweise Krankenhaustagegeld),

- zahnärztliche Behandlung (wahlweise Kosten für Zahnersatz),

- Kosten für Arznei-, Heil- und Hilfsmittel.

Den Beitragszuschuss, der beim Rentenversicherungsträger beantragt werden muss, erhalten sowohl Versichertenrentner als auch Hinterbliebenenrentner.

Achtung: Auch privat versicherte Rentner müssen das Pflegerisiko versichern und eine entsprechende Police mit dem privaten Krankenversicherungsunternehmen abschließen. Zu den Beiträgen der Pflegeversicherung zahlt der Rentenversicherungsträger allerdings keinen Zuschuss.

Die Höhe des Zuschusses zur Krankenversicherung ist vom Gesetzgeber vorgegeben. Die Berechnung erfolgt in gleicher Weise wie bei freiwillig in der gesetzlichen Rentenversicherung versicherten Rentnern. Er berechnet sich nach dem halben allgemeinen Beitragssatz in der gesetzlichen Krankenversicherung und beträgt aktuell 7,3 % des ausgezahlten Rentenbetrags. Der Zuschuss wird auf die Hälfte der tatsächlichen Beitragsaufwendungen begrenzt.

 Beispiel: A erhält eine monatliche Rente in Höhe von € 2 000,–. Der Beitragszuschuss der Rentenversicherung beträgt € 146,– (= 7,3 % von € 2 000,–). Der Zuschuss wird zusammen mit der Rente ausgezahlt und ist steuerfrei.

Werden an den Rentenbezieher mehrere Renten gezahlt (z. B. Altersrente und Witwenrente), wird der Zuschuss aus der Summe beider Renten berechnet. Der Zuschuss wird dann nur zu einer dieser Renten gezahlt.

5.2.3 Maßnahmen gegen hohe Beiträge im Alter

Viele Ruheständler stöhnen im Alter über die hohen Prämien in der privaten Rentenversicherung. Vor allem bei niedrigen Einkünften im Alter fällt der Beitragsvorteil der gesetzlichen Krankenversicherung gegenüber der privaten ins Gewicht. Im Gegensatz zur gesetzlichen Krankenversicherung, deren Beitragsberechnung sich nur an der Höhe des Einkommens orientiert, spielt das Einkommen bei den privaten Krankenversicherungen keine Rolle. Die Privatversicherer kalkulieren vielmehr das individuelle Gesundheitsrisiko. Und das wird insbesondere vom Alter und von der Krankheitswahrscheinlichkeit beeinflusst.

Finanzielle Beitragsentlastungen im Alter

Mit fortschreitendem Alter bzw. mit dem Eintritt in den Ruhestand sinken zunächst die finanziellen Belastungen in der privaten Krankenversicherung.

- Ein Teil der Beiträge zur privaten Krankenversicherung dient dazu, Rückstellungen fürs Alter zu bilden. Diese Altersrückstellungen sind gesetzlich vorgeschrieben und sollen später die Beiträge konstant halten. Die Versicherung muss die gesparten Beitragsanteile verzinslich anlegen und dafür verwenden, Beitragserhöhungen nach dem 65. Lebensjahr des Versicherten aufzufangen. Hat der Versicherte das 80. Lebensjahr vollendet, muss das private Krankenversicherungsunternehmen die bis dahin nicht verbrauchten Rückstellungen einsetzen, um die Beiträge zu senken. Der Zuschlag für die Bildung von Altersrückstellungen in Höhe von 10 % auf den Monatsbeitrag erfolgt bis zum 61. Lebensjahr des Versicherten. Danach fällt der Zuschlag auf den Beitrag weg.

- Mit dem Renteneintritt entfällt in der Regel das Krankengeld, es sei denn, der Versicherte arbeitet im Ruhestand noch in nennenswertem Umfang weiter. Der Beitrag für das Krankengeld macht meistens rund 5 % des Beitrags aus.

- Die Ersparnisse aus dem Beitragsanteil für wegfallende Altersrückstellungen und dem Krankengeld machen zusammen rund 15 % des monatlichen Beitrags aus.

Unabhängig von diesen Ersparnissen werden die Beiträge in der privaten Krankenversicherung in Zukunft tendenziell steigen, weil die Altersrückstellungen nicht annähernd ausreichen werden, den Beitragsanstieg in Grenzen zu halten. Deshalb wird vielen privat Krankenversicherten im Alter nichts anderes übrig bleiben, als innerhalb des Systems der privaten Krankenversicherung nach Möglichkeiten der Beitragssenkung zu suchen.

 Mit dem Rentenbeginn fällt der Zuschuss zur Krankenversicherung weg, den bisher der Arbeitgeber bezahlt hat. Wer eine gesetzliche Rente erhält, hat dann unter Umständen Anspruch auf einen Zuschuss des Rentenversicherungsträgers. Der Zuschuss beträgt 7,3 % der gesetzlichen Rente, höchstens aber die Hälfte des Beitrags zur Krankenversicherung. Der Zuschuss wird zusammen mit der Rente ausbezahlt. Sinnvoll ist es, den Beitragszuschuss bereits zusammen mit dem Rentenantrag zu beantragen.

═══ Möglichkeiten für günstigere Beiträge

Weil ein Wechsel von der privaten in die gesetzliche Krankenversicherung ab einem Alter von 55 Jahren kaum noch möglich ist, muss innerhalb des Systems der privaten Krankenversicherung nach Möglichkeiten gesucht werden, den Beitrag zu senken.

──── Anbieterwechsel

Versicherte können die private Krankenversicherungspolice kündigen und zur Konkurrenz wechseln. Bei Beitragserhöhungen besteht sogar das Recht, den Vertrag außerordentlich zu kündigen. Für langjährig Versicherte ist der Wechsel zu einem anderen Anbieter allerdings keine gute Option. In diesem Fall gehen dann die gesamten Altersrückstellungen verloren, die während der Vertragslaufzeit angespart wurden. Der Anbieterwechsel ist deshalb wenig attraktiv.

 Seit dem 1. 1. 2009 könnenVersicherte ihre Rückstellungen wenigstens zum Teil, das heißt in der Höhe der Leistungen aus dem Basistarif zum neuen Anbieter mitnehmen. Doch auch für erst kurzfristig Versicherte kann der Wechsel zu einem anderen Anbieter schwierig werden. Schließlich fällt dort in der Regel eine neue Gesundheitsprüfung an. Und unter Umständen besteht dann keine Chance, einen preiswerten Tarif zu finden.

Vereinbarung eines Selbstbehalts oder Erhöhung des Selbstbehalts

Je höher der Selbstbehalt, umso niedriger der Beitrag. Wer sparen möchte, sollte daher unbedingt den Wechsel von einem Tarif ohne Selbstbehalt in einen Tarif mit Selbstbehalt prüfen. Und wer schon einen Selbstbehalt vereinbart hat, sollte dessen Erhöhung überlegen.

Hat der Versicherte mit seiner privaten Krankenversicherung einen Selbstbehalt vereinbart, muss er von den jährlichen Kosten für Behandlungen zunächst einen bestimmten Betrag selbst zahlen. Erst wenn dieser Betrag überschritten wird, leistet der Versicherer. Im Gegenzug erhebt die Versicherung einen geringeren Beitrag.

 Die ersparte Prämie sollte verzinslich angelegt werden. Dann kann später im Krankheitsfall auf einen Kapitalstock zurückgegriffen werden.

Tarifwechsel innerhalb der Versicherung

Privatversicherte haben das Recht, in einen anderen aktuell von ihrer Versicherung angebotenen Tarif mit gleichen Leistungen zu wechseln. Ihre Altersrückstellung können sie mitnehmen. Wenn die Leistungen im neuen Tarif höher oder umfassender sind als im bisherigen Tarif, kann die Versicherung für die Mehrleistungen einen Leistungsausschluss oder einen Risikozuschlag verlangen. In diesem Fall kann der Versicherte die Vereinbarung eines Risikozuschlags dadurch abwenden, dass er hinsichtlich dieser Mehrleistungen einen Leistungsausschluss vereinbart.

=== **Leistungsumfang einschränken**

Um die Prämie zu senken, kann der Versicherte Abstriche bei den Leistungen der Versicherung hinnehmen. Überlegenswert sind Einschränkungen in folgenden Fällen:

▪ Unterkunft im Krankenhaus statt im Ein- nur noch im Zweibettzimmer oder statt im Zweibettzimmer nur noch im Mehrbettzimmer,

▪ Verzicht auf Chefarztbehandlung im Krankenhaus,

▪ Eingeschränkte Leistungen beim Zahnersatz,

▪ Reduzierung des Krankenhaustagegelds.

! Auch wer auf das sogenannte Primärarzt-Prinzip umsteigt, kann ohne echte Einbußen bei der Behandlung sparen: Dabei bekommt der Kunde nur dann die volle Leistungserstattung seiner privaten Krankenversicherung, wenn er vor dem Facharztbesuch immer zuerst zum Hausarzt geht und der ihn überweist. Zwar wird in diesen Fällen auf Leistungen der privaten Krankenversicherung verzichtet, die Altersrückstellungen bleiben dem Versicherten aber in jedem Fall erhalten.

Achtung: Will der Versicherte später wieder den Leistungsumfang aufstocken, muss er mit einer Gesundheitsprüfung rechnen. Und sie zu bestehen, wird im Alter immer schwieriger. Deshalb werden unter Umständen im Falle der Aufstockung des Leistungsumfangs Risikoaufschläge nicht zu vermeiden sein.

=== **Wechsel in den Basistarif**

Versicherte, die schon vor dem Jahr 2009 privat versichert waren, haben die Möglichkeit, in den sogenannten Standardtarif zu wechseln, wenn sie 65 Jahre oder älter sind und bereits mindestens zehn Jahre privat krankenversichert sind oder mindestens 55 Jahre alt sind und das Jahresbruttogehalt unterhalb der Versicherungspflichtgrenze von derzeit € 59 400,– (Stand 2018) liegt. Bis auf wenige Ausnahmen sind dann nur noch die Leistungen abgedeckt, die auch die gesetzliche Krankenversicherung ihren Versicherten anbieten.

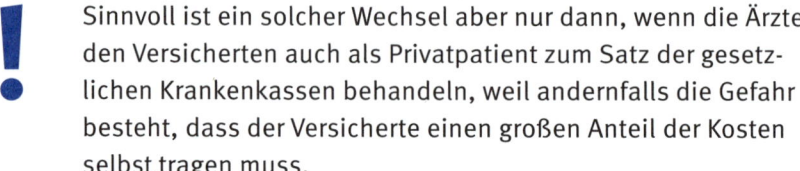

> Sinnvoll ist ein solcher Wechsel aber nur dann, wenn die Ärzte den Versicherten auch als Privatpatient zum Satz der gesetzlichen Krankenkassen behandeln, weil andernfalls die Gefahr besteht, dass der Versicherte einen großen Anteil der Kosten selbst tragen muss.

Der Standardtarif ist an den Leistungskatalog der gesetzlichen Krankenversicherung angelehnt. In einigen Bereichen bietet der Standardtarif sogar geringere Leistungen als eine gesetzliche Krankenkasse, so insbesondere bei Kuren und Extras wie eine Haushaltshilfe, Krankentagegeld, Psychotherapie und Reha-Leistungen.

Wurde die bestehende private Krankenversicherung nach dem 31. 12. 2008 abgeschlossen, kann der Versicherte in den Basistarif wechseln, wenn er das 55. Lebensjahr vollendet hat. Eine Gesundheitsprüfung ist für den Wechsel nicht notwendig. Und Privatversicherte, die innerhalb einer Versicherungsgesellschaft in den Basistarif wechseln, nehmen ihre Altersrückstellungen in voller Höhe mit.

Die privaten Krankenkassen sind verpflichtet, diesen Basistarif anzubieten. Die Vertragsleistungen im Basistarif müssen in Art, Umfang und Höhe mit den Pflichtleistungen der gesetzlichen Krankenversicherung vergleichbar sein. Der Beitrag darf den Höchstbeitrag der gesetzlichen Krankenversicherung nicht überschreiten und steht einem bestimmten Kreis von Berechtigten offen, ohne dass der Versicherer für Vorerkrankungen einen Risikozuschlag oder Leistungsausschluss vereinbaren darf.

> Für viele ältere privat krankenversicherte Personen ist der Basistarif häufig die einzige Möglichkeit einer bezahlbaren privaten Krankenversicherung.

6 Leistungen für Pflegebedürftige aus der Pflegeversicherung

Ein höheres Lebensalter geht vielfach mit Krankheit und Gebrechlichkeit einher. Aber auch durch einen Unfall oder eine Krankheit kann aus heiterem Himmel die Situation eintreten, dass man auf fremde Hilfe angewiesen ist, weil man den Alltag alleine nicht mehr bewältigen kann. Pflegebedürftigkeit ist häufig auch mit finanziellen Einschnitten verbunden. Pflege ist teuer. Und betroffen sind nicht nur die Pflegebedürftigen, sondern auch die Angehörigen, die die Pflege übernehmen und unter Umständen sogar mitfinanzieren müssen. Im Ernstfall kann ein Pflegefall ein Vermögen kosten.

Vor allem mit der gesetzlichen Pflegeversicherung wird das allgemeine Lebensrisiko abgesichert, pflegebedürftig zu werden und die Kosten der erforderlichen Pflege nicht tragen zu können. Die Pflegeversicherung ist allerdings keine Vollversicherung, weil die gedeckelten Leistungen häufig nur einen Teil der Pflegekosten abdecken. Die Differenz zu den Leistungen der Pflegeversicherung muss der Pflegebedürftige aus eigener Tasche bezahlen. Das kann schnell das Einkommen übersteigen und die Ersparnisse aufbrauchen. Hinzu kommt, dass auch die Kinder verpflichtet sind, im Rahmen des Elternunterhalts für die Kosten einzustehen.

6.1 Pflegebedürftigkeit

Pflegebedürftig im Sinne der sozialen Pflegeversicherung sind Personen, die gesundheitlich bedingte Beeinträchtigungen der Selbstständigkeit aufweisen und deshalb der Hilfe anderer bedürfen. Es muss sich um Personen handeln, die körperliche, kognitive oder psychische Beeinträchtigungen oder gesundheitlich bedingte Belastungen oder Anforderungen nicht selbstständig kompensieren oder bewältigen können. Und die Pflegebedürftigkeit muss auf Dauer für mindestens sechs Monate und mit mindestens der gesetzlich festgelegten Schwere bestehen.

6.1.1 Beeinträchtigungen der Selbstständigkeit oder Fähigkeitsstörungen

Maßgeblich für das Vorliegen von gesundheitlich bedingten Beeinträchtigungen der Selbstständigkeit oder der Fähigkeiten sind die im Gesetz abschließend aufgezählten Bereiche, nach denen der Schweregrad der individuellen Beeinträchtigungen oder der Fähigkeiten ermittelt wird. Dabei handelt es sich jeweils um eine Gruppe artverwandter Kriterien oder einen Lebensbereich. Anhand dieser Kriterien sind im Rahmen der Begutachtung die Beeinträchtigungen der Selbstständigkeit oder der Fähigkeiten des Pflegebedürftigen festzustellen. Bei der Beurteilung der Pflegebedürftigkeit sind die folgenden sechs Kriterien zu berücksichtigen:

- Mobilität

- Kognitive und kommunikative Fähigkeiten

- Verhaltensweisen und psychische Problemlagen

- Selbstversorgung

- Bewältigung von und selbstständiger Umgang mit krankheits- oder therapiebedingten Anforderungen und Belastungen

- Gestaltung des Alltagslebens und sozialer Kontakte

Mobilität

Maßgeblich ist, ob die Person in der Lage ist, ohne personelle Unterstützung eine Körperhaltung einzunehmen bzw. zu wechseln und sich fortzubewegen. Beurteilt werden Aspekte wie Körperkraft, Balance, Bewegungskoordination usw. und nicht die zielgerichtete Fortbewegung. Wer hier aus gesundheitlichen Gründen eingeschränkt ist, hat beispielsweise Schwierigkeiten,

- sich im Bett umzudrehen,

- eine stabile Sitzposition zu halten,

- sich umzusetzen,

- sich innerhalb seines Wohnbereichs fortzubewegen,

- Treppen zu steigen.

Kognitive und kommunikative Fähigkeiten

»Kognitiv« bedeutet etwas erkennen, erfahren oder kennenlernen. Bei der Kommunikation geht es darum, sich anderen Menschen mitzuteilen und zu verstehen, was andere einem mitteilen. Wer hier aus gesundheitlichen Gründen auf Hilfe anderer Menschen angewiesen ist, hat beispielsweise Probleme,

- Personen aus dem näheren Umfeld zu erkennen,

- sich örtlich und/oder zeitlich zu orientieren,

- sich an wesentliche Ereignisse oder Beobachtungen zu erinnern,

- mehrschrittige Alltagshandlungen zu steuern,

- Entscheidungen im Alltagsleben zu treffen,

- Sachverhalte und Informationen zu verstehen,

- Risiken und Gefahren zu erkennen,

- elementare Bedürfnisse mitzuteilen,

- sich an einem Gespräch zu beteiligen.

Psychologische Probleme und Verhaltensauffälligkeiten

Im Mittelpunkt des Bereichs Verhaltensweisen und psychische Problemlagen steht die Frage, inwieweit der Betroffene sein Verhalten ohne personelle Unterstützung steuern kann. Im Einzelnen gehören zu diesen Bereichen insbesondere

- motorisch geprägte Verhaltensauffälligkeiten,

- nächtliche Unruhe,

- selbstschädigendes und autoaggressives Verhalten,

- Beschädigen von Gegenständen,

- physisch aggressives Verhalten gegenüber anderen Personen,

- verbale Aggression,

- Abwehr pflegerischer und anderer unterstützender Maßnahmen,

- Wahnvorstellungen,

- Ängste,

- Antriebslosigkeit bei depressiver Stimmungslage,

- sozial inadäquate Verhaltensweisen.

Selbstversorgung

Wer sich selbst nicht mehr versorgen kann und hier aus gesundheitlichen Gründen dauerhaft auf andere Menschen angewiesen ist, weist ein weiteres Merkmal der Pflegebedürftigkeit auf. Folgende Tätigkeiten sind konkret gemeint:

- Waschen des vorderen Oberkörpers,

- Körperpflege im Bereich des Kopfes,

- Waschen des Intimbereichs,

- Duschen und Baden einschließlich Waschen der Haare,

- An- und Auskleiden,

- mundgerechtes Zubereiten der Nahrung und Eingießen von Getränken,

- Essen und Trinken,

- Benutzen einer Toilette oder eines Toilettenstuhls,

- Bewältigen der Folgen einer Harninkontinenz und Umgang mit Dauerkatheter und Urostoma,

- Bewältigen der Folgen einer Stuhlinkontinenz und Umgang mit Stoma.

Bewältigung von und selbstständiger Umgang mit krankheits- oder therapiebedingten Anforderungen und Belastungen

In diesem Bereich geht es um die Durchführung ärztlich verordneter Maßnahmen, die gezielt auf eine bestehende Krankheit ausgerichtet und voraussichtlich mindestens sechs Monate erforderlich sind. Gemeint sind Beeinträchtigungen der Selbstständigkeit oder Fähigkeitsstörungen u. a. in Bezug auf

- Medikation,

- Injektionen,

- Versorgung intravenöser Zugänge,

- Absaugen und Sauerstoffgabe,

- Einreibungen sowie Kälte- und Wärmeanwendungen,

- Messung und Deutung von Körperzuständen,

- Verbandswechsel und Wundversorgung,

- Versorgung mit Stoma, regelmäßige Einmalkatheterisierung und Nutzung von Abführmethoden,

- Arztbesuche oder Besuche anderer medizinischer oder therapeutischer Einrichtungen,

- zeitlich ausgedehnte Besuche medizinischer oder therapeutischer Einrichtungen.

Gestaltung des Alltagslebens und sozialer Kontakte

In diesem Zusammenhang wird festgestellt, ob der Betroffene individuell und bewusst seinen Tagesablauf gestalten kann und ob er in der Lage ist, mit Menschen in seinem unmittelbaren Umfeld Kontakt aufzunehmen. Im Einzelnen geht es darum, ob der Betroffene in der Lage ist,

- den Tagesablauf zu gestalten und sich Veränderungen anzupassen,

- zu ruhen und zu schlafen,

- sich in die Zukunft gerichtete Planungen vorzunehmen,

- mit Personen im direkten Kontakt zu kommunizieren,

- Kontakte zu Personen außerhalb des direkten Umfelds zu pflegen.

6.1.2 Dauer der Pflegebedürftigkeit

Pflegebedürftigkeit setzt voraus, dass ein Pflegebedarf voraussichtlich auf Dauer besteht. Als »dauerhaft« sieht das Gesetz einen Zeitraum von voraussichtlich mindestens sechs Monaten vor. Das bedeutet allerdings nicht, dass die Pflegekasse erst nach sechs Monaten über Leistungsansprüche des Antragstellers entscheiden kann. Die Pflegekasse entscheidet vielmehr auf der Grundlage einer Prognose des Medizinischen Dienstes.

Gesetzlich ist zwar festgelegt, dass nur Zeiträume von mehr als sechs Monaten die Voraussetzung »auf Dauer« erfüllen, andererseits kann aber bereits vor Ablauf von sechs Monaten eine Entscheidung über das Vorliegen von Pflegebedürftigkeit getroffen werden, wenn vorhersehbar ist, dass der Zustand der Hilfebedürftigkeit mindestens sechs Monate andauern wird. Pflegebedürftigkeit auf Dauer ist auch dann gegeben, wenn die verbleibende Lebensspanne möglicherweise weniger als sechs Monate beträgt. Das ist insbesondere für den Hospizsektor von Bedeutung.

Bei der Bestimmung des Sechsmonatszeitraums ist vom Eintritt der Beeinträchtigung auszugehen. Keine Bedeutung hat der Zeitpunkt der Begutachtung des Antragstellers durch den Medizinischen Dienst.

 Leistungsansprüche sind auch dann wirksam, wenn sich entgegen der ursprünglichen Prognose bei Antragstellung nachfolgend herausstellt, dass Pflegebedürftigkeit bereits nach weniger als sechs Monaten nicht mehr besteht. Ein zwischenzeitlich ergangener Leistungsbescheid wird deshalb nicht rückwirkend rechtswidrig. Maßgebend bleibt die ursprüngliche Prognose des Medizinischen Dienstes.

6.2 Begutachtungsverfahren

Die Pflegekasse beauftragt den Medizinischen Dienst der Krankenversicherung oder andere unabhängige Gutachter mit der Prüfung, ob die Voraussetzungen der Pflegebedürftigkeit erfüllt sind und welcher Pflegegrad vorliegt. Im Rahmen dieser Prüfung hat der Medizinische Dienst oder der von der Pflegekasse beauftragte Gutachter durch eine Untersuchung des Antragstellers die Beeinträchtigungen der Selbstständigkeit oder der Fähigkeiten bei den genannten Kriterien sowie die voraussichtliche Dauer der Pflegebedürftigkeit zu ermitteln. Die Untersuchung hat grundsätzlich im Wohnbereich des Versicherten zu erfolgen.

Dem Antragsteller ist spätestens 25 Arbeitstage nach Eingang des Antrags bei der zuständigen Pflegekasse die Entscheidung der Pflegekasse schriftlich mitzuteilen. Befindet sich der Antragsteller im Krankenhaus oder in einer stationären Rehabilitationseinrichtung und

- liegen Hinweise vor, dass zur Sicherstellung der ambulanten oder stationären Weiterversorgung und Betreuung eine Begutachtung in der Einrichtung erforderlich ist, oder

- wurde die Inanspruchnahme von Pflegezeit nach dem Pflegezeit-gesetz gegenüber dem Arbeitgeber der pflegenden Person ange-kündigt oder

- wurde mit dem Arbeitgeber der pflegenden Person eine Familien-pflegezeit vereinbart,

ist die Begutachtung dort unverzüglich, spätestens innerhalb einer Woche nach Eingang des Antrags bei der zuständigen Pflegekasse durchzuführen. Die verkürzte Begutachtungsfrist gilt auch dann, wenn der Antragsteller sich in einem Hospiz befindet oder ambulant palliativ versorgt wird.

Erteilt die Pflegekasse den schriftlichen Bescheid über den Antrag nicht innerhalb von 25 Tagen nach Eingang des Antrags oder wird eine der oben genannten verkürzten Begutachtungsfristen nicht ein-gehalten, hat die Pflegekasse nach Fristablauf für jede begonnene Woche der Fristüberschreitung unverzüglich € 70,– an den Antrag-steller zu zahlen. Dies gilt nicht, wenn die Pflegekasse die Verzö-gerung nicht zu vertreten hat oder wenn sich der Antragsteller in vollstationärer Pflege befindet und bereits bei ihm mindestens erheb-liche Beeinträchtigungen der Selbstständigkeit oder der Fähigkeiten (mindestens Pflegegrad 2) festgestellt sind. Die genannten Regelun-gen finden allerdings vom 1. 1. bis 31. 12. 2017 keine Anwendung.

Der Antragsteller ist bei der Begutachtung auf die maßgebliche Be-deutung des Gutachtens insbesondere für eine umfassende Bera-tung, das Erstellen eines individuellen Vorsorgeplans, das Vorsorge-management und für die Pflegeplanung hinzuweisen. Das Gutachten wird dem Antragsteller durch die Pflegekasse übersandt, sofern er der Übersendung nicht widerspricht. Das Ergebnis des Gutachtens ist transparent darzustellen und dem Antragsteller verständlich zu erläutern.

6.3 Pflegegrade

Wird im Begutachtungsverfahren die Pflegebedürftigkeit des Betroffenen festgestellt, wird entsprechend der Beeinträchtigungen der Selbstständigkeit oder der Fähigkeiten der Pflegegrad festgestellt. Seit dem 1. 1. 2017 erfolgt die Einordnung in einen von fünf möglichen Pflegegraden:

- Pflegegrad 1: geringe Beeinträchtigungen der Selbstständigkeit oder der Fähigkeiten,

- Pflegegrad 2: erhebliche Beeinträchtigungen der Selbstständigkeit oder der Fähigkeiten,

- Pflegegrad 3: schwere Beeinträchtigungen der Selbstständigkeit oder der Fähigkeiten,

- Pflegegrad 4: schwerste Beeinträchtigungen der Selbstständigkeit oder der Fähigkeiten,

- Pflegegrad 5: schwerste Beeinträchtigungen der Selbstständigkeit oder der Fähigkeiten mit besonderen Anforderungen an die pflegerische Versorgung.

Die Einordnung des Pflegebedürftigen in den jeweiligen Pflegegrad hat insbesondere Bedeutung für seine Leistungsansprüche.

Achtung: Alle Pflegebedürftigen, die am 31. 12. 2016 bereits Leistungen der Pflegeversicherung bezogen haben, wurden am 1. 1. 2017 ohne neue Antragstellung und ohne erneute Begutachtung aus den bisherigen Pflegestufen in die neuen Pflegegrade übergeleitet. Dabei galt der Grundsatz: Pflegebedürftige mit ausschließlich körperlichen Einschränkungen haben anstelle der bisherigen Pflegestufe den nächsthöheren Pflegegrad erhalten. Pflegebedürftige, bei denen eine eingeschränkte Alltagskompetenz festgestellt wurde, wurden zwei Pflegegrade höher eingestuft.

6.4 Überblick über die Leistungen

Die soziale Pflegeversicherung erbringt Leistungen als Geld- oder Sachleistungen, mit denen körperbezogene Pflegemaßnahmen, pflegerische Betreuungsmaßnahmen und Hilfen bei der Haushaltsführung finanziert werden.

6.4.1 Leistungen bei häuslicher Pflege

Die Pflegeversicherung will mit ihren Leistungen vorrangig die häusliche Pflege und die Pflegebereitschaft der Angehörigen und Nachbarn unterstützen, damit die Pflegebedürftigen möglichst lange in ihrer häuslichen Umgebung bleiben können. Damit dürfte im Regelfall den Bedürfnissen und Wünschen des Pflegebedürftigen Rechnung getragen werden. Die weit überwiegende Zahl pflegebedürftiger Menschen dürfte den Wunsch haben, Pflege und Betreuung so lange wie möglich in der vertrauten Umgebung zu erhalten.

Im Mittelpunkt des Leistungsprogramms bei häuslicher Pflege steht das Wahlrecht des Pflegebedürftigen zwischen der häuslichen Pflegehilfe als Sachleistung und Pflegegeld bei Sicherstellung der erforderlichen körperbezogenen Pflegemaßnahmen und pflegerischen Betreuungsmaßnahmen sowie Hilfen bei der Haushaltsführung durch Pflegepersonen. Sach- und Geldleistung können aber auch miteinander kombiniert werden.

=== **Pflegesachleistung**

Pflegebedürftige der Pflegegrade 2 bis 5 haben einen Rechtsanspruch auf häusliche Pflegehilfe als Sachleistung. Häusliche Pflegehilfe wird durch geeignete Pflegekräfte erbracht, die entweder bei der Pflegekasse oder bei ambulanten Pflegeeinrichtungen, mit denen die Pflegekasse einen Versorgungsvertrag abgeschlossen hat, angestellt sind.

Mit der Pflegesachleistung hat der Pflegebedürftige gegen die Pflegekasse unmittelbar einen Anspruch auf Erbringung der Dienstleistung. Er hat also keinen Anspruch auf Erstattung von Kosten, die ihm durch die Inanspruchnahme von Diensten Dritter entstehen. Der ambulante Pflegedienst unterstützt den Pflegebedürftigen und seine Angehörigen bei der Pflege zu Hause. Er bietet Familien Unterstützung und Hilfe im Alltag, damit pflegende Angehörige auch Beruf, Pflege und Betreuung besser organisieren können. Mitarbeiter des Pflegedienstes kommen zu den Pflegebedürftigen nach Hause und helfen fach- und sachkundig bei der täglichen Pflege, Betreuung und hauswirtschaftlichen Versorgung.

Gegenstand der häuslichen Pflege sind körperbezogene Pflegemaßnahmen, pflegerische Betreuungsmaßnahmen und Hilfen bei der Haushaltsführung.

Die Kosten für einen ambulanten Pflegedienst werden von der Pflegeversicherung übernommen. Dabei gelten allerdings Höchstwerte. Dieser Gesamtwert der von der Pflegekasse im Monat maximal zu erbringenden Sachleistung richtet sich nach dem Pflegegrad. Maßgebend ist also der jeweils konkret bestehende Bedarf an Pflege. Pflegeleistungen, die über diese Begrenzung der häuslichen Pflegehilfe hinausgehen, muss der Pflegebedürftige entweder selbst zahlen oder beantragen, dass diese vom örtlichen Sozialhilfeträger übernommen werden.

Der Anspruch auf häusliche Pflegehilfe je Kalendermonat umfasst

- für Pflegebedürftige des Pflegegrades 2 Leistungen bis zu einem Gesamtwert von € 689,–,

- für Pflegebedürftige des Pflegegrades 3 Leistungen bis zu einem Gesamtwert von € 1 298,–,

- für Pflegebedürftige des Pflegegrades 4 Leistungen bis zu einem Gesamtwert von € 1 612,–,

- für Pflegebedürftige des Pflegegrades 5 Leistungen bis zu einem Gesamtwert von € 1 995,–.

Der Pflegebedürftige kann den ihm zustehenden Gesamtwert nach seinem Belieben ausschöpfen. Er kann im festgelegten finanziellen Rahmen aus den Angeboten zugelassener Pflegedienste nach seinen Wünschen und Bedürfnissen frei wählen, unabhängig davon, ob diese Angebote körperbezogene Pflegemaßnahmen, pflegerische Betreuungsmaßnahmen oder Hilfen bei der Haushaltsführung betreffen.

=== **Pflegegeld für selbst beschaffte Pflegehilfe**

Anstelle der häuslichen Pflegehilfe wird für die Pflegegrade 2 bis 5 ein Pflegegeld gewährt, wenn der Pflegebedürftige in seiner häuslichen Umgebung oder im Haushalt einer Pflegeperson gepflegt wird. Voraussetzung für den Anspruch auf Pflegegeld ist, dass der Pflegebedürftige mit dem Pflegegeld dessen Umfang entsprechend die erforderlichen körperbezogenen Pflegemaßnahmen und pflegerischen Betreuungsmaßnahmen sowie Hilfen bei der Haushaltsführung in geeigneter Weise selbst sicherstellt. Die entsprechenden Maßnahmen müssen also nach Art und Umfang tatsächlich erbracht werden. Hierfür kann er auf ehrenamtliche Pflegekräfte wie Familienangehörige oder Nachbarn zurückgreifen oder erwerbsmäßige Pflegekräfte heranziehen. Der Pflegebedürftige kann auch eine Pflegekraft anstellen und die fällige Vergütung mit dem Pflegegeld finanzieren.

Das Pflegegeld beträgt je Kalendermonat

- € 316,– für Pflegebedürftige des Pflegegrades 2,

- € 545,– für Pflegebedürftige des Pflegegrades 3,

- € 728,– für Pflegebedürftige des Pflegegrades 4,

- € 901,– für Pflegebedürftige des Pflegegrades 5.

Das Pflegegeld wird dem Pflegebedürftigen von der Pflegekasse überwiesen. Dieser kann über die Verwendung des Pflegegelds frei verfügen. Allerdings muss der Pflegebedürftige mit diesem Geld die körperbezogenen Pflegemaßnahmen und pflegerischen Betreuungsmaßnahmen sowie die Haushaltsführung sicherstellen. Ein ambulanter Pflegedienst oder eine teil- oder vollstationäre Pflege dürfen nicht erforderlich sein.

═══ Kombination von Geldleistung und Sachleistung (Kombinationsleistung)

Bei häuslicher Pflege können Pflegesachleistung und Pflegegeld miteinander kombiniert werden. Somit kann der Pflegebedürftige einen Teil der häuslichen Pflege einem ambulanten Pflegedienst überlassen (z. B. die Körperpflege) und den verbleibenden Teil selbst sicherstellen. In diesen Fällen kann neben dem Sachleistungsanspruch ein anteiliges Pflegegeld gezahlt werden.

Die Kombination von Pflegesachleistung und Pflegegeld kommt insbesondere dann in Betracht, wenn der pflegende Angehörige oder andere ehrenamtlich Pflegende bestimmte Verrichtungen nicht bzw. nicht allein durchführen können, und das Ausmaß der Pflegesachleistung im Voraus bestimmt werden kann. Darüber hinaus kann eine Kombination zur Entlastung der ehrenamtlich pflegenden Person beitragen. So kann es beispielsweise sinnvoll sein, für einzelne Verrichtungen (z. B. für das Baden des Pflegebedürftigen) die Hilfe eines Pflegedienstes in Anspruch zu nehmen, während die übrige Hilfe von den Angehörigen geleistet wird. Die Aufteilung kann auch zeitlich erfolgen; so können z. B. die morgendlichen Pflegeleistungen von montags bis freitags durch einen Pflegedienst erbracht werden.

Wird die Pflegesachleistung nicht in voller Höhe in Anspruch genommen, kann gleichzeitig ein entsprechend vermindertes Pflegegeld beansprucht werden. Für die Höhe des anteiligen Pflegegelds ist das Verhältnis zwischen dem vom Pflegebedürftigen beanspruchten Umfang der Pflegesachleistung und dem für den Pflegegrad maßgebenden Höchstbetrag maßgebend. Das Pflegegeld wird um den Prozentsatz vermindert, den der Pflegebedürftige in Form von

Sachleistungen in Anspruch genommen hat. Insgesamt dürfen beide Leistungen zusammen 100 % nicht übersteigen.

Häusliche Pflege bei Verhinderung der Pflegeperson

Ist eine Pflegeperson wegen Erholungsurlaubs, Krankheit oder aus anderen Gründen an der Pflege gehindert, übernimmt die Pflegekasse die nachgewiesenen Kosten einer notwendigen Verhinderungspflege für längstens sechs Wochen je Kalenderjahr. Voraussetzung ist, dass der Pflegebedürftige mindestens in Pflegegrad 2 eingestuft ist und die Pflegeperson den Pflegebedürftigen vor der erstmaligen Verhinderung mindestens sechs Monate in seiner häuslichen Umgebung gepflegt hat.

Bei der verhinderten Pflegeperson muss es sich um eine Person handeln, die den Pflegebedürftigen nicht erwerbsmäßig in seiner häuslichen Umgebung pflegt. Fällt dagegen eine professionelle Pflegekraft aus, muss die Pflegekasse eine andere Pflegeeinrichtung oder eine andere erwerbsmäßige Ersatzkraft stellen.

Der Anspruch auf Verhinderungspflege ist für die Dauer von sechs Wochen (= 42 Tage) je Kalenderjahr begrenzt. Dieser Zeitraum kann auch beliebig aufgeteilt werden. Der Höchstbetrag, der für Verhinderungspflege zur Verfügung steht, steht nicht mit der zeitlichen Höchstdauer der Leistung in Zusammenhang. Der Pflegebedürftige kann den Höchstbetrag also auch dann ausschöpfen, wenn er in einem kürzeren Zeitraum als sechs Wochen notwendige Pflegeleistungen in Anspruch nimmt (tage- oder stundenweise Inanspruchnahme von Verhinderungspflege).

Die Pflegekasse übernimmt für Verhinderungspflege – unabhängig vom Pflegegrad – maximal einen Betrag in Höhe von € 1 612,–. Voraussetzung ist, dass die Verhinderungspflege durch andere Pflegepersonen sichergestellt wird als solche, die mit dem Pflegebedürftigen bis zum zweiten Grad verwandt oder verschwägert sind oder die mit ihm in häuslicher Gemeinschaft leben. Hat eine unentgeltlich arbeitende Ersatzpflegekraft im Zusammenhang mit der Verhinderungspflege andere Aufwendungen (z. B. Fahrtkosten, Verdienstausfall, Unterbringungskosten am Wohnort des Pflegebedürftigen), werden auch diese bis zum Höchstbetrag bezuschusst. In jedem Fall müssen die Aufwendungen für die Ersatzpflegekraft vom Pflegebedürftigen nachgewiesen werden.

Bei einer Verhinderungspflege durch Pflegepersonen, die mit dem Pflegebedürftigen bis zum zweiten Grad verwandt oder verschwägert sind (z. B. Großeltern, Enkel, Geschwister) oder mit ihm in häuslicher Gemeinschaft leben, handelt es sich im Regelfall um nicht erwerbsmäßige Pflege. Im Falle der Pflege durch Angehörige bzw. mit dem Pflegebedürftigen in häuslicher Gemeinschaft lebenden Pflegepersonen werden die Leistungen grundsätzlich auf den 1,5-fachen Betrag des Pflegegeldes des festgestellten Pflegegrads begrenzt. Der volle Leistungsbetrag von € 1 612,– kann von diesen Angehörigen bzw. Haushaltsangehörigen dennoch in Anspruch genommen werden, wenn die Pflege erwerbsmäßig ausgeübt wird.

Pflegehilfsmittel

Pflegebedürftige haben Anspruch auf Versorgung mit Pflegehilfsmitteln, die zur Erleichterung der Pflege oder zur Linderung der Beschwerden des Pflegebedürftigen beitragen oder ihnen eine selbstständigere Lebensführung ermöglichen, soweit die Hilfsmittel nicht wegen Krankheit oder Behinderung von der Krankenversicherung oder anderen zuständigen Leistungsträgern zu leisten sind.

Unter Pflegehilfsmitteln versteht man Geräte und Sachmittel, die zur häuslichen Pflege notwendig sind, diese erleichtern und dazu beitragen, dem pflegebedürftigen Menschen eine selbstständige Lebensführung zu ermöglichen. Die Pflegekasse unterscheidet zwischen technischen Pflegehilfsmitteln (z. B. Pflegebett, Lagerungshilfen) und Verbrauchsprodukten (z. B. Einmalhandschuhe, Betteinlagen).

Die Aufwendungen für zum Verbrauch bestimmte Pflegehilfsmittel dürfen monatlich den Betrag von € 40,– nicht übersteigen. Bis zum Höchstbetrag von € 40,– monatlich braucht der Pflegebedürftige keine Zuzahlungen zu leisten, darüber hinausgehende Kosten muss er jedoch voll übernehmen. Zum Verbrauch bestimmte Pflegehilfsmittel sind Produkte, die wegen ihrer Beschaffenheit oder aus hygienischen Gründen nur einmal benutzt werden können bzw. sollen. Dazu gehören u. a. Einmalhandschuhe, Mundschutz, Desinfektionsmittel und saugende Bettschutzeinlagen. Die Hilfsmittel werden grundsätzlich als Sachleistung zur Verfügung gestellt. Die Leistung kann aber auch in Form einer Kostenerstattung erbracht werden.

Pflegehilfsmittel, die nicht zum Verbrauch bestimmt sind, sind in der Regel technische Hilfsmittel. Sie sollen gewährleisten, dass sich der Pflegebedürftige im jeweiligen Umfeld bewegen, zurechtfinden und die elementaren Grundbedürfnisse des täglichen Lebens befriedigen kann. Technische Pflegehilfsmittel sind beispielsweise Krankenbetten, Rollstühle, Gehwagen oder Hebevorrichtungen zum Ein- und Aussteigen in eine Badewanne. Technische Hilfsmittel soll die Pflegekasse dem Pflegebedürftigen in allen geeigneten Fällen vorrangig leihweise überlassen. Lehnt der Pflegebedürftige die leihweise Überlassung ohne zwingenden Grund ab, muss er die gesamten Kosten des Hilfsmittels selbst tragen.

Achtung: Mit Ausnahme der zum Verbrauch bestimmten Pflegehilfsmittel muss der Pflegebedürftige, wenn er das 18. Lebensjahr vollendet hat, eine Zuzahlung in Höhe von 10 % der Kosten, höchstens jedoch € 25,– je Pflegehilfsmittel leisten, wenn das Hilfsmittel in sein Eigentum übergeht. Bei leihweiser Überlassung des Hilfsmittels entfällt die Zuzahlung. Zur Vermeidung von Härten kann die Pflegekasse den Pflegebedürftigen ganz oder teilweise von der Zuzahlungspflicht befreien. Maßgebend sind die Belastungsgrenzen der gesetzlichen Krankenversicherung, bis zu denen Zuzahlungen während jedes Kalenderjahrs zu leisten sind. Danach ist die Zuzahlung auf die individuelle Belastungsgrenze von 2 % der jährlichen Bruttoeinnahmen zum Lebensunterhalt begrenzt. Für chronisch Kranke gilt eine Belastungsgrenze von 1 % der jährlichen Bruttoeinnahmen zum Lebensunterhalt.

=== **Verbesserung des Wohnumfelds**

Pflegebedürftige haben unabhängig vom Pflegegrad Anspruch auf einen finanziellen Zuschuss für Maßnahmen zur Verbesserung des individuellen Wohnumfelds. Voraussetzung dafür ist, dass dadurch im Einzelfall die häusliche Pflege

- ermöglicht (ohne Durchführung der Maßnahme also der Pflege- bedürftige stationär gepflegt werden müsste) oder erheblich er- leichtert wird (also ohne die Maßnahme mit einer Überforderung des Pflegebedürftigen oder der Pflegeperson zu rechnen ist) oder

- eine möglichst selbstständige Lebensführung des Pflegebedürfti- gen wiederhergestellt wird (der Pflegebedürftige also unabhängi- ger von der Pflegeperson wird).

Gegenstand der Maßnahmen können insbesondere sein

- Maßnahmen, die mit wesentlichen Eingriffen in die Bausubstanz verbunden sind (z. B. Verbreiterung von Türen),

- Maßnahmen, die eine Anpassung der konkreten Wohnumgebung an die Bedürfnisse des Pflegebedürftigen bezwecken und deshalb in einer anderen Wohnumgebung nicht notwendigerweise benö- tigt werden (z. B. Treppenlifter, Aufzüge),

- Ein- oder Umbau von Mobiliar entsprechend den Erfordernissen der Pflegesituation (z. B. Haltegriffe, mit dem Rollstuhl unterfahr- bare Einrichtungsgegenstände, Absenkung von Küchenhänge- schränken).

Bei der Gewährung des Zuschusses durch die Pflegekasse sind als Kosten der Maßnahme folgende Aufwendungen zu berücksichtigen:

- Materialkosten,

- Arbeitslöhne,

- Gebühren (z. B. für Genehmigungen),

- Aufwendungen für sogenannte Vorbereitungs- und Durchführungshandlungen (z. B. Planungs- und Überwachungskosten externer Unternehmen).

Die Pflegekasse zahlt – unabhängig vom Pflegegrad und von den Einkommens- und Vermögensverhältnissen des Pflegebedürftigen – auf Antrag bis zu € 4 000,– als Zuschuss für wohnwertverbessernde Maßnahmen. Einen Eigenanteil muss der Pflegebedürftige nicht leisten. Überschreiten die Kosten der Maßnahme € 4 000,–, ist der über dem Zuschuss liegende Betrag vom Pflegebedürftigen selbst zu tragen.

Leben mehrere Pflegebedürftige in einer gemeinsamen Wohnung, dürfen die Zuschüsse für Maßnahmen zur Verbesserung des gemeinsamen Wohnumfeldes € 4 000,– je Pflegebedürftigen nicht übersteigen. Der Gesamtbetrag je Maßnahme ist auf € 16 000,– begrenzt. Bei mehr als vier Pflegebedürftigen werden die € 16 000,– anteilig auf die Versicherungsträger der Pflegebedürftigen aufgeteilt.

6.4.2 Leistungen bei Pflege im Heim

Pflege im Heim kann in verschiedenen Formen erfolgen.

- Teilstationäre Pflege kombiniert die häusliche und stationäre Pflege. Der Pflegebedürftige wird in einer Pflegeeinrichtung tagsüber oder nachts betreut. Damit haben die Angehörigen die Möglichkeit, den Pflegebedürftigen zu versorgen, ohne den eigenen Alltag aufgeben zu müssen.

- Kurzzeitpflege ist eine vollstationäre Pflege von kurzer Dauer. Sie soll kurze Zeiträume überbrücken, in denen eine häusliche Pflege nicht möglich ist.

- Vollstationäre Pflege ist die Pflege in einem Pflegeheim. Sie wird dann erforderlich, wenn eine häusliche oder teilstationäre Pflege nicht möglich ist.

Teilstationäre Pflege in Einrichtungen der Tagespflege und Nachtpflege

Pflegebedürftige der Pflegegrade 2 bis 5 haben Anspruch auf teilstationäre Pflege in Einrichtungen der Tages- oder Nachtpflege, wenn häusliche Pflege nicht in ausreichendem Umfang sichergestellt werden kann oder wenn dies zur Ergänzung oder Stärkung der häuslichen Pflege erforderlich ist. Die teilstationäre Pflege umfasst auch die notwendige Beförderung des Pflegebedürftigen von der Wohnung zur Einrichtung der Tagespflege oder der Nachtpflege und zurück.

Folgende Gründe können für eine Tages- oder Nachtpflege als teilstationäre Versorgung in Pflegeeinrichtungen in Betracht kommen:

- Entlastung des Pflegepersonals im Laufe des Tages bzw. in der Nacht,

- Entlastung der Pflegepersonen in Krisenzeiten,

- Entlastung der Angehörigen, damit sie einer Berufstätigkeit nachgehen können,

- Förderung und Erhaltung der sozialen Kommunikation des Pflegebedürftigen,

- Realisierung einer aktivierenden Pflege und medizinischen Rehabilitation zur Minderung der Pflegebedürftigkeit,

- bessere Ausnutzung rehabilitativer Möglichkeiten in Einrichtungen der Tagespflege,

- Verschlimmerung der Pflegebedürftigkeit.

Tages- oder Nachtpflege kommt insbesondere für Pflegebedürftige in Betracht, die aufgrund körperlich oder seelischer Beeinträchtigungen außerstande sind, während der Abwesenheit der Pflegeperson allein in ihrer Häuslichkeit zu bleiben, ansonsten jedoch zu Hause versorgt werden.

Teilstationäre Pflege liegt vor, wenn sich der Pflegebedürftige nur einen Teil des Tages in einer Pflegeeinrichtung aufhält, während er den anderen Teil des Tages im eigenen Haushalt oder im Haushalt einer Pflegeperson verbringt, in den er aufgenommen worden ist. In Einrichtungen der Tagespflege werden Pflegebedürftige tagsüber untergebracht und versorgt, während er die Nacht zu Hause verbringt. Bei der Nachtpflege ist es umgekehrt. Hier wird der Pflegebedürftige über Nacht in einer Pflegeeinrichtung untergebracht und versorgt, während er tagsüber häuslich gepflegt wird.

Die Leistungsbeträge der teilstationären Pflege entsprechen den Beträgen der ambulanten Sachleistung. Danach umfasst der Anspruch auf teilstationäre Pflege je Kalendermonat

- für Pflegebedürftige des Pflegegrades 2 einen Gesamtwert bis zu € 689,–,

- für Pflegebedürftige des Pflegegrades 3 einen Gesamtwert bis zu € 1 298,–,

- für Pflegebedürftige des Pflegegrades 4 einen Gesamtwert bis zu € 1 612,–,

- für Pflegebedürftige des Pflegegrades 5 einen Gesamtwert bis zu € 1 995,–.

Kurzzeitpflege

Viele Pflegebedürftige sind nur für eine begrenzte Zeit auf vollstationäre Pflege angewiesen, beispielsweise zur Bewältigung von Krisensituationen bei der häuslichen Pflege oder wenn sich die Notwendigkeit einer dauerhaften Pflege erst im Verlauf eines Krankenhausaufenthalts ergibt und die anschließende häusliche Pflege noch organisiert oder das Wohnumfeld angepasst werden muss. Durch die sogenannte Kurzzeitpflege sollen Pflegepersonen, die die häusliche Pflege sicherstellen, entlastet und verhindert werden, dass der Pflegebedürftige bei Ausfall der Pflegeperson auf Dauer in vollstationäre Pflege überwechseln muss. Dies trägt dem Grundsatz des Vorrangs der häuslichen Pflege Rechnung.

Voraussetzung für den Anspruch auf Kurzzeitpflege ist, dass weder häusliche noch teilstationäre Pflege möglich ist. Die häusliche Pflege scheitert, wenn körperbezogene Pflegemaßnahmen und pflegerische Betreuungsmaßnahmen sowie Hilfen bei der Haushaltsführung nicht in ausreichendem Umfang möglich sind. Hinzu kommen muss, dass anstelle oder in Ergänzung der häuslichen Pflege auch teilstationäre Pflege nicht ausreicht. Das dürfte in der Regel der Fall sein, weil teilstationäre Pflege kurzfristig eintretende oder vorübergehende Notlagen im häuslichen Bereich nicht auszugleichen vermag.

Die Pflegekasse übernimmt die pflegebedingten Aufwendungen einschließlich der Aufwendungen für Betreuung sowie die Aufwendungen für Leistungen der medizinischen Behandlungspflege bis zum Gesamtbetrag von € 1 612,– im Kalenderjahr. Der Leistungsbetrag kann um bis zu € 1 612,– aus noch nicht in Anspruch genommenen Mitteln der Verhinderungspflege auf insgesamt bis zu € 3 224,– im Kalenderjahr erhöht werden. Der für die Kurzzeitpflege in Anspruch genommene Erhöhungsbetrag wird auf den Leistungsbetrag für eine Verhinderungspflege angerechnet.

Die Pflegekasse zahlt den dem Pflegebedürftigen zustehenden Leistungsbetrag unmittelbar an die zugelassene Pflegeeinrichtung. Wird die Kurzzeitpflege in anderen geeigneten Einrichtungen (z. B. Behinderteneinrichtungen) oder in Einrichtungen der medizinischen Vorsorge oder Rehabilitation erbracht, erfolgt eine Erstattung an den Pflegebedürftigen.

=== **Vollstationäre Pflege**

In der sozialen Pflegeversicherung gilt der Vorrang häuslicher und teilstationärer Pflege vor vollstationärer Pflege. Deshalb besteht ein Anspruch auf Pflege in vollstationären Einrichtungen erst, wenn häusliche oder teilstationäre Pflege nicht möglich ist oder wegen Besonderheiten des einzelnen Falls nicht in Betracht kommt. Und der Anspruch besteht nur für Pflegebedürftige der Pflegegrade 2 bis 5.

Vollstationäre Pflege wird dann erforderlich, wenn eine häusliche oder teilstationäre Pflege nicht möglich ist. In Betracht kommen insbesondere folgende Fälle:

- Eine Pflegeperson fehlt bzw. mögliche Pflegepersonen sind nicht bereit, den Pflegebedürftigen zu pflegen: In diesem Zusammenhang wird auch geprüft, ob die Pflege und Betreuung zunächst nicht durch teilstationäre Pflege oder Kurzzeitpflege sichergestellt werden kann.

- Drohende oder bereits eingetretene Überforderung von Pflegepersonen: Die Überforderung der Pflegeperson kann z. B. deshalb bestehen, weil sie selbst betagt oder gesundheitlich beeinträchtigt ist oder ihr die psychische Belastung nicht zugemutet werden kann. Eine absehbar zeitlich befristete Überforderungssituation kann unter Umständen durch Kurzzeitpflege oder teilstationäre Pflege des Pflegebedürftigen behoben werden.

- Drohende oder bereits eingetretene Verwahrlosung des Pflegebedürftigen: In Betracht kommen u. a. die Vernachlässigung der Körperpflege, unregelmäßige oder nicht ausreichende Einnahme von Mahlzeiten oder die Vernachlässigung des Haushalts.

- Räumliche Probleme: Räumliche Gegebenheiten im häuslichen Bereich ermöglichen keine häusliche Pflege und können durch Maßnahmen zur Verbesserung des individuellen Wohnumfelds nicht verbessert werden.

Die Pflegekasse übernimmt die pflegebedingten Aufwendungen einschließlich der Aufwendungen für Betreuung und die Aufwendungen für Leistungen der medizinischen Behandlungspflege. Zu den pflegebedingten Aufwendungen gehören zunächst die allgemeinen Pflegeleistungen, das heißt die für die Versorgung des Pflegebedürftigen nach Art und Schwere der Pflegebedürftigkeit erforderlichen Pflegeleistungen der Pflegeeinrichtung. Neben diesen allgemeinen Pflegeleistungen gehören auch die Aufwendungen der medizinischen Behandlungspflege zu den Leistungen der Einrichtung, die die Pflegekassen vergüten. Zur Behandlungspflege gehören alle Maßnahmen der Behandlung, die dazu dienen, Krankheiten zu heilen, ihre Verschlimmerung zu verhüten oder Krankheitsbeschwerden zu lindern und die von Pflegefachkräften erbracht werden. Darunter fallen Tätigkeiten wie die Wundversorgung, der Verbandswechsel, die Medikamentengabe, die Dekubitusbehandlung oder die Blutdruck- und Blutzuckermessung.

Nicht zu den pflegebedingten Aufwendungen gehören die Unterkunft und Verpflegung sowie die Zusatzleistungen. Die Kosten für Unterkunft und Verpflegung muss der Pflegebedürftige selbst tragen. Soweit er dazu nicht in der Lage ist, kann er unter Umständen Leistungen der Sozialhilfe in Anspruch nehmen.

Die Pflegekasse übernimmt bei vollstationärer Versorgung für pflegebedingte Aufwendungen einschließlich der Aufwendungen für Betreuung und die Aufwendungen für Leistungen der medizinischen Behandlungspflege pauschale Beträge, die sich nach Pflegegraden richten. Die Pauschalbeträge betragen monatlich

- € 770,– für Pflegebedürftige des Pflegegrads 2,

- € 1 262,– für Pflegebedürftige des Pflegegrads 3,

- € 1 775,– für Pflegebedürftige des Pflegegrads 4,

- € 2 005,– für Pflegebedürftige des Pflegegrads 5.

Die pauschalen Leistungsbeträge werden in der Form gewährt, dass die Pflegekasse gegenüber dem aufnahmebereiten Pflegeheim, mit dem sie einen Versorgungsvertrag abgeschlossen hat, eine Erklärung über die Übernahme der anteiligen Finanzierung abgibt. Die Pflegekasse zahlt den dem pflegebedürftigen Heimbewohner zustehenden Leistungsbetrag unmittelbar an das Pflegeheim.

6.4.3 Entlastungsbetrag

Der Entlastungsbetrag soll Menschen, die als Pflegepersonen Verantwortung übernehmen und im Pflegealltag oftmals großen Belastungen ausgesetzt sind, Möglichkeiten zur Entlastung eröffnen. Außerdem sollen die Leistungen, für die der Entlastungsbetrag eingesetzt wird, darauf ausgerichtet sein, den Pflegebedürftigen Hilfestellungen zu geben, die ihre Fähigkeit zur selbstständigen und selbstbestimmten Gestaltung des Alltags fördern.

Anspruch auf den Entlastungsbetrag haben alle Pflegebedürftige in den Pflegegraden 1 bis 5, wenn die Pflege ambulant, also im häuslichen Bereich erfolgt. Pflegebedürftige des Pflegegrads 1 können den Entlastungsbetrag auch für Aufwendungen einsetzen, die ihnen im Zusammenhang mit der Inanspruchnahme von Leistungen der ambulanten Pflegedienste im Bereich der Selbstversorgung entstehen.

Mit dem Entlastungsbetrag werden die ambulanten und teilstationären Pflegeleistungen im häuslichen Bereich ergänzt. Ausgeschlossen ist der Anspruch bei stationärer Pflege. Leistungen der häuslichen Pflege kommen auch in Betracht, wenn der Pflegebedürftige nicht in seinem eigenen Haushalt gepflegt wird. Auch der Haushalt der Pflegeperson oder die Unterbringung des Pflegebedürftigen in einem Altenwohnheim, einem Altenheim, einer Einrichtung des betreuten Wohnens oder einer Wohneinrichtung für behinderte Menschen gilt als Versorgung im häuslichen Bereich.

> Der Pflegebedürftige erhält die Kostenerstattung in Höhe des Entlastungsbetrags auf Antrag von der zuständigen Pflegekasse oder dem zuständigen privaten Versicherungsunternehmen sowie im Fall der Beihilfeberechtigung anteilig von der Beihilfefestsetzungsstelle gegen Vorlage entsprechender Belege über entstandene Eigenbelastungen im Zusammenhang mit der Inanspruchnahme der oben genannten Leistungen.

Der Anspruch auf den Entlastungsbetrag beträgt – unabhängig vom Pflegegrad des Pflegebedürftigen – bis zu € 125,– monatlich. Der Entlastungsbetrag wird zusätzlich zu den sonstigen Leistungen der Pflegeversicherung bei häuslicher Pflege gewährt, er wird mit den anderen Leistungsansprüchen also nicht verrechnet.

Nicht (vollständig) ausgeschöpfte Beträge können innerhalb des jeweiligen Kalenderjahres in die Folgemonate bzw. am Ende des Kalenderjahres noch nicht verbrauchte Beträge können in das darauffolgende Kalenderhalbjahr übertragen werden. Ein Antrag auf Übertragung eines nicht beanspruchten Leistungsbetrags auf das folgende Kalenderjahr muss nicht gestellt werden. Wird der auf das folgende Kalenderjahr übertragene Leistungsanspruch nicht ausgeschöpft, verfällt dieser Anspruch mit dem 30. Juni.

> Zu den erstattungsfähigen Kosten gehören nicht nur die Entgelte für Betreuungsleistungen, sondern auch Fahrt- und Transportkosten sowie Investitionskosten.

Erfüllt der Versicherte die Anspruchsvoraussetzungen für die Leistungsgewährung erst im Laufe eines Kalenderjahres, ist der Entlastungsbetrag ab dem Kalendermonat und für den vollen Monat zur Verfügung zu stellen, in dem der Anspruch auf die Leistung erfüllt wird.

Achtung: Die Leistungen müssen vom Pflegebedürftigen zunächst selbst bezahlt werden. Die Kosten werden dann von der Pflegekasse gegen Vorlage entsprechender Rechnungen oder Belege erstattet. Aus der Rechnung muss auch ersichtlich sein, ob und in welchem

Umfang im Rahmen der Leistungserbringung Leistungen im Bereich der Selbstversorgung erbracht und abgerechnet werden.

Der Entlastungsbetrag ist zweckgebunden einzusetzen für qualitätsgesicherte Leistungen zur Entlastung pflegender Angehöriger und vergleichbar Nahestehender in ihrer Eigenschaft als Pflegende sowie zur Förderung der Selbstständigkeit und Selbstbestimmtheit der Pflegebedürftigen bei der Gestaltung ihres Alltags. Der Versicherte ist also nicht frei in der Verwendung. Die Leistung dient der Erstattung von Aufwendungen, die dem Versicherten entstehen im Zusammenhang mit der Inanspruchnahme von

- Leistungen der Tages- oder Nachtpflege,

- Leistungen der Kurzzeitpflege,

- Leistungen der ambulanten Pflegedienste (in den Pflegegraden 2 bis 5 jedoch nicht von Leistungen im Bereich der Selbstversorgung),

- Leistungen der nach Landesrecht anerkannten Angebote zur Unterstützung im Alltag.

Der Pflegebedürftige kann die Leistungen der Tages- und Nachpflege mit dem Entlastungsbetrag ergänzen und so diese Leistungen beispielsweise über einen längeren Zeitraum in Anspruch nehmen und die in diesem Zusammenhang bestehenden Leistungsgrenzen überschreiten.

Auch für die Finanzierung der Kurzzeitpflege kann der Entlastungsbetrag herangezogen werden. In diesem Fall erfolgt keine Anrechnung auf die Leistungsdauer und die Leistungshöhe der Kurzzeitpflege. Das Pflegegeld wird dann in voller Höhe weitergewährt.

Der Entlastungsbetrag kann auch für Leistungen der ambulanten Pflegedienste herangezogen werden. Damit können Leistungen der körperbezogenen Pflegemaßnahmen und pflegerischen Betreuungsmaßnahmen sowie Hilfen bei der Haushaltsführung finanziert werden.

Zusammenfassender Überblick über die Leistungen der sozialen Pflegeversicherung

Leistungen	Pflege-grad 1	Pflege-grad 2	Pflege-grad 3	Pflege-grad 4	Pflege-grad 5
Häusliche Pflege Pflegesachleistungen	Anspruch nur über Pflegeent-lastungs-betrag	€ 689,–	€ 1 298,–	€ 1 612,–	€ 1 995,–
Häusliche Pflege Pflegegeld	–	€ 316,–	€ 545,–	€ 728,–	€ 901,–
Verhinderungs-pflege durch nahe Angehörige Aufwendungen bis zu 6 Wochen im Kalenderjahr	–	€ 474,–	€ 817,50	€ 1 092,–	€ 1 351,50
Verhinderungs-pflege durch erwerbsmäßige Pflegevertretung Aufwendungen bis zu 6 Wochen im Kalenderjahr	–	€ 1 612,–	€ 1 612,–	€ 1 612,–	€ 1 612,–
Kurzzeitpflege Aufwendungen bis 8 Wochen im Kalenderjahr	Anspruch nur über Pflegeent-lastungs-betrag	€ 1 612,–	€ 1 612,–	€ 1 612,–	€ 1 612,–
Teilstationäre Tages- und Nacht-pflege	Anspruch nur über Pflegeent-lastungs-betrag	€ 689,–	€ 1 298,–	€ 1 612,–	€ 1 995,–
Entlastungsbetrag	€ 125,–	€ 125,–	€ 125,–	€ 125,–	€ 125,–
Zusätzliche Leistungen in ambulant betreuten Wohngruppen	€ 214,–	€ 214,–	€ 214,–	€ 214,–	€ 214,–
Anschubfinanzierung zur Gründung von ambulant betreuten Wohngruppen	€ 2 500,–	€ 2 500,–	€ 2 500,–	€ 2 500,–	€ 2 500,–

Leistungen	Pflege-grad 1	Pflege-grad 2	Pflege-grad 3	Pflege-grad 4	Pflege-grad 5
Vollstationäre Pflege	€ 125,–	€ 770,–	€ 1 262,–	€ 1 775,–	€ 2 005,–
Pflege in vollstationären Einrichtungen der Hilfe für behinderte Menschen	–	€ 266,–	€ 266,–	€ 266,–	€ 266,–
Zum Verbrauch bestimmte Pflegehilfsmittel	€ 40,–	€ 40,–	€ 40,–	€ 40,–	€ 40,–
Maßnahmen zur Verbesserung des Wohnumfelds Aufwendungen in Höhe bis zu	€ 4 000,–	€ 4 000,–	€ 4 000,–	€ 4 000,–	€ 4 000,–

7   Versicherungsbedarf ab 60plus

Nicht selten schlummern einmal abgeschlossene Versicherungs-Policen jahrelang in den Ordnern, verlängern sich Jahr für Jahr, obwohl sie entweder nicht mehr oder nicht in diesem Umfang notwendig sind. Sinnvoll ist es, den Versicherungsschutz in jeder Lebensphase auf den Prüfstand zu stellen. Das gilt vor allem, wenn der Ruhestand bevorsteht. Spätestens dann sollte kritisch überprüft werden, ob die Policen noch der Lebenssituation entsprechen. Und in diesem Zusammenhang muss dann entschieden werden, welche Versicherungen sinnvoll und auf welche getrost verzichtet werden kann.

Insgesamt brauchen Senioren weniger Policen als Familien mit Kindern. Darüber hinaus bieten Versicherungen, die speziell auf Senioren zugeschnitten sind, erhebliches Sparpotenzial. Allerdings sollte bei solchen Policen auf das Kleingedruckte geachtet werden. Das gilt vor allem, wenn ganze auf Senioren abgestimmte Versicherungspakete angeboten werden.

7.1   Privathaftpflichtversicherung

Selbst für Versicherungs-Muffel: Auf eine Privathaftpflichtversicherung kann eigentlich niemand verzichten, weil sie als Basisversicherung die allgemeinen Risiken des täglichen Lebens abdeckt. Wer einem anderen einen Schaden zufügt, muss dafür grundsätzlich finanziell geradestehen. Im schlimmsten Fall kann das den finanziellen Ruin bedeuten.

Die Privathaftpflichtversicherung ist ein unbedingtes »Muss«. Eine vollständige Auflistung der möglichen Haftungstatbestände, die die verschiedenen Lebensbereiche betrifft, ist gar nicht möglich. Keine Rolle spielt, ob der Schaden aus Unvorsichtigkeit oder Leichtsinn passiert ist. Und sei die Fahrlässigkeit auch noch so klein: Die achtlos weggeworfene Kippe, die einen Großbrand auslöst, fällt ebenso unter die Haftung wie der Umstand, dass sich Passanten auf dem

Gehweg vor dem Eigenheimgrundstück die Knochen brechen, weil der Hausbesitzer sich am winterlichen Sonntagvormittag nochmals im Bett herumgedreht hat, statt zu streuen.

> Die Privathaftpflichtversicherung ist eine Familienversicherung. Mitversichert ist der Ehepartner. Auch der nicht eheliche Lebenspartner kann normalerweise kostenlos mitversichert werden, wenn er mit dem Versicherten im gleichen Haushalt zusammenlebt. Wer alleinstehend im Haushalt seiner Kinder lebt, kann möglicherweise über deren Haftpflichtversicherung mitversichert sein. Die Kinder sollten sich das von ihrer Versicherung schriftlich bestätigen lassen.

7.1.1 Leistungen

Grundsätzlich leistet die private Haftpflichtversicherung bei Schäden, die der Versicherte fahrlässig oder grob fahrlässig verursacht hat. Ausgeschlossen sind vom Versicherten vorsätzlich verursachte Schäden.

Die Versicherung ist zunächst einmal eine Art Rechtsschutzversicherung. Denn bevor sie zahlt,

- prüft sie die Haftung, das heißt die Frage, ob überhaupt ein Verschulden des Versicherten vorlag. Wo kein Verschulden, da ist auch keine Haftung und wo keine Haftung ist, gibt es auch keinen Schadenersatz;

- wehrt die Versicherung auf eigene Kosten unberechtigte Schadensersatzansprüche ab.

Ist der Haftpflichtfall festgestellt, bezahlt die Versicherung die Ansprüche des Geschädigten. Das können sein:

- bei Personenschäden Ersatz für Heilkosten und Verdienstausfall, Ausgleich für Nachteile in der beruflichen Entwicklung, Renten bei Berufsunfähigkeit, Aufwendungen für Pflege und Betreuung, eventuell Schmerzensgeld;

- bei Tod des Opfers Beerdigungskosten, Unterhaltsansprüche von Kindern und Hinterbliebenen;

- bei Sachschäden die Reparaturkosten oder die Kosten für den Ersatz der zerstörten Sache.

7.1.2 Kein Versicherungsschutz

Schäden an Gegenständen, die der Versicherte geliehen, gemietet oder gepachtet hat, sind grundsätzlich vom Versicherungsschutz ausgenommen.

 Von manchen Versicherungen werden Schäden an geliehenen oder gemieteten Gegenständen übernommen. Deshalb sollte vor Abschluss des Vertrags überprüft werden, ob die Police solche Schäden übernimmt.

Die Versicherung haftet auch nicht für sogenannte Gefälligkeitsschäden. Ein solcher Schaden liegt vor, wenn er durch eine Gefälligkeitshandlung verursacht wurde.

 Beispiel: Der Versicherte hilft einem Bekannten beim Umzug und lässt dabei eine Vase fallen.

 Auf der sicheren Seite ist der Versicherte, wenn die Police Gefälligkeitsschäden einschließt, zumindest bis zu einer bestimmten Schadenshöhe.

7.1.3 Tipps für die richtige Police

Wer eine private Haftpflichtversicherung abschließen will, sollte nicht nur auf den Beitrag achten. Wichtig ist neben einer ausreichenden Deckungssumme auch, welche besonderen Deckungsklauseln die Police enthält.

Preisvergleich lohnt sich

Die Prämien liegen je nach Versicherung bei gleicher Leistung zwischen € 40,– und € 90,– im Jahr.

- Die Beitragsunterschiede sind groß, deshalb sollten Preise und Leistungen mehrerer Anbieter miteinander verglichen werden. Das geht auch sehr gut im Internet.

- Weil Haftpflichtversicherungen nicht sehr teuer sind, muss man nicht an der Leistung sparen.

- Die Vereinbarung einer Selbstbeteiligung bei jedem Schaden ist nicht sinnvoll, weil sich die Beitragsersparnis in der Regel nicht rechnet.

- Zielgruppenangebote für Senioren sollten genutzt werden. Sie sind gezielt auf die besondere Lebenssituation abgestimmt. Die Haftungsrisiken werden bei älteren Versicherungsnehmern häufig geringer eingeschätzt. Das hat dann niedrigere Beiträge für den Seniorentarif zur Folge. Die Leistungen unterscheiden sich nicht wesentlich von den normalen Tarifen. Auch der Seniorentarif kann für Familien abgeschlossen werden.

- Wer monatlich oder pro Quartal statt jährlich die Prämie überweist, muss einen Zuschlag zahlen.

Auf ausreichende Deckungssumme achten

Die private Haftpflichtversicherung leistet nur bis zur vereinbarten Deckungssumme Entschädigung. Für den darüber hinaus entstehenden Personen- oder Sachschaden muss dann der Schädiger selbst einstehen. Deshalb sollte der Versicherte auf eine ausreichende Deckungssumme achten.

 Drei Millionen Euro Deckungssumme für Personen- und Sachschäden sollten es schon sein. Und weil der Beitragsunterschied zu einer Police mit unbegrenzter Deckung nicht groß ist, sollten Sie sich dafür entscheiden.

Sinnvolle zusätzliche Klauseln

Ein Blick ins Kleingedruckte und ein Vergleich der jeweiligen Leistungen der Anbieter ist unverzichtbar. Einige Zusatzleistungen sollten in jeder guten Police enthalten sein. Und zum Teil sind solche Zusatzleistungen ohne Aufpreis im jeweiligen Tarif enthalten.

Gefälligkeitsschäden

Mitversichert sollten sogenannte Gefälligkeitsschäden sein. Zumindest sollten solche Schäden bis zu € 10 000,– abgedeckt sein.

Mietsachschäden

Ersatzansprüche wegen Schäden gemieteter Wohnräume und sonstiger zu privaten Zwecken gemieteter Räume sollten in den Versicherungsschutz eingeschlossen sein. Mietsachschäden sollten mindestens mit einer Versicherungssumme von € 500 000,– mitversichert sein.

Allmählichkeitsschäden

Sogenannte Allmählichkeitsschäden sollten bis zu einer bestimmten Versicherungssumme mitversichert sein. Darunter versteht man Schäden, die erst nach und nach über einen längeren Zeitraum entstehen (z. B. durch Feuchtigkeit). Dieser Einschluss ist für Mieter wichtig und sollte mitversichert sein.

Schäden durch häusliche Abwässer

Schäden durch häusliche Abwässer (z. B. durch einen defekten Waschmaschinenschlauch) sollten mitversichert sein. Empfehlenswert ist eine Absicherung von mindestens € 50 000,–.

Hausratversicherung

Je wertvoller der Hausrat ist, desto wichtiger ist der Abschluss einer Hausratversicherung. Sie ist für Hausbesitzer und Mieter, die im Falle der Zerstörung des Hausrats (z. B. durch einen Brand) in finanzielle Schwierigen geraten könnten, eine wichtige Versicherung. Obwohl man es auf den ersten Blick nämlich gar nicht vermutet, steckt ein wesentlicher Teil des Vermögens im Hausrat. Der Verzicht auf die Hausratpolice kann deshalb unter Umständen sehr teuer werden.

 Hausbesitzer sollten ihre Gebäudeversicherung und die Hausratversicherung am besten bei demselben Anbieter abschließen. Damit kann verhindert werden, dass sich unterschiedliche Versicherungen darüber streiten, wer von beiden einen Schaden begleichen muss.

7.2.1 Versicherungsschutz

Die Hausratversicherung ist ein Allround-Talent. Sie gewährt Schutz gegen viele Risiken des täglichen Lebens, und das nicht nur zu Hause, sondern in einem bestimmten Rahmen auch auf Reisen. Versichert sind auch Gegenstände, die fremdes Eigentum sind, wenn sie zum Hausrat gehören.

Die Hausratversicherung umfasst den gesamten Hausrat, also alles, was zum Gebrauch und Verbrauch gehört: U. a.

- die Wohnungseinrichtung: z. B. Möbel, Teppiche, TV- und Videogerät, Kameras, Camcorder, Bilder;

- Gebrauchsgegenstände: z. B. Haushaltsgeräte, Spielsachen, Wäsche, Kleidung, Bücher;

- Wertsachen: z. B. Bargeld, Urkunden, Briefmarken Wertpapiere, Sparbücher, Schmuck, Münzen, Pelze, Gemälde, Plastiken, Antiquitäten – bis zu einer bestimmten Wertgrenze.

Wertsachen sind grundsätzlich nur bis zu einem bestimmten Prozentsatz der Versicherungssumme (10 % bis 25 %) versichert. Durch besondere Vereinbarung und gegen einen zusätzlichen Beitrag kann der Versicherungsschutz jedoch erhöht werden.

Der Hausrat ist auch versichert, wenn er vorübergehend (bis zu drei Monaten) außerhalb der Wohnung untergebracht ist, wenn er also beispielsweise zur Reinigung oder zur Reparatur gegeben wird, sich am Arbeitsplatz befindet oder auf Reisen mitgenommen wird.

Versichert sind Schäden durch Leitungswasser, Sturm, Hagel, Raub, Einbruchdiebstahl, Brand, Blitzschlag und Explosion.

- **Leitungswasser** ist Wasser, das aus geplatzten Rohrleitungen oder Schläuchen austritt. Nicht versichert sind Schäden durch Grundwasser, Überschwemmung, Hochwasser und Rückstau.

- **Sturmschäden** sind erst ab einer Windgeschwindigkeit von 62 km/h (Windstärke 8) versichert. Nicht versichert sind z. B. Schäden, wenn vergessen wurde, das Fenster zu schließen.

- **Hagelschäden** sind versichert, wenn z. B. Hagelkörner Fenster zerstören und Möbel ruinieren.

- **Raub** ist ein Diebstahl unter Androhung von Gewalt. Nicht versichert ist einfacher Diebstahl, wenn sich z. B. der Dieb von hinten heranschleicht und den Laptop aus der Tasche stiehlt.

- **Einbruchdiebstahl** setzt gewaltsames Eindringen in die Wohnung voraus. Nicht versichert ist das Eindringen des Diebes durch offene Türen und Fenster oder der Diebstahl von Gegenständen, die sich im Freien befinden.

- **Brand** ist ein Feuer, das sich aus eigener Kraft ausbreitet. Nicht versichert sind z. B. Sengschäden durch Zigarettenglut oder Bügeleisen.

- **Blitzschlag** ist das unmittelbare Auftreffen des Blitzes auf die versicherte Sache. Nicht versichert sind Überspannungsschäden, also Schäden an elektrischen und elektronischen Geräten durch Blitzeinschlag in die Stromleitung.

- **Explosion** ist die Freisetzung von Energie durch Gase oder Dämpfe. Kein Versicherungsfall liegt z. B. vor, wenn eine Flasche platzt, weil die Flüssigkeit gefriert und sich ausdehnt.

Versicherungsschutz besteht zwar zunächst einmal in der Wohnung und in den Nebengebäuden inklusive privat genutzter Garage, deren Adresse im Versicherungsschein genannt ist, die Hausratversicherung ist aber auch eine sogenannte Außenversicherung. Das heißt, dass Gegenstände, die Eigentum des Versicherten oder einer mit ihm in häuslicher Gemeinschaft lebenden Person sind, auch versichert sind, solange sie sich vorübergehend außerhalb der Wohnung befinden (z. B. auf Reisen). Allerdings besteht Versicherungsschutz nur für eine bestimmte Zeit, maximal für drei Monate, und die Entschädigung ist im Schadensfall auf einen bestimmten Prozentsatz der Versicherungssumme und auf einen bestimmten Höchstbetrag beschränkt.

Wer im warmen Süden überwintern will, sollte seine Versicherung informieren, wenn er länger als 60 Tage abwesend ist. Andernfalls kann es bei einem Schaden Schwierigkeiten geben, wenn die Wohnung während dieser Zeit länger unbeaufsichtigt ist. Es genügt nicht, wenn der Nachbar täglich nach dem Rechten schaut.

7.2.2 Leistungen

Die Hausratversicherung ersetzt die Reparaturkosten, wenn Hausrat zerstört oder beschädigt wird. Gegebenenfalls wird auch die Wertminderung ersetzt, wenn der Gegenstand nach der Reparatur weniger wert ist als vor dem Schadensfall.

Den Wert des Hausratgegenstands ersetzt die Versicherung, wenn dieser durch Einbruchdiebstahl oder Raub abhandengekommen ist. Maßgeblich ist der Wert des Gegenstands bei Eintritt des Schadensfalls. Erstattet wird der sogenannte Wiederbeschaffungswert, also der Betrag, der aufgewendet werden muss, damit die beschädigte oder abhandengekommene Sache neu angeschafft werden kann.

Von der Hausratversicherung erstattet werden auch Aufräumkosten, Hotelkosten, solange die Wohnung nicht benutzbar ist, Kosten, die für provisorische Maßnahmen anfallen (z. B. wenn bei einem Einbruchdiebstahl das eingeschlagene Fenster provisorisch gesichert werden muss), und die Kosten für den Einbau neuer Schlösser, wenn nach einem Einbruchdiebstahl die Schlüssel abhandengekommen sind.

7.2.3 Zusatzpolicen zur Hausratversicherung

Nicht alle Hausratgegenstände sind in der Hausratversicherung versichert. Insbesondere sind der Bruch von Gebäude- und Mobiliarverglasung und der Diebstahl von Fahrrädern außerhalb der Wohnung nicht standardmäßig in der Versicherung enthalten. Diese Gefahren können jedoch mit Zusatzbausteinen abgedeckt werden.

Auch Hochwasser und Überschwemmungsschäden sind nicht im Grundschutz der Hausratversicherung enthalten. Mit einer erweiterten Elementarschadenversicherung kann dieses Risiko zusätzlich abgedeckt werden.

Glasversicherung

Das Glasbruchrisiko ist in der Hausratversicherung nicht mitversichert. Es muss gegen Zusatzprämie extra versichert werden. In der Glasversicherung ist sowohl die Gebäude- als auch die Mobiliarverglasung versichert.

- Zur Gebäudeverglasung gehören Glasscheiben von Fenstern, Türen, Balkonen, Loggien, Terrassen und Veranden, Wintergärten und Sonnenkollektoren.

- Zur Mobiliarverglasung zählen Glasscheiben von Bildern, Schränken, Duschkabinen und Vitrinen, Stand-, Wand- und

Schrankspiegeln, Glasplatten, Glasscheiben und Sichtfenstern von Mikrowellen, Elektro- und Gasherden.

Die Glasversicherung übernimmt die Kosten für das neue Glas und Aufwendungen für Notverglasungen sowie für das Abfahren von Glas und sonstigen Resten.

 Die Glasversicherung kostet zwar nicht viel, sie ist allerdings im Regelfall eher entbehrlich. Nur wenn große Panoramafenster oder ein Wintergarten vorhanden ist, sollte man über eine Glasversicherung nachdenken. Auch wenn die Immobilie ganz oder teilweise vermietet wird, kann eine Glasversicherung sinnvoll sein, weil diese dann Auseinandersetzungen mit dem Mieter über den Schaden und seine Beseitigung erspart.

Elementarschadenversicherung

Wer seinen Hausrat gegen Schäden aus Überschwemmungen oder Rückstau absichern will, muss die sogenannte Elementarschadenversicherung als Zusatzpolice zur Hausratversicherung abschließen.

Achtung: In der Elementarschadenversicherung sind im Paket Schäden durch Überschwemmung, Erdbeben, Erdsenkung, Erdrutsch, Schneedruck und Lawinen versichert. Eine Versicherung gegen einzelne Gefahren (z. B. nur gegen Überschwemmung) ist nicht möglich.

Versicherungsschutz besteht bei einer Überschwemmung, wenn also ein Gewässer über die Ufer tritt oder wenn das Grundstück überschwemmt wird. Versichert sind auch Schäden, die eintreten, wenn Grundwasser an die Oberfläche und ins Haus gelangt. Nicht versichert sind Schäden durch eine Sturmflut und Schäden durch Grundwasser, wenn es nicht an die Oberfläche gelangt.

Versichert ist ein Schaden, wenn Wasser aus Ableitungsrohren des Gebäudes durch Regen oder Überschwemmung in das Haus gelangt (Rückstau). Kein Versicherungsschutz besteht, wenn im Gebäude keine funktionstüchtige Rückstausicherung vorhanden war.

Schäden durch Erdbeben, Erdsenkung oder Erdrutsch sind versichert, wenn das Ereignis naturbedingt ist, nicht wenn es durch menschliche Handlungen hervorgerufen wurde (z. B. durch Baumaßnahmen).

 Die Versicherungsprämien hängen von der Gefährdungsklasse des jeweiligen Gebiets ab. Sehr teuer ist die Versicherung in Gegenden, die an Flüssen liegen. Und in besonders gefährdeten Gebieten sind die Risiken so groß, dass die Versicherungen Versicherungsschutz ablehnen.

Fahrradversicherung

Das Fahrrad ist in der Hausratversicherung immer gegen Diebstahl geschützt, wenn es aus der Wohnung oder aus einem abgeschlossenen Fahrradkeller gestohlen wurde. Wer sein Rad gegen Diebstahl außerhalb der Wohnung versichern möchte, braucht eine Zusatzpolice zur Hausratversicherung.

Achtung: Die Entschädigung für das Fahrrad ist nach oben begrenzt. In der Regel muss der Versicherte im Rahmen einer Selbstbeteiligung einen Teil des Schadens selbst tragen. Und wer abends mit dem Fahrrad unterwegs ist, darf es nicht draußen stehen lassen. Sonst gibt es im Schadensfall kein Geld. Besseren Versicherungsschutz gibt es bei einer speziellen Fahrradversicherung.

7.2.4 Tipps für die richtige Police

Wer eine Hausratversicherung abschließen will, sollte vor allem auf eine ausreichende Versicherungssumme achten. Andernfalls entsteht eine Unterversicherung. Wer also im Antrag eine zu geringe Versicherungssumme angibt, erhält im Schadensfall keinen vollen Ersatz. Beim Vertragsabschluss sollte ferner berücksichtigt werden, dass in der Standardhausratversicherung bestimmte Risiken nicht oder nur unzureichend versichert sind, die aber über Zusatzpolicen abgedeckt werden können.

Auf richtige Versicherungssumme achten

Damit im Schadensfall kein Verlust entsteht, muss die Versicherungssumme für den Hausrat immer dem tatsächlichen Versicherungswert entsprechen. Dies ist der aktuelle Neuwert, also der Wiederbeschaffungswert von Gegenständen gleicher Art und Güte in neuwertigem Zustand.

Vor Abschluss des Versicherungsvertrags muss also der Gesamtwert des Hausrats ermittelt werden, der dann der Versicherungssumme entspricht. Dazu gibt es zwei Möglichkeiten:

- Der Gesamtwert des Hausrats kann dadurch ermittelt werden, indem die einzelnen Hausratgegenstände und der Anschaffungspreis für jeden Gegenstand aufgelistet werden.

- Regelmäßig bieten die Versicherungen aber auch die sogenannte Quadratmeter-Lösung an. In diesem Fall wird ein fester Betrag pro Quadratmeter (zwischen € 650,– und € 700,–) festgelegt. Die Versicherungssumme ergibt sich dann aus der Multiplikation der Quadratmeter mit diesem Betrag. Eine Familie mit einer 90 m² großen Wohnung käme damit auf eine Versicherungssumme von € 58 500,– (bei € 650,–/m²) bzw. € 63 000,– (bei € 700,–/m²).

Wenn die Versicherungssumme nach der genannten Formel pauschal berechnet wird, verzichtet die Versicherung bei einem Schaden darauf, zu prüfen, ob der Hausrat unterversichert – das heißt in Wirklichkeit mehr wert war. Das ist bequem, denn die Versicherung zahlt bei einem Schaden dann immer den vollen Neuwert. Mehr als die Höchst-Versicherungssumme gibt es bei einem Totalschaden jedoch nicht. Familien, die einen wertvollen Hausrat besitzen, sollten deshalb prüfen, ob die Pauschale ausreicht. Ansonsten wären sie unterversichert.

Wer einen Umzug ins Seniorenheim plant, sollte die Versicherungssumme dem Wert des mitgenommenen Hausrats anpassen. Unter Umständen kann in diesem Fall auf die Hausratversicherung ganz verzichtet werden.

Preisvergleich lohnt sich

Bei den Hausratversicherungen bestehen hohe Beitragsunterschiede bei weitgehend gleichem Versicherungsschutz. Deshalb sollten Preise und Leistungen mehrerer Anbieter miteinander verglichen werden. Dabei sollten auch Zielgruppenangebote für Senioren genutzt werden.

 Selbst wer bereits eine Hausratversicherung hat, sollte den Schutz regelmäßig überprüfen. Neuere Versicherungsbedingungen bieten häufig mehr Schutz zum selben Preis oder günstiger an. Zudem ändert sich im Laufe der Jahre möglicherweise der Wert des gesamten Hausrats und es bedarf einer Anpassung.

Sinnvolle zusätzliche Klauseln

Über die dargestellten Zusatzpolicen hinaus kann durch Vereinbarung von Zusatzklauseln der Versicherungsschutz erweitert werden, soweit dies nicht bereits im Grundschutz enthalten ist. Je nach Bedarf können bestimmte Extras mitversichert werden.

Überspannungsschäden

Schäden durch direkten Blitzschlag sind im Grundschutz der Hausratversicherung enthalten. Anders sieht es bei sogenannten Überspannungsschäden an elektronischen Geräten aus. Selbst wenn der Blitz in einiger Entfernung in Überlandleitungen einschlägt, kann dies wegen sogenannter Überspannungsspitzen zur Beschädigung der in der Wohnung befindlichen technischen Geräte (z. B. Fernseher, Computer) führen. Diese Gefahr sollte in der Hausratversicherung mitversichert sein.

Verzicht auf Leistungskürzung bei grob fahrlässig herbeigeführtem Schaden

In der Hausratversicherung sollte gewährleistet sein, dass der Versicherer – je nach Umfang bis zu einer bestimmten Grenze oder auch unbegrenzt – auf den Einwand verzichtet, dass der Schaden grob fahrlässig verursacht wurde. Grobe Fahrlässigkeit liegt z. B. vor, wenn es zu einem Brand kommt, weil der Versicherte beim Verlassen des Hauses eine brennende Kerze nicht gelöscht hat. Die Versicherung sollte auch in diesem Fall (je nach vereinbarter Grenze) den kompletten Schaden übernehmen.

Fahrradversicherung

Wer ein teures Fahrrad besitzt (z. B. E-Bike), sollte über eine Erweiterung der Hausratversicherung nachdenken, die vor den finanziellen Folgen des (einfachen) Diebstahls des auf der Straße abgeschlossenen Fahrrads schützt.

7.3 Wohngebäudeversicherung

Wer ein Eigenheim hat, braucht eine Wohngebäudeversicherung. Sie gehört für Wohnungseigentümer neben der Privathaftpflichtversicherung zu den wichtigsten Versicherungen. Wer sein Haus über einen Bankkredit finanziert hat, kommt um diese Versicherung ohnehin nicht herum; sie ist Bedingung für die Kreditfinanzierung.

 Die Wohngebäudeversicherung kann, was zu empfehlen ist, als sogenannte »verbundene« Versicherung gegen Feuer-, Leitungswasser- und Sturmschäden oder auch nur gegen eine dieser Gefahren abgeschlossen werden. Die Wohngebäudeversicherung hat ein großes »Loch«. Nicht versichert sind nämlich insbesondere Schäden durch Überschwemmung. In diesem Fall hilft eine Elementarschadenversicherung als Zusatzpolice zur Wohngebäudeversicherung.

7.3.1 Versicherungsschutz

Die Wohngebäudeversicherung schützt nicht nur das eigentliche Gebäude, sondern auch alle mit diesem fest verbundenen Teile (z. B.
Zentralheizungsanlagen, Einbaumöbel, sanitäre Installationen und
elektrische Anlagen). Auch Zubehör, das der Instandhaltung des Gebäudes und dessen Nutzung zu Wohnzwecken dient (z. B. Antennen,
Markisen, Überdachungen), ist geschützt.

Feuerversicherung

Versichert sind Schäden durch Brand, Blitzschlag und Explosion.
Mit Brand wird ein Feuer bezeichnet, das ohne einen bestimmungs-
gemäßen Herd entstanden ist oder diesen verlassen hat und sich aus
eigener Kraft ausbreiten kann.

 Beispiel: Versichert sind z. B. Schäden, die durch Brandstiftung
oder einen Kurzschluss entstehen. Nicht versichert sind Sengschäden (z. B. Brandlöcher im Parkett) und Schäden an Gebäu-
deteilen, die bei normaler Nutzung Feuer oder Hitze ausgesetzt
sind (z. B. Teile des Kamins).

Sturmversicherung

In der Sturmversicherung sind Schäden durch Sturm und Hagel versichert. Versicherungsschutz besteht aber bei einer Windgeschwindigkeit von 62 km/h (Windstärke 8).

 Beispiel: Versichert sind insbesondere alle Schäden, die auf
die direkte Einwirkung des Sturms auf das Haus zurückzuführen
sind (z. B. wenn der Wind das Dach abdeckt), ferner indirekte
Einwirkungen (z. B. wenn der entwurzelte Baum das Hausdach
beschädigt) und Folgeschäden (z. B. wenn wegen des abgedeck-
ten Dachs Regen in das Haus eindringt).

=== **Leitungswasserversicherung**

Schäden durch Leitungswasser sind die häufigsten Fälle bei der Wohngebäudeversicherung. Rohrbruch, schadhafte Waschmaschinen und Geschirrspüler und deren Zu- und Ableitungen, schadhafte Dichtungen und Frostschäden sind die häufigsten Leitungswasserschäden.

 Beispiel: Versichert sind u. a. Schäden durch Rohrbrüche, durch den Austritt von Flüssigkeiten aus Heizungsanlagen, Klimaanlagen oder Wärmepumpen und Frostschäden an Heizungsanlagen, Wasserrohren und sanitären Einrichtungen. Nicht versichert sind Frostschäden an Wasser- und Heizungsrohren in ungeheizten Räumen, Schäden durch Rohrbruch außerhalb des Grundstücks und Schäden durch Rückstau von Abwasser aus Rohren der öffentlichen Abwasserentsorgung.

=== **Versicherungssumme**

Die richtige Versicherungssumme ist die, wenn das Gebäude im Falle der Zerstörung wieder vollständig aufgebaut werden kann. Die beste Variante für die Ermittlung dieser Versicherungssumme ist die sogenannte gleitende Neuwertversicherung.

Dabei wird zunächst als Basiswert der Neubauwert des Hauses aus dem Jahr 1914 ermittelt. Aber keine Angst, so wenig zahlt die Versicherung im Schadensfall nicht. Denn dieser Wert ist nur eine Basiszahl. Davon ausgehend werden die Preissteigerungen in der Bauwirtschaft Jahr für Jahr hinzugerechnet und unterm Strich steht dann der aktuelle Wiederaufbauwert des Gebäudes. Der ermittelte Basiswert wird mit dem gleitenden Neubauwertfaktor multipliziert. Dieser Faktor wird jedes Jahr vom Statistischen Bundesamt festgelegt und berücksichtigt die aktuelle Preisentwicklung.

Beispiel: Ein im Jahr 2007 gebautes Haus hat € 200 000,– gekostet. Um den Wert aus dem Jahr 1914 zu ermitteln, muss man die Summe durch den Baukostenindex von 2007 (= 10,69) teilen. Das Ergebnis ist rund 18 700 Mark. Brennt die Immobilie im Jahr 2015 ab, wird diese Summe mit dem Baukostenindex 2015 (= 13,10) multipliziert. 18 700 × 13,10 ergibt € 244 970,–. Diese Summe erhält der Versicherte im Schadensfall für den Neubau.

 Der Vorteil der gleitenden Neuwertversicherung ist der, dass der Versicherte sein Haus nach dem heutigen Stand der Technik wieder aufbauen kann, gleichgültig, wie alt es vorher war. Damit ist ausgeschlossen, dass das Haus zu niedrig versichert ist und der Versicherte im Schadenfall auf einem Teil der Wiederaufbaukosten sitzen bleibt.

7.3.2 Leistungen

Der Schutz der Gebäudeversicherung umfasst insbesondere

- den Wiederaufbau eines zerstörten Gebäudes; ersetzt wird der ortsübliche Neubauwert, wenn der Wiederaufbau des Hauses innerhalb von drei Jahren veranlasst wird; nach dieser Frist zahlt die Versicherung nur noch den Zeitwert;

- die Reparaturkosten für beschädigte Gebäudeteile und Gebäudezubehör;

- die Erstattung des ortsüblichen Mietwerts für maximal zwölf Monate, wenn der Versicherte die eigene Wohnung nicht mehr nutzen kann;

- den Mietausfall, wenn vermietete Teile des Gebäudes nicht mehr benutzt werden können;

- die Kosten für Aufräumarbeiten (z. B. Abbruch, Abtransport des Bauschutts), soweit nach der Police mitversichert.

7.3.3 Kosten

Für die Beitragshöhe ist insbesondere von Bedeutung,

- welchen Wert das Gebäude hat,

- in welcher Tarifzone das Gebäude liegt (die Sturmgefahr ist z. B. in Schleswig-Holstein oder in Niedersachsen höher als in Süddeutschland),

- wie das Wohnumfeld aussieht (z. B. feuergefährliche Betriebe in der Nachbarschaft),

- welches Alter und welche Bauartklasse das Haus hat (z. B. Bedachung, Wandkonstruktion),

- ob das Haus ständig oder nur gelegentlich bewohnt wird,

! Ganz entscheidend für die Höhe des Beitrags ist der Gebäudewert und damit die Versicherungssumme. Die beste Variante für die Ermittlung dieser Versicherungssumme ist die sogenannte gleitende Neuwertversicherung. Diese hat den Vorteil, dass der Versicherte sein Haus nach dem heutigen Stand der Technik wieder aufbauen kann, gleichgültig, wie alt es vorher war. Damit ist ausgeschlossen, dass das Haus zu niedrig versichert ist und der Versicherte im Schadenfall auf einem Teil der Wiederaufbaukosten sitzen bleibt.

7.3.4 Elementarschadenversicherung

Die Gebäudeversicherung hat ein großes Loch: Schäden durch Überschwemmungen sind nicht versichert. Diese nehmen aber gleichzeitig durch die Klimaveränderung zu. Und das auch in Lagen, die sich nicht in der Nähe von Überschwemmungsgebieten befinden. Starkregen und damit verbundene Überschwemmungen sowie Rückstau aus der Kanalisation treten in nahezu allen Regionen Deutschlands immer öfter auf.

Wer sich gegen Schäden aus Überschwemmungen oder Rückstau absichern will, muss die sogenannte Elementarschadenversicherung als Zusatzpolice zur Gebäudeversicherung abschließen. Sie kann auch in Kombination mit einer Hausratversicherung abgeschlossen werden.

Achtung: In der Elementarschadenversicherung sind im Paket Schäden am Gebäude und an Grundstücken durch Überschwemmung, Erdbeben, Erdsenkung, Erdrutsch, Schneedruck und Lawinen versichert. Eine Versicherung gegen einzelne Gefahren (z. B. nur gegen Überschwemmung) ist nicht möglich.

Abgesicherte und nicht abgesicherte Risiken

- Versicherungsschutz besteht bei einer **Überschwemmung,** wenn also ein Gewässer über die Ufer tritt oder wenn das Grundstück überschwemmt wird. Versichert sind auch Schäden, die eintreten, wenn Grundwasser an die Oberfläche und ins Haus gelangt. Nicht versichert sind Schäden durch eine Sturmflut und Schäden durch Grundwasser, wenn es nicht an die Oberfläche gelangt.

- Versichert ist ein Schaden, wenn Wasser aus Ableitungsrohren des Gebäudes durch Regen oder Überschwemmung in das Haus gelangt **(Rückstau).**

- Schäden durch **Erdbeben, Erdsenkung oder Erdrutsch** sind versichert, wenn das Ereignis naturbedingt ist, nicht wenn es durch menschliche Handlungen hervorgerufen wurde (z. B. durch Baumaßnahmen).

- Stürzt das Dach durch das Gewicht des Schnees ein, sind die entstandenen Schäden versichert. Das gilt auch für Schäden, die durch Lawinen entstehen.

Kosten

Die Versicherungsprämien hängen von der Gefährdungsklasse des jeweiligen Gebiets ab. Sehr teuer ist die Versicherung in Gegenden, die an Flüssen liegen. Und in besonders gefährdeten Gebieten sind die Risiken so groß, dass die Versicherungen Versicherungsschutz ablehnen.

Achtung: Fast alle Versicherer verlangen eine Selbstbeteiligung des Hausbesitzers im Schadensfall. Üblich sind Selbstbehalte, die sich nach dem Wert des Haus richten (im Regelfall 1 % der Versicherungssumme von 1914 multipliziert mit dem gleitenden Neubauwert) oder ein Selbstbehalt vom jeweiligen Schaden (üblicherweise 10 %).

7.4 Unfallversicherung

Für Berufstätige ist eine Unfallversicherung wesentlich wichtiger als für ältere Menschen. Zwar wird gerade mit zunehmendem Alter die Unfallversicherung wichtiger, weil mit nachlassenden Körperkräften die Unfallgefahr steigt, jedoch entsteht im Falle eines Unfalls bei Senioren keine Einkommenslücke, weil die Rente weiterhin gezahlt wird. Allerdings müssen auch Senioren die Folgen eines Unfalls selbst finanzieren. Und das kann den finanziellen Rahmen sprengen, wenn beispielsweise die Wohnung bedarfsgerecht umgebaut werden muss oder die Anschaffung eines geeigneten Kraftfahrzeugs ansteht. In solchen Fällen tritt dann die Unfallversicherung mit Renten- und Einmalzahlungen ein.

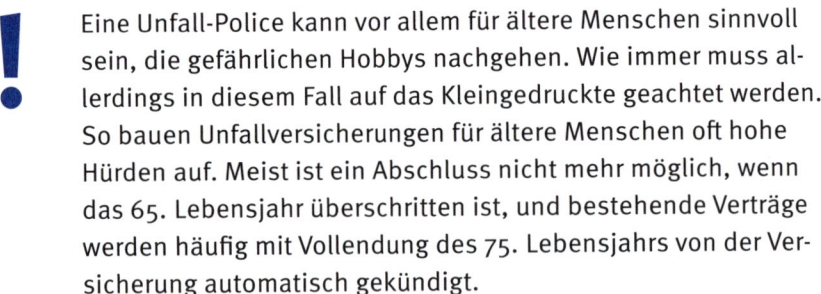

Eine Unfall-Police kann vor allem für ältere Menschen sinnvoll sein, die gefährlichen Hobbys nachgehen. Wie immer muss allerdings in diesem Fall auf das Kleingedruckte geachtet werden. So bauen Unfallversicherungen für ältere Menschen oft hohe Hürden auf. Meist ist ein Abschluss nicht mehr möglich, wenn das 65. Lebensjahr überschritten ist, und bestehende Verträge werden häufig mit Vollendung des 75. Lebensjahrs von der Versicherung automatisch gekündigt.

Achtung: Für den Grad der Invalidität nach einem Unfall kann auch altersbedingte Gebrechlichkeit ursächlich sein. Dieser Aspekt enthält ein hohes Streitpotenzial für die Auseinandersetzung mit der

Versicherung, weil diese unter Umständen die Leistungen kürzen wird. Unabhängig davon besteht allerdings ein uneingeschränkter Leistungsanspruch bei altersbedingtem, typischem, normalem Verschleißzustand.

Das Wichtigste bei einer Unfallversicherung ist die Versicherungssumme. Diese braucht allerdings für Senioren nicht mehr so hoch angesetzt werden. Etwa € 100 000,– sollten reichen. Auf eine Progression kann verzichtet werden, weil die Rente auch nach einem Unfall den täglichen Finanzbedarf sichert.

Spezielle Senioren-Unfallversicherungen richten sich an die ältere Zielgruppe. Sie beinhalten sogenannte Assistance-Leistungen, das heißt eine Kombination aus privater Unfallversicherung und Dienstleistungen für die häusliche Pflege oder auch Pflegeleistungen. Über den herkömmlichen Schutz einer Unfallversicherung hinaus organisiert die Versicherung für den Kunden Dienstleistungen, sogenannte Assistance-Leistungen wie die Erledigung von Einkäufen, die Begleitung von Arzt- und Behördengängen, Menü- und Wäscheservice oder einen Hausnotruf.

Der Abschluss einer speziellen Senioren-Unfallversicherung mit Assistance-Leistungen ist allenfalls dann sinnvoll, wenn ältere Menschen mit dem Organisieren von Hilfe überfordert wären und keine Angehörige oder Freunde haben, die sie unterstützen könnten. Ohnehin werden die Hilfeleistungen meist nur für bis zu sechs Monate nach dem Unfall gewährt.

7.5 Rechtsschutzversicherung

Nicht immer lässt sich ein Rechtsstreit vermeiden. Und ein solcher Streit kann schnell einige Tausend Euro kosten. In diesem Fall hilft eine Rechtsschutzversicherung. Mit ihr kann man sich gegen das Kostenrisiko eines Rechtsstreits versichern. Die Versicherung übernimmt dann

- gesetzliche Anwaltsgebühren des vom Versicherten frei wählbaren Anwalts,

- Gerichtskosten,

- Kosten eines Schiedsverfahrens,

- Zeugengelder,

- Sachverständigenhonorare,

- Kosten der Gegenseite, die der Versicherte tragen muss,

- notwendige Vorschüsse.

Ob sich eine Rechtsschutzversicherung lohnt, hängt von den persönlichen Lebensumständen und der persönlichen Risikoeinschätzung ab. Nicht zuletzt ist von Bedeutung, wie stark die jeweilige Neigung zu rechtlichen Auseinandersetzungen ausgeprägt ist. Es besteht die Wahl, ein Gesamtpaket oder nur Rechtsschutz für einzelne Rechtsgebiete abzuschließen. Das Gesamtpaket enthält regelmäßig Privat-, Berufs-, Verkehrs- und Mietrechtsschutz. Allerdings enthalten die Policen recht umfangreiche Leistungsausschlüsse. Nicht versichert sind beispielsweise familien- und erbrechtliche (Ausnahme: erste Beratung) sowie baurechtliche Streitigkeiten.

> **!** Wer auch im Alter das finanzielle Risiko eines Rechtsstreits ausschließen will, sollte die von den Versicherungen angebotenen Senioren-Tarife prüfen. Allerdings sollte der jeweilige Versicherungsbedarf sorgfältig bestimmt werden und die individuelle Lebenssituation berücksichtigen. Denn nicht immer ist ein Rundumschutz sinnvoll. Wer viel Auto fährt und ansonsten keine Verwendung für eine Rechtsschutzversicherung hat, braucht nur eine Verkehrspolice.

Maßgebend für die Zusammenstellung des Versicherungsbedarfs ist also die spezielle Lebenssituation am Ende des Berufslebens und im anschließenden Ruhestand. So dürfte etwa Arbeitsrechtsschutz nicht mehr notwendig sein, während Streitigkeiten mit Sozialversiche-rungsträgern (z. B. der Rentenversicherung) abgedeckt sein sollten. Wer über eine Immobilie verfügt und diese vielleicht noch vermietet hat, ist mit einer Immobilienrechtsschutzversicherung gut bedient. Entsprechendes gilt für Wohnungsmieter beim Mietrechtsschutz. Und wer häufig reist oder seine Hobbys pflegt, ist durch diese Ak-tivitäten entsprechenden Rechts- und Mobilitätsrisiken ausgesetzt. Insgesamt sollte also der Umfang des Versicherungspakets kritisch geprüft und keine Prämie für Bereiche gezahlt werden, für die es aufgrund der speziellen Lebenssituation eines Versicherungsschut-zes nicht bedarf.

 Wer eine Rechtsschutzversicherung abschließen will, sollte bei knappem Budget eine Selbstbeteiligung vereinbaren. Diese reduziert den Versicherungsbeitrag deutlich.

Achtung: Viele Versicherungen bieten Seniorentarife an, die ab dem Ausscheiden aus dem Berufsleben bzw. ab einem bestimmten Alter den Zusatz des Berufsrechtsschutzes streichen. Dabei muss beachtet werden, dass in diesem Fall auch der Partner den Berufsrechtsschutz verliert – selbst wenn er noch berufstätig ist.

7.6 Versicherungen rund ums Auto

Der Abschluss einer Kfz-Haftpflichtversicherung ist für alle Halter von Kraftfahrzeugen Pflicht. Der Versicherungsschutz kann durch Zusatzpolicen abgerundet werden.

7.6.1 Kfz-Haftpflichtversicherung

Ohne Versicherungsschutz gibt es für das Fahrzeug keine Zulassung. Die Versicherung kommt für Schadensersatzansprüche auf, die durch den Gebrauch des Fahrzeugs entstehen.

=== Versicherungsschutz

Die Kfz-Haftpflichtversicherung tritt insbesondere ein, wenn durch den Gebrauch des Fahrzeugs

- Personen verletzt oder getötet oder

- Sachen beschädigt oder zerstört und

- deswegen Schadensersatzansprüche gegenüber dem Schadensverursacher geltend gemacht werden.

Auf das Verschulden des Versicherten kommt es dabei nicht an. Man spricht daher auch von einer Gefährdungshaftung.

Der Schutz der Kfz-Haftpflichtversicherung gilt insbesondere für

- den Versicherten als Vertragspartner der Versicherung,

- den Halter des Fahrzeugs (das ist die Person, die das Fahrzeug in Gebrauch hat),

- den Eigentümer des Fahrzeugs (die Person, die im Besitz des Fahrzeugbriefs ist),

- den Fahrer des Fahrzeugs (das ist die Person, die zum Zeitpunkt des Unfalls am Steuer saß).

Alle diese Personen können Ansprüche aus dem Versicherungsvertrag gegen die Versicherung geltend machen.

=== Leistungen

Die Kfz-Haftpflichtversicherung übernimmt Personen-, Sach- und Vermögensschäden, allerdings nur bis zur Höhe der vereinbarten Versicherungssumme. Gesetzlich vorgeschriebene Mindestversicherungssummen sind 7,5 Millionen Euro für Personenschäden, 1,12 Millionen Euro für Sachschäden und € 50 000,– für reine Vermögensschäden.

=== Tipps für die richtige Police

Wer eine Kfz-Haftpflichtversicherung abschließen will, sollte nicht nur auf den Beitrag achten. Wichtig ist neben einer ausreichenden Deckungssumme auch, welche besonderen Deckungsklauseln die Police enthält.

___ Auf Deckungssumme achten

Auf keinen Fall sollte am falschen Ende gespart werden. Es sollte immer die höchstmögliche Deckungssumme, zurzeit 100 Millionen Euro, gewählt werden. Denn für jeden Euro, der über der vereinbarten Deckungssumme liegt, haftet der Versicherte als Unfallverursacher mit seinem gesamten Vermögen.

___ Beiträge vergleichen

Die billigste Kfz-Versicherung ist nicht zwangsläufig die beste. Verschiedene Versicherungsbedingungen, unzählige Varianten bei den Rabatten, verschiedene Typenklassen und unterschiedliche Schadensfreiheitsstaffeln und -klassen – einem Laien ist es kaum noch möglich, sich in dem Tarifdschungel der Kfz-Versicherungen zurechtzufinden. Allein die Rabattlisten der Versicherungen sind kaum noch überschaubar. So gibt es u. a. Rabatte für Neufahrzeuge, die eigene Garage, Wenigfahrer, langjährige Kundentreue, Alleinnutzer, Angehörige einer bestimmten Berufsgruppe, Absolventen eines Sicherheitstrainings oder Eigentümer eines selbst genutzten Wohnhauses.

Die meisten Kfz-Versicherungen werden mit dem Alter teurer, weil viele Versicherer offenbar ältere Fahrer für ein Sicherheitsrisiko halten. Häufig bemerken die Versicherten durch den steigenden Schadenfreiheitsrabatt gar nicht, dass der Grundbeitrag wegen des Alters steigt. Erst wenn der Versicherte in der höchsten Schadenfreiheitsklasse angekommen ist, wird ersichtlich, dass der Versicherungsbeitrag mit dem Alter steigt. Im Regelfall wird die Kfz-Versicherung ab 65 Jahren teurer. Und ab 75 Jahren langen die Versicherungen richtig zu. Hier hilft nur, die Auto-Versicherung jährlich zu überprüfen und gegebenenfalls zu einem günstigeren Anbieter mit gleich guten Konditionen zu wechseln. Dabei sollten möglichst viele Angebote eingeholt und am besten mit einem Vergleichsrechner im Internet verglichen werden.

7.6.2 Zusatzpolicen zur Kfz-Haftpflichtversicherung

Der Versicherungsschutz der Kfz-Haftpflichtversicherung kann durch Zusatzpolicen abgerundet werden.

Teilkaskoversicherung

Die Teilkaskoversicherung zahlt für Schäden am Fahrzeug durch

- Brand, Explosion,

- Diebstahl, Raub,

- Sturm, Hagel, Überschwemmung, Blitzschlag,

- Glasbruch bzw. Steinschlag,

- Zusammenstoß mit Haarwild (z. B. Rehe, Hirsche, nicht aber Hunde oder Pferde), Marderbisse oder Kurzschlussschäden an der Verkabelung.

Achtung: Von der Teilkaskoversicherung werden keine durch Vandalismus oder selbst verursachte Schäden übernommen.

Vollkaskoversicherung

Eine Vollkaskoversicherung ist vor allem für Neuwagenbesitzer empfehlenswert. Sie schließt den Versicherungsschutz der Teilkaskoversicherung ein, darüber hinaus sind aber noch Schäden am Fahrzeug durch Unfall versichert, den der Fahrer selbst verursacht hat, ferner

Schäden, die durch mutwillige Beschädigung des Fahrzeugs durch Dritte entstanden sind (Vandalismus).

 Bei der Vollkaskoversicherung gibt es im Gegensatz zur Teilkaskoversicherung einen Schadensfreiheitsrabatt. Wenn der Versicherte also lange unfallfrei gefahren ist, ist es möglich, dass der Abschluss einer Vollkaskoversicherung günstiger ist als der einer Teilkaskoversicherung, die weniger Schutz bietet.

Insassenunfallversicherung

Die Insassenunfallversicherung bietet Schutz, wenn Insassen eines Fahrzeugs bei einem Unfall verletzt werden. In diesem Fall zahlt die Versicherung bestimmte Leistungen in der vereinbarten Höhe.

 Wer eine Insassenunfallversicherung abschließen will, sollte bedenken, dass bei einem fremdverschuldeten Unfall die Haftpflichtversicherung des Unfallverursachers für Schäden der Unfallopfer aufkommt. Und bei einem selbst verschuldeten Unfall sind die Bei- und Mitfahrer über die Kfz-Haftpflichtversicherung des Fahrers geschützt. Auf eine zusätzliche Insassenunfallversicherung kann also verzichtet werden.

7.7 Reiseversicherungen

Wer seinen Urlaub vorbereitet, sollte nicht nur an einen guten Reiseführer, sondern auch an den notwendigen Versicherungsschutz denken. Denn ohne die richtige Police müssen Urlauber im schlimmsten Fall einen Schaden aus eigener Tasche bezahlen. Aber welche Versicherungen gehören ins Urlaubsgepäck?

7.7.1 Auslandsreise-Krankenversicherung

Die Police für den Krankheitsfall ist der wichtigste Versicherungsschutz für einen Trip in ferne Lande. Für gesetzlich Versicherte zahlt

die Krankenkasse nur für notwendige Behandlungen bei Auslands-
reisen innerhalb der EU sowie bei Reisen in Länder mit Sozialversicherungsabkommen wie die Schweiz oder die Türkei. Die Kosten
werden jedoch nur in Höhe der deutschen Behandlungssätze erstattet. In allen anderen Ländern müssen die Behandlungen komplett
selbst bezahlt werden. Für privat Krankenversicherte ist die Police
insbesondere dann sinnvoll, wenn von der privaten Krankenversicherung keine Kosten für den Rücktransport übernommen werden.

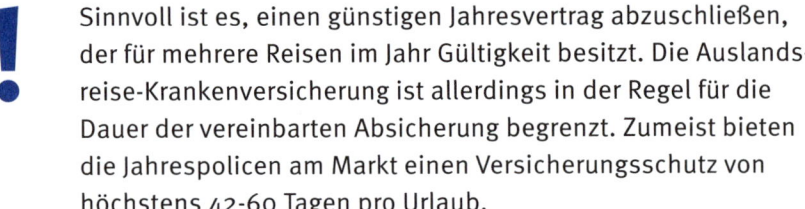

Sinnvoll ist es, einen günstigen Jahresvertrag abzuschließen,
der für mehrere Reisen im Jahr Gültigkeit besitzt. Die Auslands-
reise-Krankenversicherung ist allerdings in der Regel für die
Dauer der vereinbarten Absicherung begrenzt. Zumeist bieten
die Jahrespolicen am Markt einen Versicherungsschutz von
höchstens 42-60 Tagen pro Urlaub.

7.7.2 Unter Umständen sinnvoll: Reiserücktrittskostenversicherung

Bei der Reiserücktrittskostenversicherung leistet der Versicherer
eine Entschädigung bei Nichtantritt der Reise für die dem Reiseun-
ternehmen oder einem anderen vom Versicherten vertraglich ge-
schuldeten Rücktrittskosten. Zu den versicherten Risiken gehören
u. a. Tod, schwerer Unfall oder unerwartete schwere Erkrankung des
Versicherten oder seines Ehegatten. Nicht zu den versicherten Risiken gehören unaufschiebbare Arbeiten in der Firma bzw. tatsächliche oder vermeintliche Unabkömmlichkeit im Job.

Der Abschluss einer Reiserücktrittskostenversicherung ist
Geschmackssache. Sie kann sinnvoll sein, wenn eine teure
Reise lange im Voraus geplant wird. Empfehlenswert ist sie
auch, wenn ein Urlaub mit Kindern geplant ist. Wer sich für die
Police entschließt, sollte darauf achten, dass auch die Kosten
für einen vorzeitigen Abbruch des Urlaubs von der Versicherung
übernommen werden.

7.7.3 Reisegepäckversicherung

Die Reisegepäckversicherung ersetzt Schäden, die dem Reisenden durch Diebstahl oder Beschädigung des Reisegepäcks entstehen. Sie gehört zu den eher entbehrlichen Reiseversicherungen, weil das Reisegepäck in vielen Fällen ohnehin versichert ist. Für Beschädigungen oder den Verlust von Reisegepäck während des Transports muss das Transportunternehmen – Airline, Bahn oder Busunternehmen – zahlen. Und wer eine Hausratversicherung abgeschlossen hat, ist über die Außenversicherung für das Gepäck auf Reisen zumindest teilweise versichert. Sie bezahlt z. B. für Schäden bei einem Raub oder bei einem Einbruch ins Hotelzimmer.

 Sinnvoll kann der Abschluss einer Reisegepäckversicherung insbesondere sein, wenn der Reisende besonders wertvolles Reisegepäck mit sich führt (z. B. eine teure Tauchausrüstung).

7.7.4 Reiseversicherungen im Paket

Viele Reiseveranstalter bieten Urlaubern komplette Verssicherungspakete für die Reise an. Sie enthalten meist eine Kombination aus Haftpflicht-, Unfall-, Rücktrittskosten-, Kranken-, Reisegepäck- und Rechtsschutzversicherung und sind mit umfangreichen Assistance-Leistungen gekoppelt, wie z. B. Bargeld- und Dokumentenservice und 24-Stunden-Hotline für den Notfall. Dies erscheint bequem, ist jedoch selten sinnvoll. Denn für die wichtigsten Risiken wie Krankheit, Haftpflicht und Unfall sollten Familien ohnehin Versicherungen abgeschlossen haben. Durch die Reisepaketversicherung entsteht also eine überflüssige Doppelversicherung.

7.8 Sterbegeldversicherung

Auch der »letzte Gang« kostet Geld und das nicht zu knapp. Gut € 5 000,– kostet im Schnitt ein Urnenbegräbnis. Viele Menschen wollen sicher sein, dass nach ihrem Tod die Hinterbliebenen nicht mit diesen Kosten belastet werden. Schließlich zahlen seit 2004 die Krankenkassen kein »Sterbegeld« mehr. Die Lösung aus der Sicht der Versicherer: eine Sterbegeldversicherung. Schließlich stirbt jeder einmal und das ist mit Kosten verbunden. Stirbt der Versicherte, zahlt die Versicherung die vereinbarte Versicherungssumme an die Hinterbliebenen aus, mit der die Beerdigungskosten finanziert werden können.

Hinter einer Sterbegeldversicherung verbirgt sich nichts anderes als eine Kapitallebensversicherung mit hohen Kosten. Ist die lange Einzahlungsphase beendet, haben Versicherte häufig mehr in die Police eingezahlt als an ihre Hinterbliebenen später ausgezahlt wird. Allerdings entfällt nur ein Teil der eingezahlten Prämie auf den Sparanteil, ein Großteil fließt in den Risikoschutz und wird zur Deckung der Verwaltungskosten verwendet. Sterbegeldversicherungen sind ein gutes Geschäft für die Versicherungen, nicht jedoch für den Kunden.

 Wer finanzielle Vorsorge für Begräbniskosten treffen und seine Hinterbliebenen finanziell entlasten will, sollte eine Risikolebensversicherung abschließen. Die Beiträge sind wesentlich günstiger. Alternativ kann ein bestimmter Geldbetrag auf einem Konto angespart werden (z. B. mit sicheren Banksparplänen). Das bringt mehr und ist obendrein deutlich kostengünstiger.

7.9 Beendigung überflüssiger Versicherungen

Wer sich von teuren oder überflüssigen Versicherungen trennen will, kann die Police ordentlich, unter Umständen auch außerordentlich kündigen. Und kurz nach Vertragsabschluss kann man sich von der Police durch einen Widerruf lösen.

7.9.1 Kündigung

Versicherungsverträge können ordentlich – bei längerfristigen Verträgenunter Umständen – außerordentlich gekündigt werden.

Ordentliche Kündigung

Grundsätzlich gilt eine Kündigungsfrist von drei Monaten zum Ende des Versicherungsjahrs. Was als Versicherungsjahr gilt, richtet sich nach den Allgemeinen Versicherungsbedingungen. Das Versicherungsjahr muss nicht mit dem Kalenderjahr übereinstimmen. Es kann auch mit dem Datum des Vertragsabschlusses beginnen und ein Jahr später enden.

Achtung: In der Kfz-Haftpflichtversicherung gilt eine Kündigungsfrist von nur einem Monat vor Ablauf des Versicherungsjahrs. Im Regelfall ist das Versicherungsjahr mit dem Kalenderjahr identisch. Die Kündigung der Kfz-Versicherung muss dann bis zum 30. 11. bei der Versicherung eingegangen sein, wenn sie zum 31. 12. wirksam werden soll.

Für alle seit dem 1. 1. 2008 neu abgeschlossenen Versicherungsverträge gilt, dass sie maximal für drei Jahre bindend abgeschlossen werden können, und zwar unabhängig davon, ob sie für einen längeren Zeitraum (z. B. fünf oder zehn Jahre) geschlossen wurden. Solche Verträge können also fristgerecht zum Schluss des dritten oder jedes darauffolgenden Jahres unter Einhaltung einer Frist von drei Monaten gekündigt werden.

Außerordentliche Kündigung

Erhöht der Versicherer aufgrund einer Anpassungsklausel die Prämie, ohne dass sich der Umfang des Versicherungsschutzes ändert, kann der Versicherte die Police außerordentlich kündigen. Dies gilt auch bei unverändertem Beitrag, aber reduziertem Versicherungsschutz. Der Vertrag muss dann innerhalb eines Monats gekündigt werden, nachdem der Versicherte Mitteilung über die Prämienerhöhung bzw. die Herabsetzung des Versicherungsschutzes erhalten hat. Die Kündigung kann mit sofortiger Wirkung ausgesprochen werden, frühestens aber zu dem Zeitpunkt, ab dem die Prämie erhöht bzw. der Versicherungsschutz reduziert wird.

Achtung: Eine Sonderregelung gilt für die Hausratversicherung. Wenn der Versicherer die Versicherungssumme an gestiegene Lebenshaltungskosten anpasst und damit den Beitrag erhöht, kann der Versicherte zwar nicht kündigen, aber Widerspruch einlegen. Er zahlt dann weiterhin den alten Versicherungsbeitrag, riskiert allerdings eine Unterversicherung. Im Schadensfall wird er dann nicht vollständig entschädigt.

Wenn ein Schadensfall eintritt (z. B. Einbruch in die Wohnung bei bestehender Hausratversicherung oder Autounfall in der Kfz-Versicherung), kann der Versicherte (ebenso aber auch der Versicherer) das Versicherungsverhältnis kündigen. Der Versicherte kann den Zeitpunkt der Kündigung frei wählen, spätestens muss die Kündigung aber zum Ende des Versicherungsjahres wirksam werden. Der Versicherer hat eine Kündigungsfrist von einem Monat einzuhalten.

Auch bei einem Umzug oder beim Kauf eines Hauses besteht die Möglichkeit, aus bestimmten Versicherungsverträgen auszusteigen. Wer in eine andere Stadt zieht, kann die Hausratversicherung kündigen, wenn dabei der Versicherungsbeitrag durch die Zuordnung in eine neue Tarifzone steigt. Spätestens einen Monat, nachdem die erhöhte Beitragsrechnung zugestellt wurde, muss die Kündigung beim Versicherer vorliegen. Wirksam wird sie dann einen Monat nach Zugang der Kündigung bei der Versicherung.

Beim Kauf eines Hauses kann der Käufer (nicht der Verkäufer) die Wohngebäudeversicherung kündigen, wenn er als Eigentümer ins Grundbuch eingetragen ist.

7.9.2 Widerruf des Versicherungsvertrags

Jeder kann sich mal irren und schon kurz nach der Unterschrift den Versicherungsabschluss bereuen. Bei einem Versicherungsvertrag haben Kunden grundsätzlich die Möglichkeit, sich kurz nach den Vertragsverhandlungen wieder von der Police zu lösen, Ihnen steht gesetzlich ein Widerrufsrecht von zwei Wochen, bei Lebensversicherungen innerhalb von 30 Tagen zu. Die Widerrufsfrist beginnt zu dem Zeitpunkt zu laufen, an dem der Kunde alle Informationen und die Belehrung über das Widerrufsrecht in Textform erhalten hat.

Achtung: Kein Widerrufsrecht besteht bei Verträgen, die sofortigen Schutz bieten, oder bei Policen mit einer Laufzeit von weniger als einem Monat. Sind diese Verträge allerdings im Wege des Fernabsatzes abgeschlossen worden (z. B. per Internet), können sie trotzdem widerrufen werden.

Wurde die Police frist- und formgerecht (in Textform, z. B. schriftlich oder per E-Mail) widerrufen, wird der Vertrag rückabgewickelt. Die Prämien, die bereits für die Zeit nach dem Zugang des Widerrufs gezahlt wurden, hat der Versicherer zurückzuerstatten. Hingegen verbleiben die Prämien für die Zeit bis zum Zugang des Widerrufs beim Versicherer. Bei Lebensversicherungen muss die Gesellschaft den Rückkaufswert einschließlich der Überschusssätze oder, wenn dies für den Versicherungsnehmer günstiger ist, die für das erste Jahr gezahlte Prämie erstatten.

Liegt gar keine oder eine unzureichende Widerrufsbelehrung vor, muss der Versicherer die Prämien für das erste Versicherungsjahr erstatten, es sei denn, der Versicherungsnehmer hat Leistungen aus dem Versicherungsvertrag in Anspruch genommen. Bereits erbrachte Versicherungsleistungen muss der Versicherte nicht zurückgewähren.

8 Rechtliche Vorsorge für Alter, Krankheit oder Unfall

Jeder Mensch kann durch Unfall, Krankheit oder Alter in die Situation kommen, dass er wichtige Angelegenheiten seines Lebens (z. B. Bankgeschäfte, Abschluss oder Kündigung eines Miet- oder Heimvertrags sowie Entscheidungen bei medizinischen Maßnahmen) nicht mehr selbstverantwortlich regeln kann. Natürlich werden im Ernstfall (hoffentlich) der Partner, der Ehegatte oder die Kinder beistehen und helfen. Allerdings steht den Angehörigen kein Vertretungsrecht kraft Gesetzes zu, wenn rechtsverbindliche Erklärungen oder Entscheidungen notwendig sind. Wer also gewährleistet wissen will, dass im Falle der Handlungsunfähigkeit seine persönlichen, finanziellen und medizinischen Interessen gewahrt werden, muss rechtliche Vorsorge treffen.

8.1 Vorsorgeinstrumente

Als Vorsorgeinstrumente kommen die Vorsorgevollmacht, die Patientenverfügung und die Betreuungsverfügung in Betracht.

- **Vorsorgevollmacht:** Mit der Vorsorgevollmacht kann man für den Fall der Hilfsbedürftigkeit bzw. Geschäftsunfähigkeit eine oder mehrere Vertrauenspersonen bestimmen, die Entscheidungen trifft, die man selbst nicht mehr wirksam treffen kann. Die Vorsorgevollmacht kann sich insbesondere auf persönliche Angelegenheiten, Vermögensangelegenheiten (z. B. Bankvollmacht, Abschluss von Verträgen) und/oder die Abwicklung von Gesundheitsangelegenheiten erstrecken.

- **Patientenverfügung:** Mit einer Patientenverfügung kann Vorsorge für Krankheitsfälle getroffen werden. Darin kann der Betroffene Wünsche einer medizinischen Versorgung, das heißt einer medizinischen Behandlung bzw. Nichtbehandlung oder einer Behandlungsbegrenzung äußern für den Fall, dass ihm das in einer späteren Situation nicht mehr möglich sein sollte.

- **Betreuungsverfügung:** Wenn eine Person aufgrund einer psychischen Krankheit oder einer körperlichen, geistigen oder seelischen Behinderung ihre Angelegenheiten ganz oder teilweise nicht mehr selbst besorgen kann, bestellt das Betreuungsgericht einen Betreuer, der die Person im Rahmen seines Aufgabenbereichs gerichtlich und außergerichtlich vertritt. Mit einer Betreuungsverfügung kann man gegenüber dem Betreuungsgericht Wünsche hinsichtlich der Person des Betreuers äußern und Hinweise geben, wie die Betreuung geführt werden soll.

8.2 Vorsorgevollmacht

Jeder kann in die Situation geraten, die eigenen Angelegenheiten nicht mehr selbst wahrnehmen zu können, sei es nach langer schwerer Krankheit oder nach einem plötzlichen Unfall. Denn schon für eine simple Geldabhebung vom Girokonto oder eine Überweisung ist die Unterschrift des Kontoinhabers notwendig. Und besonders kritisch wird es, wenn es gilt, die Rechte gegen Versicherungen, Behörden oder Gerichte wahrzunehmen, wenn man selbst wegen Gebrechlichkeit oder Krankheit nicht mehr in der Lage ist, die eigenen Angelegenheiten wahrzunehmen.

Durch eine Vorsorgevollmacht kann rechtliche Vorsorge für den Fall getroffen werden, dass man – etwa wegen eines Unfalls oder einer Erkrankung – nicht mehr in der Lage ist, seine Angelegenheiten zu regeln. Und man kann damit eine gesetzliche Betreuung vermeiden. Denn ein vom Betreuungsgericht eingesetzter Betreuer ist nach dem Willen des Gesetzgebers dann nicht erforderlich, wenn und soweit ein Bevollmächtigter die Angelegenheiten regeln kann. Damit wird das Recht auf Selbstbestimmung des Betroffenen gestärkt: Mit einer Vorsorgevollmacht kann man »in gesunden Tagen« die Vertrauensperson selbst auswählen, die bei später eintretender Geschäfts- und/oder Einwilligungsunfähigkeit entscheidet und handelt.

8.2.1 Bedeutung

Wenn eine volljährige Person aufgrund einer psychischen Krankheit oder einer körperlichen, geistigen oder seelischen Behinderung ihre Angelegenheiten ganz oder teilweise nicht mehr selbst besorgen kann, bestellt das Betreuungsgericht einen Betreuer. Dies erfolgt auf Antrag des Betroffenen oder von Amts wegen durch das Betreuungsgericht. Ein Betreuer darf nur für Aufgaben bestellt werden, in denen die Betreuung erforderlich ist.

Der Betreuer vertritt den Betreuten im Rahmen seines Aufgabenbereichs gerichtlich und außergerichtlich. Er hat die Angelegenheiten des Betreuten so zu besorgen, wie es dessen Wohl entspricht. Dazu gehört insbesondere auch, dass der Betreute im Rahmen seiner Fähigkeiten sein Leben nach seinen eigenen Wünschen und Vorstellungen gestalten kann, soweit sie seinem Wohl nicht zuwiderlaufen.

Ein Betreuer im Rahmen des gesetzlichen Betreuungsverfahrens wird aber nur bestellt, wenn dies notwendig ist, weil eine Person ihre Angelegenheiten ganz oder teilweise nicht mehr selbst besorgen kann. Die Bestellung eines Betreuers kann allerdings dann vermieden werden, wenn bereits eine andere Person bevollmächtigt wurde oder noch bevollmächtigt werden kann. Dies gilt nicht nur für Vermögensangelegenheiten, sondern für alle anderen Bereiche, etwa Gesundheits- oder Wohnangelegenheiten.

Mit der Vorsorgevollmacht kann man im Voraus einen Vertreter bevollmächtigen, seine Angelegenheiten zu erledigen, wenn man dies infolge von Krankheit, Unfall oder (altersbedingtem) Nachlassen der geistigen Kräfte selbst nicht mehr oder nur noch teilweise kann. Eine solche Vollmacht zur Vorsorge ermöglicht ein hohes Maß an Selbstbestimmung für den Fall, dass man selbst nicht mehr in der Lage ist, seine Angelegenheiten wahrzunehmen. Der Betroffene kann eine oder mehrere Personen seines Vertrauens benennen, die bereit sind, für ihn im Bedarfsfall rechtlich zu handeln. In der Vollmacht kann im Einzelnen geregelt werden, für welche Aufgabenbereiche sie geln und welche Befugnisse der Bevollmächtigte haben soll. Liegt eine wirksame und ausreichende Vollmacht vor, so darf in ihrem Regelungsbereich vom Betreuungsgericht keine rechtliche Betreuung für den Betroffenen angeordnet werden.

 Die Patientenverfügung ist eine vorsorgliche Verfügung für die medizinische Versorgung. Im Rahmen des Rechts auf Selbstbestimmung bei medizinischer Behandlung werden dem behandelnden Arzt Vorgaben über Art und Umfang diagnostischer oder therapeutischer Maßnahmen für den Fall erteilt, dass sich der Betroffene in einer konkreten Behandlungssituation nicht mehr persönlich äußern kann. Die Gewähr einer hundertprozentigen Verbindlichkeit einer Patientenverfügung gibt es nicht. Aus diesem Grund empfiehlt es sich, eine Patientenverfügung mit einer Vorsorgevollmacht zu kombinieren. Damit besteht die Möglichkeit, eine oder mehrere Vertrauenspersonen rechtlich in die Lage zu versetzen, den Festlegungen in der Patientenverfügung Nachdruck zu verleihen, diesen gegenüber den Ärzten Geltung zu verschaffen und die Festlegungen gegebenenfalls auch durchzusetzen.

8.2.2 Persönliche Voraussetzungen

Der Vollmachtgeber muss zum Zeitpunkt der Erteilung der Vorsorgevollmacht unbeschränkt geschäftsfähig sein. Das heißt, er muss das 18. Lebensjahr vollendet haben. Ferner darf keine krankhafte Störung der Geistestätigkeit vorliegen; diese Feststellung kann im Streitfall nur durch einen Richter getroffen werden. Im Normalfall ist bei einer volljährigen Person von bestehender Geschäftsfähigkeit auszugehen. Wird der Vollmachtgeber zu einem späteren Zeitpunkt geschäftsunfähig, bleibt die Vollmacht wirksam bestehen.

 Wenn der Vollmachtgeber Zweifeln an seiner Geschäftsfähigkeit begegnen will, sollte er sicherheitshalber von einem Notar seine Geschäftsfähigkeit bestätigen lassen.

Auch die bevollmächtigte Person muss geschäftsfähig sein. Ausreichend ist es jedoch, dass der Bevollmächtigte beschränkt geschäftsfähig ist. Der Bevollmächtigte kann also auch unter 18 Jahre alt sein. Besser ist jedoch die volle Geschäftsfähigkeit. In diesem Fall ist gewährleistet, dass die betreffende Person alle ihr vom Vollmachtgeber übertragenen Aufgaben wirksam wahrnehmen kann.

 Bei der Auswahl des Bevollmächtigten sollte insbesondere auch darauf geachtet werden, ob die betreffende Person in der Lage ist, anstelle des Vollmachtgebers zu entscheiden. Das kann insbesondere dann wichtig sein, wenn es um die Vermögensverwaltung geht und dabei unter Umständen auch eine fachliche Eignung von Bedeutung ist.

8.2.3 Formelle Anforderungen

Eine bestimmte Form ist bei der Erteilung einer Vorsorgevollmacht grundsätzlich nicht vorgeschrieben. Allerdings ist aus Beweisgründen dringend anzuraten, die Vorsorgevollmacht schriftlich zu errichten, weil sich bei mündlich erteilten Vollmachten stets das Problem stellt, wie der Bevollmächtigte beweisen soll, dass er tatsächlich bevollmächtigt ist.

Die Vollmacht kann auch mit dem Computer oder der Schreibmaschine geschrieben werden, man kann sie von einer anderen Person schreiben lassen oder sich eines geeigneten Vordrucks bedienen. Aus der Vollmacht müssen aber der Vollmachtgeber und der Bevollmächtigte (möglichst jeweils mit Vornamen und Familiennamen, Geburtsdatum und aktueller Adresse) hervorgehen.

Achtung: Banken und Sparkassen akzeptieren häufig nur ihre kontoeigenen Bank- und Kontovollmachten. Die Form dieser Vollmachten sollte deshalb mit der Bank besprochen werden. Zusätzlich zu einer Vorsorgevollmacht empfiehlt es sich daher, eine Bank- und Kontovollmacht nochmals separat auszustellen.

Bestimmte, im Gesetz ausdrücklich bezeichnete Angelegenheiten darf der Bevollmächtigte nur wahrnehmen, wenn die Vollmacht in einer bestimmten Form verfasst wurde:

- Soll der Bevollmächtigte in eine Untersuchung des Gesundheitszustands des Vollmachtgebers, in eine Heilbehandlung oder einen ärztlichen Eingriff einwilligen dürfen, muss die Vollmacht schriftlich erteilt werden, wenn die begründete Gefahr besteht, dass der Vollmachtgeber aufgrund der Maßnahme stirbt oder einen schweren und länger dauernden gesundheitlichen Schaden erleidet. Auch in eine Unterbringung mit Freiheitsentzug und über Freiheitsbeschränkungen wie Bettgitter, Fixierungen und Ruhigstellung mit Medikamenten darf der Bevollmächtigte nur mit einer ausdrücklichen schriftlichen Vollmacht einwilligen, ebenso in die Durchführung einer ärztlichen Zwangsmaßnahme.

- Soll der Bevollmächtigte berechtigt sein, Grundstücksgeschäfte im Namen des Vollmachtgebers abzuschließen, muss die Unterschrift des Vollmachtgebers unter der Vorsorgevollmacht öffentlich beglaubigt oder die Vollmacht notariell beurkundet sein. Andernfalls ist die Vorsorgevollmacht hinsichtlich von Grundstücksgeschäften nicht wirksam.

- Der notariellen Beurkundung bedarf die Vollmacht, wenn der Bevollmächtigte berechtigt sein soll, Verbraucherkreditverträge abzuschließen.

- Die Ermächtigung des Bevollmächtigten zur Erbausschlagung oder die Anfechtung der Erbschaftsannahme und -ausschlagung ist nur wirksam, wenn die Unterschrift des Vollmachtgebers öffentlich beglaubigt wurde.

8.2.4 Inhalt der nach außen wirkenden Vollmacht

Mit der Vorsorgevollmacht kann ein Bevollmächtigter für fast alle Lebensbereiche bestellt werden. In Betracht kommen u. a. die Vertretung in finanziellen und persönlichen Angelegenheiten, gegenüber Banken und Sparkassen, Versicherungen, Behörden und Gerichten. Wie weitreichend die Vollmacht ist, liegt im Ermessen des Vollmachtgebers. Es steht also in seinem Belieben, den Inhalt und Umfang der Vollmacht zu bestimmen.

Die meisten Vollmachten beziehen sich auf die Vertretung in Vermögensangelegenheiten. In diesem Zusammenhang kann der Bevollmächtigte ermächtigt werden, das bewegliche und unbewegliche Vermögen des Vollmachtgebers zu verwalten und über das Vermögen zu verfügen. Vollmacht kann auch für die Eingehung von Verbindlichkeiten erteilt werden.

Die Vollmacht in persönlichen Angelegenheiten kann sich auf die Vertretung bei medizinischen Behandlungen, pflegerischen Maßnahmen, freiheitsentziehenden und -beschränkenden Maßnahmen und Kommunikationsangelegenheiten erstrecken. Der Bevollmächtigte kann auch das Recht erhalten, über den Aufenthaltsort des Vollmachtgebers zu bestimmen oder seine Wohnung zu kündigen und aufzulösen.

Besonders schwerwiegende Entscheidungen muss der Bevollmächtigte teilweise durch das Betreuungsgericht bestätigen lassen. Dazu gehören folgende Maßnahmen:

- Die Einwilligung des Bevollmächtigten in eine Untersuchung des Gesundheitszustands, eine Heilbehandlung oder einen ärztlichen Eingriff bedarf der Genehmigung des Betreuungsgerichts, wenn die begründete Gefahr besteht, dass der Vollmachtgeber aufgrund der Maßnahme stirbt oder einen schweren und länger dauernden gesundheitlichen Schaden erleidet. Ohne die Genehmigung darf die Maßnahme nur durchgeführt werden, wenn mit dem Aufschub Gefahr verbunden ist.

- Die Einwilligung des Bevollmächtigten zu einer zum Wohl des Vollmachtgebers aus ärztlicher Sicht zwingend erforderlichen und mit Freiheitsentziehung verbundenen Unterbringung in einem Heim oder einer anderen Einrichtung. Ohne die Genehmigung des Betreuungsgerichts ist die Unterbringung nur zulässig, wenn mit dem Aufschub Gefahr verbunden ist.

- Die Einwilligung des Bevollmächtigten zu einer im Rahmen einer Unterbringung notwendigen ärztlichen Zwangsbehandlung des Vollmachtgebers entgegen dessen Willen.

- Die Einwilligung des Bevollmächtigten in unterbringungsähnliche Maßnahmen (z. B. Anbringen von Bauchgurten oder Bettgittern) sowie zur Freiheitsbeschränkung durch Verabreichung von Medikamenten.

8.2.5 Aufbewahrung und Hinterlegung

Die Vorsorgevollmacht ist nur dann von Wert, wenn dem Bevollmächtigten im Fall des Falles das Original der Vollmacht zur Verfügung steht. Am Einfachsten ist es deshalb, wenn dem Bevollmächtigten die Originalurkunde ausgehändigt wird. In diesem Fall hat dieser auch Gelegenheit, sich mit dem Inhalt der Vollmacht vertraut zu machen und sich, wenn der Betreuungsfall eintritt, gegenüber den maßgebenden Stellen (z. B. Behörden, Gerichten, Krankenhaus, Pflegeheim) auszuweisen und dringend notwendige Entscheidungen zu treffen.

Befürchtet der Vollmachtgeber, dass der Bevollmächtigte die Vollmacht frühzeitig und gegen seinen Willen nutzen könnte, kann er das Vollmachtsoriginal auch zu Hause aufbewahren. In diesem Fall muss allerdings sichergestellt sein, dass der Bevollmächtigte die Vollmachtsurkunde auch finden und erreichen kann.

Wer gewährleistet wissen will, dass der Bevollmächtigte die Vollmacht erst dann nutzt, wenn tatsächlich Umstände eingetreten sind, die das erforderlich machen, kann die Vollmacht auch bei einer anderen Person hinterlegen. Dies kann z. B. ein Rechtsanwalt oder eine andere Vertrauensperson (z. B. ein guter Freund oder naher Angehöriger) sein. Aber egal, wer die Vollmacht aufbewahrt, wichtig ist, dass die Vertrauensperson die Voraussetzungen kennt, unter denen die Vollmacht an den Bevollmächtigten auszuhändigen ist.

 Die Vorsorgevollmacht kann man auch im Zentralen Vorsorgeregister der Bundesnotarkammer aufnehmen lassen (www.vorsorgeregister.de). Dort werden die wichtigsten Inhalte der Vollmacht vermerkt. Das Zentrale Vorsorgeregister sorgt dafür, dass das Betreuungsgericht von der Existenz der Vorsorgeurkunde erfährt. Die Registrierung ersetzt allerdings nicht die Vollmacht. Für die Registrierung wird eine einmalige Gebühr erhoben.

8.2.6 Änderung und Widerruf

Die Vorsorgevollmacht kann jederzeit widerrufen, geändert, ergänzt oder vollständig durch eine andere Vollmacht ersetzt werden, vorausgesetzt, der Vollmachtgeber ist geschäftsfähig. Die Vollmacht gilt also so lange, bis sie geändert oder widerrufen wird.

Kleinere Änderungen können einfach im Original der Vollmacht vorgenommen oder unter den ursprünglichen Text angefügt werden. Wichtig ist, dass dabei ein Zusammenhang mit dem alten Original erkennbar ist. Bei größeren Änderungen ist es sinnvoll, die alte Vollmacht zu widerrufen und eine neue Vollmacht zu verfassen.

Wer seine alte Vorsorgevollmacht widerrufen will, sollte zunächst das Original der Vollmachtsurkunde vernichten. Denn die Vollmacht ist nur als Original gültig. Die alte Vollmacht sollte also vom Bevollmächtigten zurückverlangt werden, wenn diese an den Bevollmächtigten bereits ausgehändigt wurde. Dann kann der Bevollmächtigte nicht mehr im Namen des Vollmachtgebers tätig werden. Sicherheitshalber sollte die alte Vollmacht auch formell widerrufen werden. Der Widerruf und gegebenenfalls die neue Vollmacht sollten mit dem Datum versehen werden, sodass eindeutig ersichtlich ist, dass sie nach der alten Vollmacht aufgesetzt wurden und diese ersetzen.

8.2.7 Vereinbarung zwischen Vollmachtgeber und Bevollmächtigten

Es ist sinnvoll, neben der nach außen wirkenden Vorsorgevollmacht eine Vereinbarung im Innenverhältnis mit dem Bevollmächtigten abzuschließen. Eine solche Vereinbarung hat für beide Seiten Vorteile. Für den Vollmachtgeber ist gewährleistet, dass der Bevollmächtigte tatsächlich im Betreuungsfall für die bestellten Aufgaben zur Verfügung steht. Ferner können dem Bevollmächtigten Anweisungen erteilt werden, wie sich der Vollmachtgeber in bestimmten Situationen seine Vertretung vorstellt. Für den Bevollmächtigten ist die Vereinbarung eine wichtige Anleitung, wie er sich in der jeweiligen Situation verhalten und wie er im Einzelfall die Interessen des Vollmachtgebers wahrnehmen soll.

Anders als die Vorsorgevollmacht, die dem Bevollmächtigten erteilt wurde und die eine einseitige Erklärung darstellt, handelt es sich bei der Vereinbarung zwischen dem Vollmachtgeber und dem Bevollmächtigten (im Innenverhältnis) um einen gegenseitigen Vertrag, in dem die Rechte und Pflichten aus der Bevollmächtigung vereinbart werden können. Wenn der Bevollmächtigte seine vertraglichen Verpflichtungen verletzt, ist er dem Vollmachtgeber und unter Umständen auch dessen Erben schadensersatzpflichtig.

In der Vereinbarung kann geregelt werden, unter welchen Voraussetzungen die Vorsorgevollmacht zum Einsatz kommen soll. Ferner können Details zur Anwendung der Vollmacht festgelegt werden, etwa wie der Bevollmächtigte gewisse Angelegenheiten erledigen soll (z. B. dass das Einkommen und Vermögen zur bestmöglichen Pflege des Vollmachtgebers einzusetzen ist oder dass an bestimmte Personen regelmäßige finanzielle Zuwendungen erfolgen sollen).

8.3 Patientenverfügung

Durch den medizinischen Fortschritt ist es heutzutage möglich, vielen Menschen zu helfen, denen früher nicht hätte geholfen werden können. Für schwerkranke Menschen und ihre Angehörigen bedeutet das eine echte Hoffnung. Gleichzeitig ist die moderne Medizin – und hier insbesondere die sogenannte Apparatemedizin – eine ernsthafte Gefahr, weil sie das Risiko beinhaltet, länger leiden zu müssen als unbedingt notwendig. Der Prozess des Sterbens wird also unter Umständen unmenschlich verlängert.

Ärzte sind zum einen verpflichtet, Leben zu retten, andererseits müssen sie von Gesetzes wegen bei allen medizinischen Eingriffen eine Einwilligung des Patienten erhalten. Sonst machen sie sich wegen Körperverletzung strafbar. Steht eine ärztliche Untersuchung oder Behandlung an und ist der Patient nicht imstande, seine Zustimmung oder Ablehnung zu äußern, befindet sich der Arzt im Dilemma, im Zweifel gegen eine gesetzliche Regelung zu verstoßen. Deshalb wird dann vom Arzt verlangt, vor einem Eingriff den »mutmaßlichen Willen« des Patienten zu ermitteln. Dabei sind vom Arzt insbesondere frühere schriftliche und mündliche Äußerungen des Patienten und seine persönlichen Wertvorstellungen zu berücksichtigen. Eine Patientenverfügung kann in solchen Situationen ein wichtiges Instrument sein, damit die Wünsche des Patienten bei der medizinischen Behandlung berücksichtigt werden.

8.3.1 Bedeutung

Wer entscheidungsfähig und einwilligungsfähig ist, muss nach vorheriger umfassender und verständlicher Aufklärung und Beratung durch den Arzt darüber entscheiden, ob er der vorgeschlagenen Behandlungsmaßnahme zustimmt. Durch sein im Grundgesetz garantiertes Selbstbestimmungsrecht ist gewährleistet, dass allein der Betroffene entscheiden darf, ob er sich medizinisch behandeln lassen will oder nicht. Jeder von einem Arzt durchgeführte Heileingriff stellt eine mit Strafe bedrohte Körperverletzung dar, die nur dann nicht rechtswidrig und straffrei ist, wenn der Patient in den Eingriff eingewilligt hat.

Ist der Patient handlungsunfähig (z. B. weil er bewusstlos ist oder im Koma liegt), muss der Arzt seinen mutmaßlichen Willen ermitteln und danach entscheiden, ob der vorgeschlagenen Behandlung zugestimmt oder ob sie abgelehnt wird. Den mutmaßlichen Willen des Patienten muss der Arzt anhand konkreter Anhaltspunkte ermitteln. Maßgeblich für das ärztliche Handeln ist dann, wie der Patient selbst entscheiden würde. Dabei kommt es vor allem auf seine früheren Äußerungen, seine ethischen und religiösen Überzeugungen und seine sonstigen persönlichen Wertvorstellungen an, über die die Angehörigen und andere, dem Patienten nahestehende Personen Auskunft geben können. Im Zweifel wird die Erforschung des mutmaßlichen Willens dazu führen, dass der Arzt sich immer zugunsten der Lebenserhaltung des Patienten entscheiden wird. So darf beispielsweise der Arzt bei einem schweren Autounfall, bei dem ein Bewusstloser vom Notarzt aufgefunden wird, vermuten, dass der Verletzte, wenn er bei Bewusstsein wäre, in die Behandlung einwilligen würde.

Hat der Patient eine Vorsorgevollmacht errichtet und darin einen Bevollmächtigten bestellt, der ihn in gesundheitlichen Angelegenheiten vertreten darf, wird der Arzt den Bevollmächtigten in die Ermittlung des Patientenwillens einbeziehen. Der Arzt und der Bevollmächtigte müssen dann herausfinden, wie der Patient entscheiden würde, wenn er noch entscheidungsfähig wäre. Und genau in diesem Zusammenhang gewinnt eine Patientenverfügung ihre Bedeutung. In ihr kann verbindlich festgelegt werden, welche Behandlungen in welchen Situationen in Zukunft gewollt sind und welche nicht. Auch für den Fall, dass der Betroffene nicht imstande ist, selbst über vom Arzt vorgeschlagene Behandlungsmaßnahmen zu entscheiden, kann er in seiner Patientenverfügung festlegen, welche medizinischen Maßnahmen und Behandlungen ergriffen werden und welche unterbleiben sollen.

Mit einer Patientenverfügung kann der Betroffene also »zwei Fliegen mit einer Klappe schlagen«. Zum einen ist gewährleistet, dass medizinisch nur das getan wird, was man als Patient wünscht, zum anderen wird nahestehenden Personen eine Marschroute bei der Erforschung des mutmaßlichen Willens vorgegeben. Weder Ärzte oder Pflegepersonal noch nahe Angehörige, ein Bevollmächtigter oder Betreuer dürfen nach ihren eigenen Wertvorstellungen den Willen des Patienten missachten. Die Festlegungen in der Patientenverfügung sind rechtlich bindend, es sei denn, dass diese nicht mit dem Gesetz im Einklang stehen (z. B. Festlegungen über aktive Sterbehilfe).

 Wenn eine Patientenverfügung mit einer Vorsorgevollmacht kombiniert wird, kann eine Vertrauensperson rechtlich in die Lage versetzt werden, den Festlegungen in der Patientenverfügung Nachdruck zu verleihen, diesen gegenüber den Ärzten Geltung zu verschaffen und die Festlegungen gegebenenfalls auch durchzusetzen.

8.3.2 Persönliche Voraussetzungen

Für die Wirksamkeit der Patientenverfügung kommt es nicht auf die Geschäftsfähigkeit, sondern auf die Einwilligungsfähigkeit des Betroffenen an. Als einwilligungsfähig ist der Betroffene anzusehen, wenn er Art, Bedeutung, Tragweite und auch die Risiken der ärztlichen Maßnahme zu erfassen und seinen Willen danach zu bestimmen vermag. Grundsätzlich ist davon auszugehen, dass jede volljährige Person die Einwilligungsfähigkeit besitzt. Die Einwilligungsfähigkeit eines Erwachsenen ist jedoch ausgeschlossen, wenn dieser aufgrund seines psychischen Zustands nicht in der Lage ist, Bedeutung und Tragweite der zu erteilenden Einwilligung in die ärztliche Behandlung zu erkennen oder darüber zu entscheiden.

Achtung: Die Patientenverfügung einer einwilligungsunfähigen Person ist unwirksam.

8.3.3 Formelle Anforderungen

Die Patientenverfügung muss schriftlich errichtet werden. Das Erfordernis der Schriftform verfolgt in erster Linie das Ziel, den Betroffenen vor übereilten und unüberlegten Festlegungen zu warnen und das wirklich Gewollte klarzustellen.

Achtung: Obwohl für die Errichtung der Patientenverfügung Schriftform vorgeschrieben ist, sind mündliche Äußerungen deshalb aber nicht wirkungslos. Schließlich müssen mündliche Äußerungen bei der Feststellung des mutmaßlichen Patientenwillens vom Betreuer oder Bevollmächtigten berücksichtigt werden.

Dem Erfordernis der Schriftform wird entsprochen, wenn die Verfügung handschriftlich unterzeichnet ist und eindeutig einer bestimmten Person zugeordnet werden kann. Andernfalls ist die Patientenverfügung unwirksam. Nicht erforderlich ist eine eigenhändig geschriebene Erklärung, wie sie beispielsweise beim Testament verlangt wird. Die Patientenverfügung kann also auch mit der Schreibmaschine oder dem PC verfasst werden. Es kann auch ein Formular verwendet werden.

Keine Bedeutung für die Wirksamkeit der Patientenverfügung hat die Angabe des Orts und des Datums der Erstellung. Unabhängig davon können diese Angaben von Bedeutung sein, wenn es um die Frage geht, ob die Verfügung auf die aktuelle Lebens- und Behandlungssituation zutrifft. Deshalb ist es ratsam, jedenfalls das Datum der Errichtung anzugeben.

Achtung: Keine Voraussetzung für die wirksame Errichtung einer Patientenverfügung ist eine vorhergehende ärztliche Beratung. Allerdings kann eine solche sinnvoll sein, insbesondere für Menschen, die bereits erkrankt sind und mit ihrem behandelnden Arzt den Verlauf der Krankheit und eventuell eintretende konkrete Entscheidungssituationen beschreiben wollen. Im Zusammenhang mit der ärztlichen Beratung kann der Arzt in der Patientenverfügung gleichzeitig die Einwilligungsfähigkeit des Betroffenen bestätigen.

8.3.4 Adressaten

Die Patientenverfügung richtet sich an jeden, der mit der Behandlung des Patienten zum Zeitpunkt seiner Einwilligungsunfähigkeit betraut ist. Adressaten sind damit in erster Linie Ärzte, aber auch Pfleger, Bevollmächtigte und Betreuer des Patienten.

Der Bevollmächtigte oder Betreuer hat darauf zu achten, dass der Betroffene entsprechend seinem Willen behandelt wird. Wurden in der Patientenverfügung bereits eindeutige Entscheidungen getroffen, ist es Aufgabe des Bevollmächtigten bzw. Betreuers, diesen Entscheidungen Geltung zu verschaffen. Darüber hinaus bleibt die Tätigkeit eines Betreuers oder Bevollmächtigten weiterhin notwendig für alle anderen in der Patientenverfügung nicht vorweg getroffenen Erklärungen und Entscheidungen wie z. B. die Auswahl des Arztes oder Krankenhauses sowie die vermögensrechtliche Seite der Behandlung.

8.3.5 Inhalt

Eine Patientenverfügung sollte situationsbezogen sein und so konkret wie möglich die individuellen Wertvorstellungen des Betroffenen abbilden. Sie ist für Ärzte maßgebend, sofern sie sich auf die konkrete Behandlungssituation bezieht und keine Umstände erkennbar sind, dass der Patient sie nicht mehr gelten lassen würde. Stets muss sorgfältig geprüft werden, ob eine Patientenverfügung beim vorliegenden Krankheitsbild auch für die aktuelle Situation gelten soll. Bei diesem Vorsorgedokument geht es ausschließlich um gesundheitliche Angelegenheiten und medizinisch-ethische Beratung.

Als Situationen, für die die Patientenverfügung gelten soll, kommen insbesondere in Betracht:

- die Sterbephase,

- das Endstadium einer unheilbaren Krankheit,

- eine Gehirnschädigung,

- der Gehirnabbau (z. B. Demenz).

Für diese Situationen können Anordnungen über die Einleitung, den Umfang und die Beendigung ärztlicher Maßnahmen getroffen werden, insbesondere über

- lebenserhaltende Maßnahmen,

- Wiederbelebung

- künstliche Ernährung,

- Flüssigkeitszufuhr,

- künstliche Beatmung,

- Schmerz- und Symptombehandlung,

- Organersatz,

- Verabreichung von Medikamenten,

- Gestaltung des Sterbeprozesses.

Der Betroffene kann alle wünschenswert erscheinenden Behandlungsmethoden angeben und andere Therapien ausschließen. Es können beispielsweise konkrete Behandlungswünsche im Hinblick auf Bluttransfusionen, Organtransplantationen, Verwendung noch nicht erprobter Medikamente oder noch nicht zugelassene Behandlungsmethoden geregelt werden. Die Wünsche können dabei auf Fortführung einer medizinischen Behandlung und eine Maximalbetreuung ausgerichtet sein, es kann aber auch der Wunsch auf Behandlungsabbruch geregelt werden.

Die in der Patientenverfügung festgelegten Wünsche zu medizinischen Maßnahmen in kritischen Krankheitssituationen werden im Regelfall auf die persönlichen Wertvorstellungen, Lebenshaltungen, religiösen Anschauungen, Hoffnungen oder Ängsten des Betroffenen beruhen. Um Festlegungen in der Verfügung besser nachvollziehen zu können, kann es für Ärzte und das Pflegepersonal hilfreich sein, die persönlichen Auffassungen des Betroffenen dazu zu kennen.

Auf folgende exemplarische Gesichtspunkte, die dazu anregen sollen, über die Lebenseinstellung und Wertvorstellungen nachzudenken, kann der Betroffene sich beziehen:

- sein bisheriges Leben,

- sein zukünftiges Leben,

- eigene leidvolle Erfahrungen,

- seine Beziehungen zu anderen Menschen,

- das Erleben von Leid, Behinderung oder Sterben anderer Menschen,

- die Rolle der Religion in seinem Leben.

Die Beschäftigung mit diesen und ähnlichen Fragen kann dem Betroffenen helfen, sich darüber klar zu werden, was er in bestimmten Situationen an ärztlicher Hilfe in Anspruch nehmen will oder nicht. Die schriftliche Dokumentation der Wertvorstellungen kann zudem die Ernsthaftigkeit der Patientenverfügung unterstreichen. Ferner kann die Dokumentation eine wichtige Ergänzung und Hilfe sein, wenn es Auslegungsprobleme gibt oder wenn die konkrete Behandlungssituation nicht genau derjenigen entspricht, die in der Verfügung niedergelegt wurde.

8.3.6 Verbindlichkeit

Eine wirksame Patientenverfügung ist für den Arzt und das Pflegepersonal verbindlich. Sie gilt auch dann, wenn das Sterben nicht unmittelbar bevorsteht, beispielsweise beim Wachkoma oder bei einer schweren Demenz. Sie gilt selbstverständlich nicht, wenn rechts- oder sittenwidrige Festlegungen getroffen wurden (z. B. Festlegungen über aktive Sterbehilfe).

Zweifeln an der Verbindlichkeit seiner Patientenverfügung kann der Betroffene am besten begegnen, wenn er

- in der Verfügung ganz konkrete Behandlungssituationen und -maßnahmen festlegt,

- eingehend seine eigenen Vorstellungen hinterfragt,

- sich mit einem Arzt berät und mit ihm die medizinischen Hintergründe und mögliche Krankheitsbilder klärt,

- seine einmal getroffenen Anordnungen in regelmäßigen Abständen überprüft.

Achtung: Die Patientenverfügung verliert ihre Verbindlichkeit nicht durch zeitlichen Ablauf, sie ist also nicht nur befristet gültig. Zwar ist es sinnvoll, die in der Verfügung getroffenen Festlegungen regelmäßig dahin gehend zu überprüfen, ob sie noch den Wünschen entspricht (insbesondere dann, wenn eine akute schwerwiegende Krankheit vorliegt), ihre Wirkung behält die Verfügung aber so lange, bis sie widerrufen wird.

8.3.7 Aufbewahrung und Hinterlegung

Wichtig ist, dass alle Personen und Institutionen, die im Notfall über eine ärztliche Behandlung oder das Unterlassen bestimmter Maßnahmen zu entscheiden haben, schnell und unkompliziert auf die Patientenverfügung zugreifen können. Die Patientenverfügung sollte deshalb so verwahrt werden, dass insbesondere Ärzte, Bevollmächtigte oder Betreuer, aber gegebenenfalls auch das Betreuungsgericht, möglichst schnell und unkompliziert Kenntnis von der Existenz und vom Hinterlegungsort der Verfügung erlangen können.

Die Verfügung kann bei den persönlichen Unterlagen aufbewahrt oder einem Angehörigen oder einer anderen Vertrauensperson zur Verwahrung überlassen werden. Sinnvoll ist es, im Geldbeutel oder in der Brieftasche einen Zettel mit einem Hinweis aufzunehmen, dass eine Patientenverfügung errichtet wurde und wo diese verwahrt ist. Wer einen Bevollmächtigten oder einen Betreuer bestellt hat, sollte diesem ebenso Kenntnis von der Verfügung geben wie dem behandelnden Arzt. Bei der Aufnahme in ein Pflegeheim sollte der Patient auf seine Patientenverfügung hinweisen. Wenn eine Vertrauensperson bevollmächtigt wurde, sollte auch diese informiert sein.

In einigen Bundesländern (z. B. in Hessen, Niedersachsen, Sachsen, Thüringen) können Betreuungsverfügungen bei den Betreuungsgerichten hinterlegt werden. Wenn dort die Betreuungsverfügung mit einer Patientenverfügung kombiniert wird, sind beide Verfügungen hinterlegungsfähig.

Im Zentralen Vorsorgeregister der Bundesnotarkammer (www. vorsorgeregister.de) kann man die Patientenverfügung im Zusammenhang mit einer Vorsorgevollmacht oder Betreuungsverfügung registrieren lassen. Wenn also die Vorsorgevollmacht oder Betreuungsverfügung mit der Patientenverfügung kombiniert wird, können beide Verfügungen dort eingetragen werden. Die Bundesnotarkammer erhebt für die Registrierung im Zentralen Vorsorgeregister aufwandsbezogene Gebühren. Die Höhe der Gebühr richtet sich nach der Art und Weise, wie die Meldung zum Register (Internet oder Post) und die Abrechnung erfolgen. Die Registrierungsgebühr fällt nur einmal im Zeitpunkt der Registrierung an (keine Jahresgebühr) und deckt die dauerhafte Registrierung der Vorsorgeurkunde (einschließlich aller Angaben zum Umfang der Vollmacht und aller Angaben zu Betreuungsverfügungen und Patientenverfügungen) ab.

Für einmalig € 60,– archiviert das Deutsche Rote Kreuz, Zentralarchiv, DRK-Ortsverein Mainz (www.zentralarchiv.info), Altenauergasse 1, 55116 Mainz, Patientenverfügungen im Original. Jeder, der seine Verfügung dort einlagern lässt, erhält eine spezielle Ausweiskarte im Scheckkartenformat. Ebenfalls gegen Gebühr kann die Patientenverfügung beim Humanistischen Verband Deutschland (www. patientenverfügung.de), Bundeszentralstelle Patientenverfügung, Wallstraße 65, 10179 Berlin, und bei der Deutschen Stiftung Patientenschutz (www.stiftung-patientenschutz.de), Europaplatz 7, 44269 Dortmund, hinterlegt werden.

8.3.8 Änderung und Widerruf

Die Patientenverfügung kann jederzeit widerrufen, geändert, ergänzt oder vollständig durch eine andere Verfügung ersetzt werden. Die Verfügung gilt also so lange, bis die Erklärung geändert oder vollständig widerrufen wurde.

Der Widerruf der Patientenverfügung ist formlos möglich. Er kann schriftlich, mündlich oder auch durch schlüssiges Verhalten (z. B. Kopfschütteln- oder -nicken) jederzeit, und zwar auch in einer akuten Behandlungssituation, erklärt werden. Erforderlich ist allerdings, dass die Änderung des Willens des Betroffenen deutlich zum Ausdruck kommt. Keine Bedeutung haben die Gründe für die Änderung oder den Widerruf der Patientenverfügung. Voraussetzung für den Widerruf oder die Änderung der Verfügung ist allerdings, dass der Betroffene einwilligungsfähig ist.

Notwendig ist es in jedem Fall, dass der behandelnde Arzt vom Widerruf erfährt. Andernfalls muss er sich weiterhin an die Festlegungen in der Patientenverfügung halten. Es ist also nicht ausreichend, dass der Betroffene seine Patientenverfügung ändert oder widerruft, er muss dem Arzt die Willensänderung oder den Widerruf auch mitteilen.

Achtung: Wenn der behandelnde Arzt die Meinungsäußerung des Betroffenen nicht erkennen kann, ist die Patientenverfügung für ihn verbindlich. In diesem Fall trägt der Patient das Risiko missverständlicher Anweisungen.

Nicht zulässig ist der Widerruf einer Patientenverfügung durch den Betreuer oder Bevollmächtigten. Diese müssen bei Zweifeln an der Wirksamkeit der Verfügung den mutmaßlichen Willen des Betroffenen ermitteln und auf dieser Grundlage eine Entscheidung treffen, die auch im Widerspruch zur Patientenverfügung stehen kann.

Weil der Widerruf der Patientenverfügung keiner Form bedarf und auch ein schlüssiges Verhalten (z. B. widersprüchliche – bewusste oder unüberlegte – Äußerungen) den Widerruf der Verfügung zur Folge haben können, empfiehlt es sich, die Patientenverfügung regelmäßig zu überprüfen und zu aktualisieren und einen Widerruf möglichst schriftlich zu erklären. Damit wird der Gefahr begegnet, dass unter Umständen missverständliche Äußerungen als Widerruf ausgelegt werden können.

8.4 Betreuungsverfügung

Für eine volljährige Person wird vom Gericht ein gesetzlicher Betreuer bestellt, wenn diese Person wegen einer psychischen Krankheit oder einer körperlichen, geistigen oder seelischen Behinderung ihre Angelegenheiten ganz oder teilweise nicht (mehr) besorgen kann. Zwar wird der Betroffene vom Gericht zu der Frage angehört, welche Person er als Betreuer wünscht; falls sich jedoch der Betroffene zu diesem Zeitpunkt nicht mehr äußern kann, hat das Gericht Wünsche, die dieser zuvor festgelegt hat, zu berücksichtigen. Dies geschieht zweckmäßig in einer schriftlichen vorsorgenden Verfügung für den Betreuungsfall, der sogenannten Betreuungsverfügung. Darin kann der Betroffene für den Fall seiner eigenen Hilfsbedürftigkeit oder Geschäftsunfähigkeit gegenüber dem Betreuungsgericht Wünsche hinsichtlich der Person des Betreuers äußern und Hinweise geben, wie die Betreuung geführt werden soll.

Achtung: Die Betreuungsverfügung gibt der darin als Betreuer vorgeschlagenen Person noch keine unmittelbaren Handlungsbefugnisse; diese müssen ihm erst gerichtlich verliehen werden.

8.4.1 Bedeutung

Vom Betreuungsgericht wird für eine volljährige Person eine Betreuung angeordnet, wenn diese aufgrund einer psychischen Krankheit oder einer körperlichen, geistigen oder seelischen Behinderung nicht in der Lage ist, ihre Angelegenheiten ganz oder teilweise selbst zu besorgen. Die amtliche Bestellung eines Betreuers ist nicht notwendig, wenn der Betroffene einen Bevollmächtigten ermächtigt hat, im Fall der Fälle seine Angelegenheiten wahrzunehmen.

Nicht jeder hat allerdings eine Vertrauensperson, die er als Bevollmächtigten einsetzen möchte. In diesem Fall hilft dann eine Betreuungsverfügung, in der der Betroffene eine Person vorschlagen kann, die seine Vorstellungen und Wünsche im Falle seiner Hilfsbedürftigkeit umsetzen soll. Der Vorteil einer gesetzlichen Betreuung ist, dass der Betreuer regelmäßig durch das Gericht kontrolliert wird. Außerdem wird die Betreuungsverfügung erst dann wirksam, wenn tatsächlich eine Betreuung eingerichtet wird und dann auch nur für genau festgelegte Aufgabenkreise. Anders als ein Bevollmächtigter kann nämlich ein Betreuer erst nach der gerichtlichen Bestellung und dann auch nur in den gerichtlich festgelegten Aufgabenbereichen handeln.

Und selbst wenn der Betroffene eine Vorsorgevollmacht verfasst hat, ist es sinnvoll, diese durch eine Betreuungsverfügung zu ergänzen. Zum einen kann es sein, dass die Vorsorgevollmacht ganz bewusst nur für bestimmte Lebensbereiche erteilt wurde. Ist dann für Aufgaben, die nicht durch die Vollmacht abgedeckt werden, eine Entscheidung notwendig, muss ein Betreuer bestellt werden. Außerdem kann es sein, dass die Vollmacht an entscheidenden Stellen nicht eindeutig genug formuliert wurde. Im Zweifelsfall wird dann zusätzlich zum Bevollmächtigten ein Betreuer bestellt.

 Wer eine Vorsorgevollmacht errichtet hat, sollte verfügen, dass der bestellte Bevollmächtigte auch die Betreuung übernehmen soll.

8.4.2 Persönliche Voraussetzungen

Bei den in einer Betreuungsverfügung geäußerten Wünschen und Vorstellungen handelt es sich nicht um Willenserklärungen. Voraussetzung für die Wirksamkeit der Verfügung ist deshalb nicht, dass der Verfasser geschäftsfähig ist. Auch die sogenannte Einwilligungsfähigkeit des Verfassers ist nicht Voraussetzung für eine wirksame Betreuungsverfügung. Unter der Einwilligungsfähigkeit versteht man die Fähigkeit des Betroffenen, seine Einwilligung in eine ärztliche Heilbehandlung erteilen zu können. Die Einwilligungsfähigkeit liegt vor, wenn der Betroffene in der Lage ist, die Bedeutung und Tragweite seiner Entscheidung zu erkennen, angemessen zu beurteilen und danach zu handeln.

Achtung: Voraussetzung für die Wirksamkeit der Betreuungsverfügung ist, dass die Erklärungen des Verfassers auf dessen freien Willen beruhen und er diesen Willen äußern kann. Das ist nicht der Fall, wenn der Betroffene wegen einer Krankheit geistig verwirrt ist und seine Wünsche lediglich Ausdruck seiner Erkrankung sind.

8.4.3 Formelle Anforderungen

Bei der Errichtung der Betreuungsverfügung müssen keine gesetzlichen Formvorschriften beachtet werden. Die Verfügung kann in jeder Form, also schriftlich, aber auch nur mündlich verfasst werden. Nicht erforderlich ist, dass die Betreuungsverfügung notariell beurkundet oder die Unterschrift unter der Verfügung öffentlich beglaubigt wird.

 Aus Gründen der Rechtssicherheit und um Beweisproblemen vorzubeugen, ist es sinnvoll, die Verfügung schriftlich niederzulegen. Wichtig sind zudem Unterschrift und Datum.

8.4.4 Inhalt

Die Betreuungsverfügung kann sich inhaltlich darauf beschränken, dass dem Betreuungsgericht im Falle der Betreuungsbedürftigkeit eine Person als Betreuer bzw. Ersatzbetreuer vorgeschlagen wird oder Personen benannt werden, die auf keinen Fall gerichtlich für die Betreuung bestellt werden sollen. Es können aber auch über die Be-

.ennung eines Betreuers bzw. Ersatzbetreuers hinaus Wünsche und Vorstellungen geäußert werden, wie im Fürsorgefall vom gerichtlich eingesetzten Betreuer die Angelegenheiten (z. B. Gesundheits-, Vermögens- oder Wohnungsangelegenheiten) wahrgenommen werden sollen.

8.4.5 Aufbewahrung und Hinterlegung

Wichtig ist, dass alle Personen und Institutionen, die im Falle der Betreuungsbedürftigkeit entsprechende Maßnahmen veranlassen müssen, von der Betreuungsverfügung Kenntnis erlangen und auf diese Verfügung schnell und unkompliziert zugreifen können. Die Betreuungsverfügung kann bei den persönlichen Unterlagen aufbewahrt oder einem Angehörigen oder einer anderen Vertrauensperson zur Verwahrung überlassen werden. Wenn in der Verfügung ein Betreuer vorgeschlagen wird, sollte dieser unbedingt über die Verfügung informiert werden.

 In Bayern, Bremen, Hessen, Sachsen, Sachsen-Anhalt, Thüringen und im Saarland kann die Betreuungsverfügung bei den Betreuungsgerichten hinterlegt werden. In den anderen Bundesländern sollte man sich beim zuständigen Betreuungsgericht erkundigen, ob eine Hinterlegung möglich ist.

Im Zentralen Vorsorgeregister der Bundesnotarkammer (www. vorsorgeregister.de) kann man die Patientenverfügung im Zusammenhang mit einer Betreuungsverfügung registrieren lassen. Wenn die Betreuungsverfügung also mit einer Patientenverfügung kombiniert wird, können beide Verfügungen dort eingetragen werden. Die Bundesnotarkammer erhebt für die Registrierung im Zentralen Vorsorgeregister aufwandsbezogene Gebühren. Die Höhe der Gebühr richtet sich nach der Art und Weise, wie die Meldung zum Register (Internet oder Post) und die Abrechnung erfolgen. Die Registrierungsgebühr fällt nur einmal im Zeitpunkt der Registrierung an (keine Jahresgebühr) und deckt die dauerhafte Registrierung der

Vorsorgeurkunde (einschließlich aller Angaben zu Betreuungsverfügung und Patientenverfügung) ab.

8.4.6 Änderung und Widerruf

Die Betreuungsverfügung gilt so lange, bis der Verfasser erkennbar etwas anderes wünscht. Sie verliert also nicht ihre Wirksamkeit
durch bloßen Zeitablauf. Für die Wirksamkeit der Verfügung ist es
auch nicht notwendig, dass der Betroffene in regelmäßigen Abständen ihre Aktualität neu bestätigt.

Die Betreuungsverfügung kann vom Verfasser jederzeit widerrufen
oder geändert werden. Kleinere Änderungen können einfach im
Original der Verfügung vorgenommen oder unter den ursprünglichen Text angefügt werden. Wichtig ist, dass dabei ein Zusammenhang mit dem alten Original erkennbar ist. Bei größeren Änderungen ist es sinnvoll, die alte Verfügung zu widerrufen und eine neue
zu verfassen.

Der Widerruf der Betreuungsverfügung kann dadurch erfolgen, dass
die Verfügung vernichtet oder formell widerrufen wird. Der Widerruf und gegebenenfalls die neue Verfügung sollten mit dem Datum
versehen sein, sodass eindeutig ersichtlich ist, dass sie nach der alten
Verfügung aufgesetzt wurden und die neue Verfügung die alte ersetzt. Der Widerruf der Betreuungsverfügung ist formlos möglich.
Er kann schriftlich, mündlich oder auch durch schlüssiges Verhalten
(z. B. Kopfschütteln- oder -nicken) jederzeit erklärt werden. Erforderlich ist allerdings, dass die Änderung des Willens des Betroffenen
deutlich zum Ausdruck kommt. Keine Bedeutung haben die Gründe
für die Änderung oder den Widerruf der Verfügung. Voraussetzung
für den Widerruf oder die Änderung der Verfügung ist nicht, dass
der Betroffene geschäftsfähig oder einwilligungsfähig ist. Allerdings
muss die Änderung oder der Widerruf auf dem freien Willen des
Verfassers beruhen. Das ist nicht der Fall, wenn der Betroffene wegen einer Krankheit geistig verwirrt ist und seine Wünsche lediglich
Ausdruck seiner Erkrankung sind.

Achtung: Das Gesetz stellt ausdrücklich klar, dass der Betreute bzw. Betreuungsbedürftige an früher geäußerte Wünsche nicht gebunden ist. Maßgebend für die Auswahl des Betreuers und die sonstigen Wünsche und Vorstellungen des Betroffenen ist also jeweils allein der aktuelle Wille des Betroffenen.

9 Welche erbrechtliche Vorsorge sinnvoll ist

Wer sein Vermögen nach seinem Tod in den richtigen Händen wissen will, sollte frühzeitig eine sinnvolle Vermögensübertragung an die nächsten Familienangehörigen planen und sich mit den steuerlichen Rahmenbedingungen befassen. Eine rechtzeitige Nachlassplanung ist wichtig, um den Nachlass nach den eigenen Wünschen verteilen zu können.

9.1 Vorüberlegungen für die Nachlassplanung

Sinnvoll ist es, sich zunächst einen Überblick über die Vermögenssituation zu verschaffen. Danach sollte man sich mit seinen persönlichen Lebensumständen und den persönlichen Interessen und Wünschen befassen.

9.1.1 Überblick über die Vermögenssituation verschaffen

Wer sich Gedanken darüber machen will, in welcher Form und an wen er sein Vermögen nach dem Tod übertragen will, sollte zunächst seine Vermögenssituation schriftlich festhalten. Das funktioniert am besten mit einem Vermögensverzeichnis, in das alle aktuellen Vermögenswerte und Verbindlichkeiten eingetragen werden. Eheleute sollten ein Vermögensverzeichnis für jeden Ehepartner anlegen.

Im Vermögensverzeichnis müssen auch alle derzeitigen und eventuell künftigen Verbindlichkeiten aufgeführt werden. Dabei ist zu berücksichtigen, ob und in welchem Rahmen Schulden in den nächsten Jahren noch abgebaut werden sollen.

Muster: Aufstellung der Vermögenswerte und Schulden

Stand: (Datum eintragen)	Ehe-mann (Euro)	Ehefrau (Euro)
Vermögen		
Bargeld		
Guthaben auf Girokonten, Termin- und Festgeldkonten, Sparkonten, Sparverträgen, sonstigen Spareinlagen		
Wertpapiere		
Forderungen aus Versicherungsverträgen		
Forderungen aus Bausparverträgen		
Steuererstattungsansprüche		
Zahlungsansprüche aus Schadensfällen oder nicht erfüllten Verträgen		
Forderungen aus Darlehen		
Rechte und Ansprüche aus Erbschaften		
Rückständiges Arbeitseinkommen		
Aktien, Genussrechte und sonstige Beteiligungen an Kapitalgesellschaften (z. B. Aktiengesellschaft, Gesellschaft mit beschränkter Haftung)		
Beteiligungen an Personengesellschaften (z. B. offene Handelsgesellschaft, Kommanditgesellschaft, Gesellschaft bürgerlichen Rechts)		
Beteiligungen als stiller Gesellschafter		
Beteiligungen an Genossenschaften		
Grundvermögen (Grundstücke, Eigentumswohnungen, Erbbaurechte)		
Anteile an geschlossenen und offenen Immobilienfonds		
Kraftfahrzeuge		
Hausrat, sonstiges Mobiliar oder Wertgegenstände		
Rechte oder Ansprüche aus Urheber-, Patent- und Verlagsrechten		
Betriebsvermögen		
Sonstiges Vermögen		
Vermögen insgesamt		

Muster: Aufstellung der Vermögenswerte und Schulden

Stand: (Datum eintragen)	Ehe-mann (Euro)	Ehefrau (Euro)
Schulden		
Verbindlichkeiten auf Girokonten		
Langfristige Bankschulden		
Verbindlichkeiten aus Bausparverträgen		
Verbindlichkeiten aus Kaufverträgen		
Mietschulden		
Steuerschulden		
Rückständige Prämien aus Versicherungsverträgen		
Sonstige Verbindlichkeiten gegenüber Dritten		
Schulden insgesamt		

 Wenn man schon dabei ist, sein Vermögen und seine Verbind-lichkeiten aufzulisten, ist es sinnvoll, gleichzeitig zu notieren, welche Unterlagen es dazu jeweils gibt und wo diese verwahrt werden.

9.1.2 Individuelle Lebenssituation berücksichtigen

Zunächst sollte man sich seiner individuellen Lebenssituation bewusst werden. Sie ist die Grundlage für richtige Entscheidungen, wenn Vermögenswerte im Rahmen der Erbfolge übertragen werden sollen. Die nachfolgende (unvollständige) Auflistung will einige alltägliche Lebenssituationen bewusst machen.

- **Familienstand berücksichtigen:** Der Familienstand hat u. a. für die gesetzliche Erbfolge und für das Erbrecht des überlebenden Ehegatten Bedeutung. Insofern muss der Erblasser bei seiner Nachlassplanung berücksichtigen, ob er ledig, verheiratet oder geschieden ist oder in einer nicht ehelichen Lebensgemeinschaft lebt.

- **Wenn Kinder vorhanden sind:** Wenn der Erblasser Kinder hat, steht diesen ein gesetzliches Erbrecht zu. Und auch nicht eheliche Kinder gehören zu den gesetzlichen Erben. Wenn sich die ehelichen und nicht ehelichen Kinder nicht verstehen, macht es wenig Sinn, dass der Nachlass im Wege der gesetzlichen Erbfolge an eine Erbengemeinschaft geht. Auch wenn die ehelichen Kinder nicht miteinander klarkommen oder sie untereinander Probleme haben, stellt sich die Frage, ob gesetzliche Erbfolge mit der Konsequenz einer Erbengemeinschaft sinnvoll ist.

- **Bevorzugung von Angehörigen:** Der Erblasser muss auch entscheiden, ob er einzelne Familienangehörige bevorzugen oder benachteiligen will. Versteht sich der Ehegatte nicht mit den Kindern, ist die gesetzliche Erbfolge mit der Folge einer Erbengemeinschaft nicht sinnvoll.

- **Wirtschaftliche Versorgung des Ehegatten:** Wer in erster Linie seinen Ehegatten wirtschaftlich versorgt wissen will, muss eine von der gesetzlichen Erbfolge abweichende Verfügung von Todes wegen errichten. Im Wege der gesetzlichen Erbfolge würde der Ehegatte nur neben den Kindern erben.

- **Getrennt lebende Eheleute:** Wer von seinem Ehegatten getrennt lebt und vermeiden will, dass dieser Erbe wird, muss diesen durch eine Verfügung von Todes wegen enterben. Das gesetzliche Erbrecht des Ehegatten ist erst dann ausgeschlossen, wenn zur Zeit des Erbfalls die Voraussetzungen für die Scheidung gegeben waren und der Erblasser die Scheidung beantragt oder ihr zugestimmt hatte.

- **Verschuldete Erben:** Wenig Sinn macht es, Vermögen auf verschuldete Personen (z. B. ein verschuldetes Kind) zu übertragen, wenn dann deren Gläubiger sofort auf dieses Vermögen zugreifen können. In Betracht kommt in diesem Fall das Instrument der Vor- und Nacherbfolge.

- **Unverheirateter und kinderloser Erblasser:** Erben eines unverheirateten und kinderlosen Erblassers sind in erster Linie seine Eltern. Wer von dieser gesetzlichen Erbfolge abweichen will, muss eine Verfügung von Todes wegen errichten.

9.1.3 Persönliche Interessen und Wünsche berücksichtigen

Die Nachlassplanung sollte in erster Linie den Erblasser zufriedenstellen. Deshalb sollte dieser sich über seine persönlichen Interessen und Wünsche bewusst werden. Deshalb steht am Anfang aller Überlegungen, wer mit der Vermögensübertragung abgesichert werden soll – der Ehegatte, die Kinder oder andere Familienangehörige. Entsprechendes gilt für die Frage, wem Priorität bei der Versorgung eingeräumt werden soll. Wenn einzelne Familienangehörige bevorzugt, andere benachteiligt oder sogar enterbt werden sollen, ist auf jeden Fall eine Verfügung von Todes wegen (Testament oder Erbvertrag) notwendig.

Letztlich liegt die Entscheidung beim Erblasser, wann, wie und an wen er sein Vermögen übertragen will. Und möglicherweise wird es nicht gelingen, alle Beteiligten zufriedenzustellen. Gleichwohl kann es sinnvoll sein, die eigenen Wünsche und Interessen mit den nächsten Familienangehörigen, insbesondere mit dem Ehegatten und den Kindern zu besprechen. Allen Beteiligten sollten offen die eigenen Vorstellungen dargelegt werden. Das Gespräch kann dann als Orientierung für die richtige Strategie dienen.

9.2 Gesetzliche Erbfolge

Grundsätzlich steht es im Belieben des Erblassers, durch Verfügen von Todes wegen, also durch die Errichtung eines Testaments oder den Abschluss eines Erbvertrags, Anordnungen und Bestimmungen über sein Vermögen nach dem Tod zu treffen. Sieht er von entsprechenden Verfügungen von Todes wegen ab, bestimmt das Gesetz die Erbfolge.

9.2.1 Gesetzliches Erbrecht der Verwandten

Nach dem gesetzlichen Erbrecht sind die Angehörigen entsprechend dem Verwandtschaftsgrad in bestimmte Ordnungen eingeteilt. Dabei schließen die engeren Verwandten einer vorrangigen Ordnung die weiteren Verwandten der nachrangigen Ordnung von der Erbfolge aus.

Gesetzliche Erben der ersten Ordnung

Gesetzliche Erben der ersten Ordnung sind die Abkömmlinge des Erblassers, also seine Kinder, Enkel, Urenkel usw. Hinterlässt der Erblasser mehrere Kinder, so erben diese zu gleichen Teilen. Wenn außer den Kindern beim Erbfall bereits weitere Abkömmlinge des Erblassers leben, so erben nur die Kinder und nicht die Enkel und Urenkel. Ein lebendes Kind schließt also seine eigenen Nachkommen von der Erbfolge aus. Nur wenn ein Kind des Erblassers nicht mehr lebt, erben dessen Abkömmlinge, also die Enkel des Erblassers.

 Beispiel: Der geschiedene A hinterlässt zwei Kinder B und C. Kind D, das bereits vor dem Erbfall verstorben ist, hinterlässt zwei Kinder, E und F. Es erben B und C jeweils ein Drittel, E und F jeweils ein Sechstel.

Gesetzliche Erben zweiter Ordnung

Gesetzliche Erben der zweiten Ordnung sind die Eltern des Erblassers (Vater und Mutter) und deren Abkömmlinge (insbesondere die Geschwister des Erblassers). Sie kommen nur zum Zuge, wenn keine Erben der ersten Ordnung vorhanden sind. Leben zur Zeit des Erbfalls beide Eltern, so erben sie allein und zu gleichen Teilen. Lebt ein Elternteil nicht mehr, so treten an seine Stelle dessen Abkömmlinge. Sind keine Abkömmlinge vorhanden, so erbt der überlebende Elternteil allein. Sind beide Eltern bereits verstorben, so kommen nur deren Abkömmlinge zum Zuge.

Beispiel: A ist nicht verheiratet und hat keine Kinder. Wenn sie stirbt, erben ihre Eltern und, falls diese nicht mehr leben, ihre Geschwister. Leben auch die Geschwister nicht mehr, erben die Neffen und Nichten oder deren Abkömmlinge.

Gesetzliche Erben dritter und weiterer Ordnungen

Gesetzliche Erben der dritten Ordnung sind die Großeltern des Erblassers und deren Abkömmlinge. Leben zur Zeit des Erbfalls die Großeltern väter- und mütterlicherseits, so erben sie allein und zu gleichen Teilen. Lebt zur Zeit des Erbfalls von einem Großelternpaar der Großvater oder die Großmutter nicht mehr, so treten an die Stelle des Verstorbenen dessen Abkömmlinge (Tanten, Onkel). Sind keine Abkömmlinge vorhanden, so fällt der Anteil des Verstorbenen dem anderen Teil des Großelternpaars, und wenn dieser nicht mehr lebt, dessen Abkömmlingen zu. Lebt zur Zeit des Erbfalls ein Großelternpaar nicht mehr und haben die Verstorbenen keine Abkömmlinge, so erben die anderen Großeltern und deren Abkömmlinge allein.

 Beispiel: Der geschiedene A hinterlässt vier Großeltern und eine Tante. Jeder Großelternteil erbt ein Viertel des Nachlasses. Die Tante ist von der gesetzlichen Erbfolge ausgeschlossen, weil alle Großelternteile noch leben.

Gesetzliche Erben der vierten Ordnung sind die Urgroßeltern des Erblassers und deren Abkömmlinge. Sie erben erst dann, wenn kein Verwandter der vorhergehenden Ordnungen vorhanden ist. Lebt nur noch ein Urgroßelternteil, so erbt er allein und schließt alle Abkömmlinge der anderen vorverstorbenen Urgroßeltern aus.

Gesetzliche Erben der fünften und der entfernteren Ordnungen sind die entfernteren Verwandten des Erblassers und deren Abkömmlinge.

9.2.2 Gesetzliches Erbrecht des überlebenden Ehegatten

Welcher Erbteil dem überlebenden Ehegatten zusteht, hängt von zwei Faktoren ab: Einmal richtet sich der Erbteil danach, ob Verwandte des Verstorbenen ebenfalls erben und welche Verwandten vorhanden sind. Zum anderen ist die Höhe des Erbteils davon abhängig, in welchem Güterstand die Eheleute gelebt haben.

Voraussetzungen für das Erbrecht des Ehegatten

Voraussetzung für das Erbrecht des Ehegatten ist immer eine rechtsgültige Ehe. Dem geschiedenen Ehegatten steht kein Erbrecht zu. Das gilt auch, wenn der Erblasser einen Scheidungsantrag bei Gericht eingereicht oder einem entsprechenden Antrag des Verstorbenen zugestimmt hat und die Voraussetzungen für eine Scheidung vorlagen. Hatte aber nur der überlebende Ehegatte einen Scheidungsantrag gestellt, der Verstorbene aber nicht, und hatte der Verstorbene dem Scheidungsantrag auch nicht zugestimmt, so besteht das Erbrecht des überlebenden Ehegatten fort.

Achtung: Die bloße Trennung der Eheleute führt nicht zum Ausschluss des Erbrechts des Ehegatten.

Erbteil des Ehegatten beim Güterstand der Zugewinngemeinschaft

Wenn die Eheleute im gesetzlichen Güterstand der Zugewinngemeinschaft gelebt haben, was den Regelfall darstellen dürfte, erbt der überlebende Ehegatte wie folgt:

- Neben den Erben der ersten Ordnung (Kinder, Enkel) erbt der überlebende Ehegatte ein Viertel des Nachlasses. Hinzu kommt noch ein Viertel als pauschaler Ausgleich des Zugewinns. Insgesamt erbt also der überlebende Ehegatte neben den Kindern des Erblassers die Hälfte des Nachlasses.

- Neben Erben der zweiten Ordnung erbt der überlebende Ehegatte die Hälfte des Nachlasses. Hinzu kommt wieder ein Viertel als pauschaler Zugewinnausgleich, sodass der überlebende Ehegatte neben den Eltern bzw. Geschwistern des Erblassers insgesamt drei Viertel des Nachlasses erbt.

- Konkurriert der überlebende Ehegatte ausschließlich mit Erben der dritten Ordnung (also Großeltern und deren Abkömmlinge), so erhält er den ganzen Nachlass, es sei denn, einzelne Großelternteile würden noch leben.

 Beispiel: A hinterlässt seine Frau B und seine Kinder C und D. B erbt die Hälfte des Nachlasses; ihr Erbteil von einem Viertel erhöht sich um den pauschalen Ausgleich des Zugewinns um ein weiteres Viertel. Die Kinder C und D erben die andere Hälfte, also jeweils ein Viertel.

Erbteil des Ehegatten beim Güterstand der Gütertrennung

Beim Güterstand der Gütertrennung erbt der überlebende Ehegatte neben Verwandten der ersten Ordnung (Kinder, Enkel, Urenkel) ein Viertel, neben Verwandten der zweiten Ordnung (Eltern, Geschwister, Neffen, Nichten) oder neben Großeltern die Hälfte des Nachlasses. Sind weder Verwandte der ersten oder der zweiten Ordnung noch Großeltern vorhanden, so erbt der überlebende Ehegatte die ganze Erbschaft.

Darüber hinaus gelten folgende Besonderheiten: Erben neben dem überlebenden Ehegatten ein oder zwei Kinder des Erblassers als gesetzliche Erben, so erben der überlebende Ehegatte und jedes Kind zu gleichen Teilen. Neben einem Kind erbt also der Ehegatte die Hälfte, neben zwei Kindern ein Drittel. Neben drei und mehr Kindern erbt der überlebende Ehegatte immer ein Viertel, die Kinder teilen sich dann drei Viertel des Nachlasses. Lebt ein Kind nicht mehr, so treten an seine Stelle seine Abkömmlinge.

Beispiel: A hinterlässt seine Frau B und zwei Kinder. B und die beiden Kinder erben jeweils ein Drittel des Nachlasses. Wenn A neben seiner Frau B drei Kinder hinterlässt, erben B und die drei Kinder jeweils ein Viertel.

Gesetzliches Erbrecht des Ehegatten im Überblick:

	Erbteil des Ehe-gatten	Erbteil der Ver-wandten
Erbteil des Ehegatten neben folgenden Verwandten im Güterstand der Zuge-winngemeinschaft		
Abkömmlinge (Kinder, Enkel, Urenkel)	1/2 1/4 Erbteil + 1/4 pauschaler Zu-gewinnausgleich	1/2
Eltern bzw. bei deren Wegfall deren Abkömmlinge (z. B. Geschwister)	3/4 1/2 Erbteil + 1/4 pauschaler Zu-gewinnausgleich	1/4
Erbteil des Ehegatten neben folgenden Verwandten bei Gütertrennung		
Ein Kind bzw. bei seinem Wegfall seine Abkömmlinge (z. B. Enkel)	1/2	1/2
Zwei Kinder bzw. bei ihrem Wegfall ihre Abkömmlinge (z. B. Enkel)	1/3	2/3
Drei und mehr Kinder bzw. bei ihrem Wegfall ihre Abkömmlinge (z. B. Enkel)	1/4	3/4
Eltern bzw. deren Abkömmlinge (z. B. Geschwister)	1/2	1/2

9.3 Erbschaftsplanung durch Testament

Wer von der gesetzlichen Erbfolge abweichen will, kann ein Testament errichten. In Betracht kommen das eigenhändige und das notarielle Testament. Eheleute können ein gemeinschaftliches Testament errichten.

9.3.1 Eigenhändiges Testament

Das eigenhändige Testament ist die in der Praxis bedeutendste Verfügung von Todes wegen. Es hat gegenüber dem notariellen Testament den Vorteil, dass es schnell und an jedem Ort errichtet werden kann und keine Notarkosten entstehen. Und es kann leichter geändert und an jedem Ort aufbewahrt werden.

Form

Das eigenhändige Testament ist nur wirksam, wenn der Erblasser den Text seines Testaments eigenhändig schreibt und unterschreibt. Die Verfügungen im Testament müssen also von der ersten bis zur letzten Zeile mit der Hand geschrieben werden. Ein mit der Schreibmaschine oder mithilfe eines Computers geschriebener Text erfüllt nicht die gesetzlichen Anforderungen und ist unwirksam. Das Schriftstück muss nicht als »Testament« oder »Letzter Wille« o. Ä. bezeichnet werden. Die Erklärung muss lesbar sein. Andernfalls liegt keine rechtliche Erklärung vor; das Testament wäre nichtig. Auch ein handschriftlicher Brief kann ein Testament enthalten, wenn er eigenhändig geschrieben und unterschrieben ist.

Der Erblasser muss das Testament eigenhändig unterschreiben. Die Unterschrift soll den Vornamen und Familiennamen enthalten. Im Gegensatz zur Erklärung muss die Unterschrift nicht leserlich sein. Sie muss aber die entsprechenden charakterlichen Merkmale aufweisen. Die Unterschrift muss den Wortlaut des Testaments abschließen. Sie muss also unter dem Text stehen. Es reicht nicht aus, dass der Name irgendwo mitten im Text steht.

Das Testament soll mit Orts- und Datumsangabe (Tag, Monat, Jahr) versehen sein. Fehlen diese Angaben, ist es allerdings nicht zwangsläufig unwirksam. Sinnvoll ist es, das Datum, an dem das Testament errichtet wurde, anzugeben. Wenn der Erblasser nämlich mehrere sich widersprechende Testamente errichtet hat, kann fraglich sein, welches Testament das aktuelle ist.

⎯⎯ Aufbewahrung

Das eigenhändige Testament kann an jedem beliebigen Ort aufbewahrt werden. Sinnvoll ist es, eine vertrauenswürdige Person über den Aufbewahrungsort zu informieren. Das eigenhändige Testament kann auch in amtliche Verwahrung gegeben werden, um es vor Verlust oder Fälschung zu schützen. Die amtliche Verwahrung beim Amtsgericht bzw. in Baden-Württemberg beim Notariat kostet einmalig und pauschal € 75,–.

9.3.2 Notarielles Testament

Ein Testament kann auch zur Niederschrift eines Notars errichtet werden, indem dem Notar der letzte Wille erklärt oder ihm eine offene oder geschlossene Schrift mit der Erklärung übergeben wird, dass die Schrift den letzten Willen enthält.

Mit dem notariellen Testament können Formfehler, wie sie beim eigenhändigen Testament ohne Hinzuziehung eines Notars vorkommen können, vermieden werden. Durch die amtliche Verwahrung des Testaments besteht keine Gefahr, dass die Verfügungen vernichtet oder verändert werden. Durch ein notarielles Testament wird in vielen Fällen ein Erbschein, dessen Erteilung oft lange dauert und Kosten verursacht, überflüssig. Andererseits entstehen bei der Errichtung des notariellen Testaments Notarkosten, ferner fallen die Kosten der amtlichen Verwahrung an.

⎯⎯ Form

Im Regelfall wird das notarielle Testament errichtet, indem der Erblasser zur Niederschrift des Notars seinen letzten Willen erklärt. Dieser wird dann in einer notariellen Urkunde niedergeschrieben. Der Notar liest die Niederschrift vor. Diese wird vom Erblasser und vom Notar unterschrieben.

Im Rahmen der Errichtung eines notariellen Testaments durch Erklärung des Erblassers vor einem Notar obliegen dem Notar eine Reihe von Belehrungs- und Aufklärungspflichten. So ist der Notar u. a. verpflichtet, die Testierfähigkeit des Erblassers festzustellen und diesen über die rechtliche Tragweite seiner Verfügung zu belehren.

Ein notarielles Testament kann auch in der Form errichtet werden, dass der Erblasser dem Notar eine offene oder verschlossene Schrift mit dem Hinweis übergibt, dass diese Schrift den letzten Willen enthält. Die dem Notar übergebene Schrift muss vom Erblasser nicht eigenhändig geschrieben sein. Bei der Errichtung des notariellen Testaments durch Übergabe einer Schrift entfällt die Beratung des Notars.

Kosten

Bei der Errichtung des notariellen Testaments entstehen Notarkosten. Die Kosten richten sich nach dem Wert des Nachlasses. Für die Beurkundung ist nach dem Gerichts- und Notarkostengesetz eine volle Gebühr zu entrichten. Bei einem Nachlasswert von zum Beispiel € 25 000,– beläuft sich die Gebühr auf € 115,–, von € 50 000,– auf € 165,–, von € 200 000,– auf € 435,–, jeweils zuzüglich der gesetzlichen Mehrwertsteuer. Die Kosten können vorab beim Notariat erfragt werden.

Amtliche Verwahrung

Das notarielle Testament wird nach der Beurkundung durch den Notar immer in besondere amtliche Verwahrung gebracht. Zuständig ist das Amtsgericht, in dessen Bezirk der Notar seinen Sitz hat. In Baden-Württemberg wird das notarielle Testament beim zuständigen Notariat amtlich verwahrt. Die amtliche Verwahrung eines Testaments beim Nachlassgericht kostet einmalig und pauschal € 75,– plus gesetzliche Mehrwertsteuer.

Achtung: Wenn das notarielle Testament aus der amtlichen Verwahrung zurückgenommen wird, hat das automatisch zur Folge, dass das Testament als widerrufen gilt.

9.3.3 Gemeinschaftliches Testament der Eheleute

Ein gemeinschaftliches Testament kann nur von Eheleuten und eingetragenen Lebenspartnern errichtet werden. In ihm werden Anordnungen sowohl für den Tod des einen wie für den Tod des anderen Ehegatten bzw. Lebenspartners getroffen.

 Das gemeinschaftliche Testament entspricht dem Wunsch vieler Eheleute und eingetragener Lebenspartner, gemeinschaftlich über ihr Vermögen nach dem Tod zu verfügen. Deshalb ist das gemeinschaftliche Testament, insbesondere in der Form des Berliner Testaments weit verbreitet. Es wird Eheleuten allgemein als Verfügung von Todes wegen empfohlen. Soweit bei den nachfolgenden Ausführungen vom gemeinschaftlichen Testament von Eheleuten die Rede ist, betrifft dies gleichzeitig auch das gemeinschaftliche Testament von eingetragenen Lebenspartnern.

═══ **Inhalt**

In einem gemeinschaftlichen Testament können Eheleute wie in einem Einzeltestament ganz normale einseitige Verfügungen treffen, die sie jederzeit widerrufen können. Das Besondere an dieser Testamentsform ist jedoch, dass sie darüber hinaus oder ausschließlich sogenannte wechselbezügliche Verfügungen treffen können. Diese sind in ihrer Wirksamkeit voneinander abhängig und sie können nur unter besonderen Voraussetzungen widerrufen werden. Und nach dem Tod eines Ehegatten sind sie für den anderen Ehegatten verbindlich.

Unter wechselbezüglichen Verfügungen sind solche Verfügungen zu verstehen, von denen anzunehmen ist, dass sie ein Ehegatte gerade deshalb trifft, weil auch der andere Ehegatte eine bestimmte andere Verfügung getroffen hat. Die eine Verfügung wäre also nicht ohne die andere getroffen worden. Beide Verfügungen stehen also in einem wechselseitigen Abhängigkeitsverhältnis.

Beispiel: A setzt seine Frau als Alleinerbin ein, weil ihn seine Frau ebenfalls als Alleinerben bestimmt hat.

Ob und welche Verfügungen im gemeinschaftlichen Testament wechselbezüglich sein sollen, bestimmen die Eheleute. Als wechselseitige Verfügungen kommen allerdings nur die Erbeinsetzung, das Vermächtnis und die Auflage in Betracht. Andere Verfügungen (z. B. Enterbung oder Entziehung des Pflichtteils) können zwar auch getroffen werden, aber nur als einseitige, nicht als wechselbezügliche Anordnungen.

Wenn im gemeinschaftlichen Testament keine eindeutigen Festlegungen getroffen wurden, welche Verfügungen wechselbezüglich sein sollen, müssen die testamentarischen Anordnungen ausgelegt werden. Maßgebend sind dabei der Wortlaut und der Inhalt des gemeinschaftlichen Testaments. Enthält dieses keine eindeutigen Anordnungen, ist zunächst der Wille der Eheleute maßgebend. So sprechen zum Beispiel gleichlautende Verfügungen in einem gemeinschaftlichen Testament für ihre Wechselbezüglichkeit.

Beispiel: Beide Eheleute setzen sich jeweils als Alleinerbe ein.

Auslegungsschwierigkeiten im gemeinschaftlichen Testament können vermieden werden, wenn im Testament ausdrücklich klargestellt ist, welche Verfügungen wechselbezüglich sind.

Formulierungsbeispiel

Wir, _____ *[Vor- und Familiennamen des Ehegatten]* und _____ *[Vor- und Familiennamen des anderen Ehegatten]*, setzen uns gegenseitig zu alleinigen und unbeschränkten Erben ein. Diese Verfügung ist wechselbezüglich.

Treffen Ehegatten in einem gemeinschaftlichen Testament wechselbezügliche Verfügungen, so ist das mit folgenden rechtlichen Folgen verbunden:

- Die Nichtigkeit oder der Widerruf der einen Verfügung hat die Unwirksamkeit der anderen Verfügung zur Folge. Die eine Verfügung steht und fällt also mit der anderen.

- Mit dem Tod des anderen Ehegatten kann der überlebende Ehegatte die Verfügung nicht mehr widerrufen. Er kann also grundsätzlich keine abweichende letztwillige Verfügung mehr treffen.

Form

Das gemeinschaftliche Testament kann als eigenhändiges oder notarielles Testament errichtet werden.

Wird das gemeinschaftliche Testament als eigenhändiges Testament errichtet, gelten die dargelegten Anforderungen. Allerdings besteht gesetzlich eine Formerleichterung: Es genügt, wenn einer der Ehegatten den Text eigenhändig schreibt und unterzeichnet und der andere Ehegatte die gemeinschaftliche Erklärung eigenhändig mitunterzeichnet. Der mitunterzeichnende Ehegatte soll auch angeben, an welchem Ort und zu welcher Zeit (Tag, Monat, Jahr) er seine Unterschrift beigefügt hat.

Formulierungsbeispiel

Wir, _____ *[Vor- und Familiennamen des Ehegatten]* und _____
[Vor- und Familiennamen des anderen Ehegatten], setzen uns
gegenseitig zu alleinigen und unbeschränkten Erben ein.

Düsseldorf, den _____

(Unterschrift des Ehegatten)

Düsseldorf, den _____

(Unterschrift des anderen Ehegatten)

Das gemeinschaftliche notarielle Testament errichten die Ehegatten gemeinsam vor einem Notar. Beide Eheleute können dem Notar ihren letzten Willen entweder mündlich erklären oder ihm eine offene oder verschlossene Schrift mit der Erklärung übergeben, dass die Schrift ihren letzten Willen enthält.

Bei der Errichtung des notariellen Testaments entstehen Notarkosten. Die Kosten richten sich nach dem Wert des Nachlasses. Für die Beurkundung sind nach dem Gerichts- und Notarkostengesetz zwei volle Gebühren zu entrichten. Bei einem Nachlasswert von zum Beispiel € 25 000,– beläuft sich die Gebühr auf € 230,–, von € 50 000,– auf € 330,–, von € 200 000,– auf € 870,–, jeweils zuzüglich gesetzlicher Mehrwertsteuer.

=== **Aufbewahrung**

Während das eigenhändige gemeinschaftliche Testament an jedem beliebigen Ort aufbewahrt oder in amtliche Verwahrung gegeben werden kann, wird das notarielle gemeinschaftliche Testament nach der Beurkundung durch den Notar immer in besondere amtliche Verwahrung gebracht. Zuständig ist das Amtsgericht, in dessen Bezirk der Notar seinen Sitz hat. In Baden-Württemberg wird das notarielle Testament beim zuständigen Notariat amtlich verwahrt.

Die amtliche Verwahrung eines gemeinschaftlichen Testaments beim Nachlassgericht kostet einmalig und pauschal € 75,–. Die Rücknahme aus der amtlichen Verwahrung ist nur durch beide Ehegatten gemeinsam und persönlich möglich.

Berliner Testament

Das sogenannte Berliner Testament ist bei Eheleuten weit verbreitet. Es entspricht deren Bedürfnis, sich zunächst gegenseitig als Alleinerben einzusetzen und das vom länger lebenden Ehegatten nicht verbrauchte Vermögen erst nach dessen Tod an Dritte (in der Regel an die Kinder) zu übertragen. Somit wird nicht nur die Erbfolge unter den Eheleuten geregelt, sondern auch ein zweiter Erbgang, nämlich die Erbfolge des länger lebenden Ehegatten. Das gemeinschaftliche Vermögen, das aus dem Nachlass des zuerst versterbenden Ehegatten und dem Vermögen des länger lebenden Ehegatten besteht, fällt nach dessen Tod einer oder mehreren Personen, meist den Kindern, zu.

Formulierungsbeispiel

Wir, _____ *[Vor- und Familiennamen des Ehegatten]* und _____ *[Vor- und Familiennamen des anderen Ehegatten]*, setzen uns gegenseitig zu alleinigen und unbeschränkten Erben ein. Erben des Längstlebenden sind unsere gemeinsamen Kinder _____ und _____ *[Vor- und Familiennamen der Kinder einsetzen]* zu gleichen Teilen.

Dem länger lebenden Ehegatten steht es zu Lebzeiten frei, über das während der Ehe gemeinsam erwirtschaftete Vermögen zu verfügen. Er kann allerdings nach dem Tod des Ehegatten durch eine Verfügung von Todes wegen nicht dessen letztwillige Verfügung ändern oder aufheben. Nur wenn der längerlebende Ehegatte die Erbschaft ausschlägt, gewinnt er auch erbrechtlich für sein eigenes Vermögen wieder volle Handlungsfreiheit.

9.4 Erbschaftsplanung durch Erbvertrag

Statt in einem Testament können auch in Form eines Erbvertrags Verfügungen von Todes wegen vorgenommen werden. Beim Erbvertrag handelt es sich im Gegensatz zum Testament um einen echten Vertrag, durch den eine Bindung des Erblassers an seine Verfügungen erreicht werden soll. Während nämlich einseitige Verfügungen in Form eines Testaments jederzeit frei widerrufen werden können, ist das bei vertragsmäßigen Verfügungen im Erbvertrag nicht einfach möglich. Und in manchen Fällen besteht tatsächlich ein Bedürfnis nach mehr Bindung als in einem Testament.

Ein Erbvertrag sollte schließen, wer für die Zukunft für seine Erben oder andere Zuwendungsempfänger (z. B. bei einem Vermächtnis) bindende Verfügungen von Todes wegen treffen will. Nur dann kann sich der Erbe bzw. Zuwendungsempfänger seiner Erbschaft oder Zuwendung sicher sein. Einseitige Verfügungen von Todes wegen in Form eines Testaments können dagegen jederzeit widerrufen oder geändert werden. Bei vertragsmäßigen Anordnungen in einem Erbvertrag ist das jedoch nicht so einfach möglich.

 Der Erbvertrag ist vor allem für die nicht eheliche Lebensgemeinschaft eine geeignete Form, gemeinsame erbrechtliche Verfügungen zu treffen. Paare einer nicht ehelichen Lebensgemeinschaft können nämlich nicht durch ein gemeinschaftliches Testament testieren. Durch einen Erbvertrag können sich die Partner erbrechtlich bindend gegenseitig zu Erben einsetzen. Damit ist gewährleistet, dass keiner der Partner ohne Wissen des anderen seine Verfügung von Todes wegen ändern oder widerrufen kann. Der Abschluss eines Erbvertrags kann auch dann sinnvoll sein, wenn der Begünstigte sich seiner Erbschaft sicher sein möchte, weil er etwa seine ganze Lebensführung oder sein Verhalten auf die erwartete Erbschaft ausrichten musste (z. B. ein Studium, um den elterlichen Betrieb zu übernehmen).

9.4.1 Inhalt

In einem Erbvertrag können alle Verfügungen getroffen werden, die auch in einem Testament möglich sind. Das Besondere an einem Erbvertrag ist jedoch, dass darin jeder Vertragspartner sogenannte vertragsmäßige Verfügungen von Todes wegen treffen kann, an die er erbrechtlich gebunden ist und die er grundsätzlich nicht mehr einseitig ändern kann.

Vertragsmäßig und damit bindend können im Erbvertrag nur Erb-einsetzungen, Vermächtnisse oder Auflagen getroffen werden. Zwar können auch Verfügungen anderen Inhalts (z. B. Teilungsanordnungen oder Anordnung einer Testamentsvollstreckung) vorgenommen werden, an diese Verfügungen ist der Erblasser jedoch nicht vertragsmäßig gebunden. Sie haben die gleiche Wirkung wie testamentarische Verfügungen und können deshalb jederzeit einseitig widerrufen werden.

 Der Erbvertrag muss mindestens eine vertragsmäßige Verfügung enthalten. Andernfalls liegt kein Erbvertrag, sondern ein Testament vor. Im Erbvertrag ist darauf zu achten, dass deutlich zum Ausdruck kommt, welche Verfügungen vertragsmäßig und damit für den Erblasser bindend, und welche Verfügungen einseitig getroffen und damit einseitig widerrufbar sind.

Im Erbvertrag kann entweder nur ein Vertragspartner (Erblasser) oder es können beide Vertragspartner eine oder mehrere vertragsmäßige Verfügungen von Todes wegen treffen. Trifft nur ein Vertragsschließender Verfügungen (einseitiger Erbvertrag), nimmt der andere Vertragspartner diese Erklärung lediglich an, ohne dass er selbst über sein Vermögen erbrechtlich verfügt. Treffen beide Vertragspartner letztwillige Verfügungen (gemeinschaftlicher Erbvertrag), können sie sich entweder gegenseitig bedenken (z. B. Ehegatten untereinander) oder Verfügungen zugunsten dritter Personen (z. B. der Kinder) treffen.

Vertragsmäßige Verfügungen von Todes wegen (z. B. eine Erbeinsetzung) binden den Erblasser hinsichtlich späterer erbrechtlicher Anordnungen. Ein Testament, das der durch den Erbvertrag vertraglich gebundene Erblasser nach Abschluss des Erbvertrags errichtet, ist unwirksam.

 Beispiel: Die nicht ehelichen Lebenspartner A und B haben sich in einem Erbvertrag vertragsmäßig gegenseitig zu Alleinerben eingesetzt. Ein Testament, in dem A danach eine andere Person als Erben einsetzt, ist unwirksam.

9.4.2 Form

Für den Abschluss des Erbvertrags ist die notarielle Beurkundung gesetzlich vorgeschrieben. Der Abschluss ist nur bei gleichzeitiger Anwesenheit beider Vertragsteile möglich. Der Erblasser, also die Person, die vertragsmäßige Verfügungen von Todes wegen trifft, kann den Erbvertrag nur persönlich schließen. Stellvertretung ist also ausgeschlossen.

Beim Abschluss eines Erbvertrags entstehen Notarkosten. Die Kosten richten sich nach dem Wert des Nachlasses. Für die Beurkundung sind nach dem Gerichts- und Notarkostengesetz zwei volle Gebühren zu entrichten. Bei einem Nachlasswert von zum Beispiel € 30 000,– beläuft sich die Gebühr auf € 250,–, von € 80 000,– auf € 438,–, jeweils zuzüglich Mehrwertsteuer.

9.4.3 Aufbewahrung

Nach Abschluss des Erbvertrags nimmt der Notar diesen in amtliche Verwahrung. Die Vertragspartner können die amtliche Verwahrung allerdings ausschließen. Ein solcher Ausschluss ist im Zweifel anzunehmen, wenn der Erbvertrag mit einem anderen Vertrag (z. B. beim Ehe- und Erbvertrag) verbunden wird. Haben die Beteiligten die amtliche Verwahrung ausgeschlossen, so bleibt die Urkunde in der

Verwahrung des Notars. Die amtliche Verwahrung des Erbvertrags kostet einmalig und pauschal € 75,–.

9.5 Mögliche erbrechtliche Anordnungen in Verfügungen von Todes wegen

In einem Testament oder einem Erbvertrag können verschiedene Verfügungen getroffen werden. So kann der Erblasser bestimmen, wer erben oder nicht erben soll. Seinen Erben kann der Erblasser bestimmte Verpflichtungen auferlegen. Er kann festlegen, dass ein Testamentsvollstrecker eingesetzt wird und wie der Nachlass unter den Erben verteilt werden soll. Darüber hinaus kann der Erblasser Personen aus dem Nachlass etwas zuwenden, die nicht zu den Erben gehören müssen.

Bei den genannten Verfügungen handelt es sich lediglich um die wichtigsten erbrechtlichen Anordnungen. Daneben kommen beispielsweise auch die Einsetzung eines Ersatzerben, die Anordnung der Vor- und Nacherbschaft sowie familienrechtliche Anordnungen (z. B. Benennung eines Vormunds) in Betracht.

9.5.1 Änderung der Erbfolge

Die Änderung der gesetzlichen Erbfolge kann durch Einsetzung anderer als der gesetzlich vorgesehenen Erben oder durch die Enterbung dieser Erben erfolgen.

=== **Erbeinsetzung**

Der Erblasser kann durch ein Testament oder einen Erbvertrag bestimmen, wer seine Erben werden. Diese Entscheidung steht in seinem Belieben: Er kann seine gesetzlichen Erben oder andere Personen auswählen. Nur eine wechselbezügliche Verfügung in einem gemeinschaftlichen Testament oder eine vertragsmäßige Verfügung in einem Erbvertrag beschränken seine Entscheidungsfreiheit. Der

Erblasser kann auch andere Personen als seinen Ehegatten oder seine Kinder als Erben einsetzen; diese können dann aber ihren Pflichtteil von den eingesetzten Erben verlangen.

Testamentarisch können eine Person oder mehrere Personen (Miterben) als Erben eingesetzt werden. Wenn mehrere Personen als Erben eingesetzt werden, ist zu beachten, dass sich die Erbeinsetzung auf einen Bruchteil (z. B. die Hälfte oder ein Viertel) bezieht. Auf den Miterben geht nur der ihm zugewendete Bruchteil des Vermögens über. Die Miterben bilden dann eine Erbengemeinschaft. Wenn mehrere Erben eingesetzt werden, ohne dass deren Erbteile bestimmt werden, so erben die Miterben grundsätzlich zu gleichen Teilen.

Formulierungsbeispiele

Ich setze mein Enkelkind _____ *[Vor- und Familiennamen einsetzen]* als Alleinerben ein.

[Oder]

Zu meinen Erben setzte ich meine Frau zur Hälfte, mein Kind _____ *[Vor- und Familiennamen einsetzen]* und meine Schwester _____ *[Vor- und Familiennamen einsetzen]* jeweils zu einem Viertel ein.

Achtung: Es kann keine Erbeinsetzung vorgenommen werden, indem den »Erben« einzelne Gegenstände zugewendet werden (z. B. dem Miterben A das Haus und dem Miterben B das Bankvermögen). Vielmehr muss ein Erbe bestimmt werden, der die Gesamtrechtsnachfolge des Erblassers antritt, der also in die rechtlichen Fußstapfen des Erblassers eintritt und zum Beispiel auch für dessen Verbindlichkeiten haftet. Die gegenständliche Erbeinsetzung ist nicht zulässig. Wurden im Testament nur einzelne Gegenstände zugewendet, so handelt es sich dabei um Vermächtnisse, nicht aber um eine Erbeinsetzung. In diesem Fall gilt für den Rest des Vermögens gesetzliche Erbfolge.

Enterbung gesetzlicher Erben

Die Freiheit des Erblassers, nach seinem Belieben Verfügungen über sein Vermögen nach seinem Tod zu treffen, erstreckt sich auch darauf, seine gesetzlichen Erben zu enterben. Gesetzliche Erben sind zwangsläufig enterbt, wenn der Erblasser in seiner Verfügung von Todes wegen vollständig über den Nachlass verfügt, ohne diese zu berücksichtigen.

 Beispiel: Die Eheleute A und B setzen sich in einem gemeinschaftlichen Testament gegenseitig als Alleinerben ein. Schlusserben nach dem Tod des länger lebenden sollen ihre beiden Kinder sein. Damit sind die beiden Kinder beim ersten Erbfall enterbt.

Der Erblasser kann sich auch darauf beschränken, seinen Ehegatten oder Verwandte von der gesetzlichen Erbfolge auszuschließen, ohne einen Erben einzusetzen. Die Enterbung muss nicht begründet werden.

Formulierungsbeispiel

Ich enterbe meine Tochter _____ *[Vor- und Familiennamen einsetzen]*.

Die Enterbung eines nahen Verwandten (z. B. eines Kindes) betrifft nur diesen, nicht dessen Abkömmlinge. Diese treten vielmehr an die Stelle der enterbten Person. Wenn der Erblasser die Enterbung auch auf die Abkömmlinge des Enterbten erstrecken will, muss er dies in seiner Verfügung ausdrücklich erklären.

Formulierungsbeispiel

Meinen Sohn _____ *[Vor- und Familiennamen des Erben einsetzen]* enterbe ich. Die Enterbung erstreckt sich auch auf seine Abkömmlinge.

Wer von der gesetzlichen Erbfolge ausgeschlossen wurde, wird so behandelt, als würde er zur Zeit des Erbfalls nicht mehr leben. Der Ausschluss führt also zur gesetzlichen Erbfolge ohne den Ausgeschlossenen. Die Enterbung des Ehegatten erhöht also den gesetzlichen Erbteil der Verwandten. Werden die Verwandten einer früheren Ordnung ausgeschlossen (z. B. Kinder), kommen die nächsthöheren Verwandten (z. B. Eltern) zum Zug.

Achtung: Wenn der Erblasser seine allernächsten Familienangehörigen als gesetzliche Erben enterben will, muss er beachten, dass diesen Personen Pflichtteilsansprüche gegen die Erben zustehen. Dem betreffenden Personenkreis ist also ein Mindestanteil an der Erbschaft gesetzlich garantiert, der nur unter ganz engen Voraussetzungen entzogen werden kann. Zwar wird der Erblasser in seiner Freiheit, nach seinem Belieben über sein Vermögen zu verfügen, dadurch nicht eingeschränkt und die Pflichtteilsberechtigten sind auch nicht am Nachlass beteiligt, sie erwerben allerdings gesetzlich einen Geldanspruch gegen die Erben.

9.5.2 Zuwendung einzelner Nachlassgegenstände

Wie dargelegt, gilt im Erbrecht der Grundsatz der Gesamtrechtsnachfolge. Es kann also keine Erbeinsetzung in der Form vorgenommen werden, indem den »Erben« einzelne Gegenstände zugewendet werden. Vielmehr muss ein Erbe bestimmt werden, der die Gesamtrechtsnachfolge des Erblassers antritt, der also in die rechtlichen Fußstapfen des Erblassers eintritt und zum Beispiel auch für dessen Verbindlichkeiten haftet. Einzelne Gegenstände können nicht vererbt werden. Allerdings können einzelnen Personen im Rahmen eines Vermächtnisses einzelne Gegenstände zugewendet werden. Die betreffenden Personen werden mit der Zuwendung allerdings nicht zu Erben.

══ Anordnung

Mit einem Vermächtnis kann der Erblasser jemandem in seinem Testament oder durch Erbvertrag einen Vermögensvorteil zuwenden, ohne dass dieser sein Erbe ist. Der Begünstigte eines Vermächtnisses (sogenannter Vermächtnisnehmer) erlangt durch die Zuwendung nicht die rechtliche Stellung eines Erben. Er erhält lediglich einen Anspruch gegen denjenigen, der mit dem Vermächtnis beschwert wurde.

Gegenstand eines Vermächtnisses muss immer ein » Vermögensvorteil« sein. Der Bedachte muss also begünstigt werden. In Betracht kommen insbesondere

- die Übertragung von Eigentum an bestimmten Gegenständen (z. B. Auto, Briefmarkensammlung),

- die Übertragung von Rechten (z. B. Nießbrauch an Sachen und Rechten, lebenslanges Wohnrecht, Urheberrecht) und

- die Einräumung von Forderungsrechten (z. B. Anspruch auf Rückzahlung eines Darlehens oder auf Aufnahme in eine Gesellschaft).

Formulierungsbeispiele

Meine Schwester _____ *[Vor- und Familiennamen des Vermächtnisnehmers einsetzen]* soll meine Eigentumswohnung _____ *[konkrete Beschreibung der Immobilie]* erhalten.

[Oder]

Meinem Enkelkind _____ *[Vor- und Familiennamen des Vermächtnisnehmers einsetzen]* vermache ich _____ Euro.

[Oder]

Meine Schwester _____ *[Vor- und Familiennamen des Vermächtnisnehmers einsetzen]* soll das gesamte im Zeitpunkt des Erbfalls bestehende Guthaben auf meinem Sparbuch bei der _____bank *[konkrete Bezeichnung des Sparbuchs und der Bank]* erhalten.

Vermächtnisnehmer

Die durch ein Vermächtnis begünstigte Person wird als Vermächtnisnehmer bezeichnet. Ein Vermächtnis kann jeder rechtsfähigen Person zugewendet werden. In Betracht kommen auch juristische Personen (z. B. ein rechtsfähiger Verein). Vermächtnisnehmer kann auch eine noch nicht gezeugte Person sein. Der Erblasser kann also auch erhofften Enkeln ein Vermächtnis zuwenden. In diesem Fall fällt das Vermächtnis im Zeitpunkt der Geburt des Vermächtnisnehmers an.

Der Erblasser kann auch festlegen, dass eine dritte Person (z. B. der Testamentsvollstrecker) oder der Beschwerte (im Regelfall die Erben) den Vermächtnisnehmer bestimmen sollen. In diesem Fall muss ein bestimmbarer Personenkreis bezeichnet werden, aus dem der Bestimmungsberechtigte den Vermächtnisnehmer auszuwählen hat.

Beschwerter

Mit einem Vermächtnis kann der Erblasser einen Erben oder einen Vermächtnisnehmer beschweren. Sofern nichts anderes bestimmt ist, sind die Erben beschwert. Keine Bedeutung hat, ob die Erben gesetzliche Erben oder Erben durch ein Testament oder einen Erbvertrag, ob Sie Allein- oder Miterbe, Vor- oder Nacherbe sind.

9.5.3 Anordnung von Verpflichtungen für die Erben in Form von Auflagen

Der Erblasser kann einen Erben oder Vermächtnisnehmer in seinem Testament zu einer Leistung verpflichten, ohne einem anderen ein Recht auf die Leistung zuzuwenden. Im Gegensatz zur Erbeinsetzung und zum Vermächtnis braucht der Inhalt einer solchen Auflage keine Zuwendung zu sein, sondern mit ihr wird eine Verpflichtung auferlegt, ohne dass dem Bedachten ein Anspruch eingeräumt wird. Gleichwohl kann mit einer Auflage auch eine Zuwendung verbunden sein und eine Person begünstigt werden. Im Gegensatz zum Vermächtnisnehmer hat aber die durch eine Auflage begünstigte Person keinen Anspruch auf die Leistung.

Gegenstand

Gegenstand einer Auflage kann jede Leistung des Beschwerten sein, ein Tun, Dulden oder Unterlassen. Die Leistung muss keinen Vermögenswert haben. Die Auflage muss sich nicht auf Gegenstände des Nachlasses, sie kann sich vielmehr auch auf andere Vermögensbereiche des Beschwerten beziehen. Aus der Auflage muss sich nicht der Begünstigte bzw. der begünstigte Personenkreis ergeben, es ist vielmehr ausreichend, wenn der Zweck der Auflage hinreichend beschrieben wird, während es dem Beschwerten oder einem Dritten (z. B. einem Testamentsvollstrecker) überlassen wird, den konkreten Leistungsgegenstand näher zu bestimmen.

 Beispiel: Auflagen (ohne Begünstigung) können die Grabpflege oder die Vornahme der Bestattung in einer bestimmten Weise, die Unterlassung der Veräußerung eines Nachlassgegenstands, die Pflicht ein Tier zu pflegen und zu versorgen oder die Pflicht betreffen, das vermachte Geld in einer bestimmten Weise für eine bestimmte Zeit anzulegen. Auflagen, die eine Begünstigung vorsehen, können sich auf Geldzahlungen oder Sachleistungen an eine bestimmte Person oder die Pflicht beziehen, einem Begünstigten einen Gegenstand zu verschaffen.

Beschwerter

Mit einer Auflage können Erben oder Vermächtnisnehmer beschwert werden. Wurde keine besondere Anordnung getroffen, so sind die Erben beschwert.

Die Auflage verpflichtet den Beschwerten, sie auszuführen. Anders als der Vermächtnisnehmer begründet die Auflage jedoch keinen Anspruch auf Erfüllung für einen etwaigen Begünstigten. Die Vollziehung der Auflage können nur der Erbe, der Miterbe und derjenige verlangen, welchem der Wegfall des mit der Auflage zunächst Beschwerten unmittelbar zustattenkommen würde. Liegt die Vollziehung der Auflage im öffentlichen Interesse (z. B. die Anordnung, das städtische Museum durch eine Geldzuwendung zu unterstützen), kann auch die nach Landesrecht zuständige Behörde die Vollziehung verlangen.

=== **Auflage mit Begünstigung**

Wie gesagt, muss es bei der Auflage nicht zwangsläufig einen Begünstigten geben. Sie kann vom Erblasser auch in seinem eigenen Interesse angeordnet werden (z. B. die Grabpflege). Gleichwohl kann durch die Auflage eine Person begünstigt werden, ohne dass ihr allerdings ein Anspruch auf die Leistung zusteht. Den Begünstigten kann der Erblasser selbst bestimmen, er kann dieses Recht aber auch auf den Beschwerten oder eine dritte Person (z. B. den Testamentsvollstrecker) übertragen.

 Wenn sichergestellt werden soll, dass die Auflage, mit der die Begünstigung einer anderen Person verbunden ist, von dem Beschwerten tatsächlich erfüllt wird, sollte ein Testamentsvollstrecker mit der Aufgabe eingesetzt werden, als Vollziehungsberechtigter die Einhaltung der Auflage zu überwachen.

9.5.4 Anordnungen für die Aufteilung des Nachlasses

Wenn der Erblasser in seinem Testament mehrere Erben einsetzt, entsteht mit dem Erbfall zwangsläufig eine Erbengemeinschaft. Der Nachlass ist dann gemeinschaftliches Vermögen der Erben. Jedem Miterben steht der im Testament bzw. Erbvertrag festgelegte Bruchteil zu. Ein Miterbe allein kann nicht über einzelne Nachlassgegenstände verfügen. Wenn der Erblasser Regelungen treffen will, wie seine Erben die einzelnen Vermögensgegenstände untereinander aufteilen sollen (wer also zum Beispiel die Wertpapiere, das Auto oder die Briefmarkensammlung erhalten soll), muss er eine Teilungsanordnung treffen.

Formulierungsbeispiele

Zu meinen Erben setze ich meine drei Kinder _____, _____ und _____ *[Vor- und Familiennamen des jeweiligen Miterben einsetzen]* zu jeweils gleichen Teilen ein. Für die Auseinandersetzung unter den Erben treffe ich folgende Teilungsanordnung:

- Meine Tochter _____ *[Vor- und Familiennamen des Miterben einsetzen]* erhält in Anrechnung auf ihren Erbteil das Hausgrundstück _____ *[genaue Bezeichnung der Immobilie]* und mein Guthaben auf dem Sparbuch _____ bei der _____bank *[genaue Bezeichnung des Sparbuchs und der Bank]*.
- Meine Tochter _____ *[Vor- und Familiennamen des Miterben einsetzen]* erhält in Anrechnung auf ihren Erbteil mein Wertpapierdepot _____ bei der _____bank *[genaue Bezeichnung des Depots und der Bank]*.
- Mein Sohn _____ *[Vor- und Familiennamen des Miterben einsetzen]* erhält in Anrechnung auf seinen Erbteil die Eigentumswohnung _____ *[genaue Bezeichnung der Immobilie]*.

! Die Teilungsanordnung führt nicht automatisch zu der vom Erblasser angeordneten Verteilung der Nachlassgegenstände unter den Miterben. Diese sind zwar verpflichtet, den Nachlass entsprechend den testamentarischen Vorgaben aufzuteilen, sie können sich aber durch einstimmigen Beschluss über die Anordnungen hinwegsetzen. Wenn der Erblasser das verhindern will, ihm also seine Anordnungen so wichtig sind, dass er diese auf jeden Fall umgesetzt wissen will, muss er eine Testamentsvollstreckung anordnen. Er kann aber auch die Erbeinsetzung an die Bedingung knüpfen, dass der Nachlass gemäß seinen Anordnungen aufgeteilt wird.

Die Teilungsanordnung ändert nichts an den Bruchteilen, zu denen ein Miterbe am Nachlass beteiligt ist. Erhält also der einzelne Miterbe durch die Zuweisung bestimmter Nachlassgegenstände mehr, als ihm nach seiner Erbquote zusteht, so hat er den Mehrwert gegenüber den Miterben auszugleichen. Will der Erblasser, dass keine Ausgleichsansprüche entstehen, muss er dies ausdrücklich im Testament bestimmen.

9.5.5 Anordnung der Testamentsvollstreckung

Der Erblasser kann in seinem Testament einen oder mehrere Testamentsvollstrecker ernennen und damit sicherstellen, dass seine letztwilligen Anordnungen auch tatsächlich ausgeführt werden. Den Umfang der Testamentsvollstreckung kann er frei bestimmen. Diese kann für den gesamten Nachlass angeordnet oder auf einzelne Nachlassgegenstände beschränkt werden, sie kann für alle oder einzelne Erben angeordnet und auch zeitlich befristet werden.

Die Anordnung der Testamentsvollstreckung kann aus mehreren Gründen sinnvoll sein. So kann mit der Anordnung sichergestellt werden, dass Vermächtnisse erfüllt und Auflagen vollzogen werden. Testamentsvollstreckung ist sinnvoll, wenn eine schwierige Nachlassverwaltung und Auseinandersetzung unter den Erben abzusehen ist. Bei einem größeren und komplizierten Nachlass (wenn etwa ein Unternehmen Teil des Nachlasses ist) können die Verwaltung des Nachlasses und die Auseinandersetzung unter den Erben einer juristisch versierten Person übertragen werden.

Zum Testamentsvollstrecker kann jede in vollem Umfang geschäftsfähige Person ernannt werden, wenn diese zur Besorgung ihrer Vermögensangelegenheiten nicht unter Betreuung steht. Auch Rechtsanwälte, Notare, Wirtschaftsprüfer und Steuerberater können Testamentsvollstrecker sein, ebenso Miterben, Vermächtnisnehmer oder durch eine Auflage Begünstigte.

Testamentsvollstreckung muss im Testament oder im Erbvertrag angeordnet werden. Der Erblasser kann es nicht einer anderen Person überlassen, ob Testamtsvollstreckung angeordnet wird. In der Verfügung von Todes wegen kann auch festgelegt werden, welche Person oder Institution Testamentsvollstrecker sein soll. Die Ernennung der Person des Testamentsvollstreckers kann auch einem Dritten überlassen werden. Der Erblasser kann aber auch das Nachlassgericht ersuchen, einen Testamentsvollstrecker zu ernennen.

Formulierungsbeispiele

Ich ordne Testamentsvollstreckung an. Zum Testamentsvollstrecker bestimme ich _____ *[Vor- und Familiennamen einsetzen]*, ersatzweise _____ *[Vor- und Familiennamen des Ersatztestamentsvollstreckers einsetzen].*

[Oder]

Ich ersuche das Nachlassgericht, einen Testamentsvollstrecker zu ernennen.

Der Testamentsvollstrecker hat den Nachlass in Besitz zu nehmen und ihn zu verwalten. Er hat die vom Erblasser für die Verwaltung getroffenen Anordnungen zu befolgen. Nur der Testamentsvollstrecker ist berechtigt, über die Nachlassgegenstände zu verfügen. Schenkungen darf er nur vornehmen, soweit es sich um Pflicht- oder Anstandsschenkungen handelt (z. B. Geburtstags- oder Weihnachtsgeschenke). Der Testamentsvollstrecker ist auch berechtigt, Verbindlichkeiten für den Nachlass einzugehen, soweit die Eingehung zur ordnungsgemäßen Verwaltung des Nachlasses erforderlich ist.

Dem Testamentsvollstrecker obliegen insbesondere die Verteilung des Nachlasses unter den Erben, die Erfüllung von Vermächtnissen, die Vollziehung von Auflagen und die Erfüllung von Nachlassverbindlichkeiten. Er hat einen sogenannten Auseinandersetzungsplan aufzustellen, zu dem die Erben vorab zu hören sind. Zu den Aufgaben des Testamentsvollstreckers gehört auch die Abgabe der Erbschaftsteuererklärung.

9.6 Pflichtteilsansprüche berücksichtigen

Wer seine allernächsten Familienangehörigen als gesetzliche Erben enterben will, sollte beachten, dass diesen Personen Pflichtteilsansprüche gegen die Erben zustehen. Dem betreffenden Personenkreis ist also ein Mindestanteil an der Erbschaft gesetzlich garantiert, den der Erblasser nur unter ganz engen Voraussetzungen entziehen kann. Zwar wird der Erblasser in seiner Freiheit, nach seinem Belieben über sein Vermögen zu verfügen, dadurch nicht eingeschränkt und die Pflichtteilsberechtigten sind auch nicht am Nachlass beteiligt, sie erwerben allerdings gesetzlich einen Geldanspruch gegen den oder die Erben.

9.6.1 Pflichtteilsberechtigte Personen

Zu den pflichtteilsberechtigten Personen gehören nur der Ehegatte und die nächsten Verwandten des Erblassers. Im Einzelnen sind pflichtteilsberechtigt

- die Abkömmlinge des Erblassers (Kinder, Enkel, Urenkel),

- nicht eheliche und angenommene Kinder des Erblassers,

- die Eltern des Erblassers,

- der Ehegatte bzw. der eingetragene Lebenspartner.

Voraussetzung für den Pflichtteilsanspruch ist immer, dass die betreffende Person auch erbberechtigt wäre..

Kein Pflichtteilsrecht haben entferntere Verwandte wie Geschwister des Erblassers und deren Kinder (Neffen, Nichten) und dessen Großeltern.

9.6.2 Voraussetzungen für den Anspruch auf den Pflichtteil

Voraussetzung für den Pflichtteilsanspruch ist insbesondere, dass der Pflichtteilsberechtigte durch ein Testament oder einen Erbvertrag von der gesetzlichen Erbfolge ausgeschlossen worden ist. Das ist auch der Fall, wenn er in einem Berliner Testament nur zum Schlusserben eingesetzt wurde.

 Beispiel: Wenn die Eheleute A und B sich in einem gemeinschaftlichen Testament gegenseitig als Alleinerben einsetzen und nach dem Tod des länger lebenden ihre beiden Kinder Schlusserben sein sollen, sind die beiden Kinder beim ersten Erbfall enterbt und können ihren Pflichtteil verlangen.

Achtung: Ist der Pflichtteilsberechtigte zum Erben eingesetzt worden und schlägt er die Erbschaft aus, kann er im Regelfall keinen Pflichtteil verlangen. Von diesem Grundsatz bestehen allerdings Ausnahmen. Ist beispielsweise ein Erbe, der grundsätzlich auch zum Kreis der Pflichtteilsberechtigten gehört, durch die Ernennung eines Testamentsvollstreckers oder eine Teilungsanordnung beschränkt oder ist er mit einem Vermächtnis oder einer Auflage beschwert, so kann der Erbe die Erbschaft ausschlagen und seinen Pflichtteil verlangen.

9.6.3 Berechnung des Pflichtteils

Der Pflichtteil beträgt die Hälfte des gesetzlichen Erbteils. Maßgebend für die Höhe des Pflichtteils ist neben dem Wert des Nachlasses zum Zeitpunkt des Erbfalls die sogenannte Pflichtteilsquote. In diesem Zusammenhang ist der Erbteil zu ermitteln, mit welchem der Pflichtteilsberechtigte im Falle der gesetzlichen Erbfolge erbberechtigt wäre. Dieser wiederum hängt davon ab, wie viele Erbberechtigte es gibt und welche das sind. Die Pflichtteilsquote entspricht dann der Hälfte des gesetzlichen Erbteils.

Die vom Gesetz vorgeschriebene Berechnung des Pflichtteils ist einigermaßen kompliziert. Der der Berechnung zugrunde zu legende Erbteil des Pflichtteilsberechtigten ist abstrakt zu ermitteln. Es werden auch diejenigen mitgezählt, welche wegen Enterbung, Ausschlagung der Erbschaft oder Erbunwürdigkeit nicht Erbe geworden sind. Auch wer auf seinen Pflichtteil (nicht aber auf sein Erbrecht) verzichtet hat, wird mitgezählt. Das hat zur Folge, dass die Pflichtteilsquote jedes Pflichtteilsberechtigten geringer wird. Denn: Je mehr Erben es gibt, umso geringer ist der gesetzliche Erbteil und damit auch der Pflichtteil des Einzelnen.

9.7 Steuerliche Fehlplanungen vermeiden

Bei dem Verfassen eines Testamentes oder beim Abschluss eines Erbvertrages sollte immer auch die erbschaftsteuerliche Belastung der eingesetzten Erben beachtet werden. Wegen der hohen Freibeträge für den Ehegatten und die Kinder dürften allerdings steuerliche Aspekte im Regelfall keine zentrale Rolle spielen.

9.7.1 Steuerpflichtige Zuwendungen

Der Erbschaftsteuer unterliegt nicht nur jeder Erwerb von Todes wegen, sondern auch jede Schenkung unter Lebenden.

Zum Erwerb von Todes wegen gehören insbesondere

- der Erwerb durch Erbanfall,

- durch Vermächtnis oder

- aufgrund eines geltend gemachten Pflichtteilsanspruchs.

Um zu vermeiden, dass die Erbschaftsteuer durch Vermögensübertragungen zu Lebzeiten des Erblassers umgangen oder geschmälert wird, unterliegen Schenkungen zu Lebzeiten der Schenkungsteuer. Besteuert werden u. a.

- jede freigiebige Zuwendung unter Lebenden, soweit der Bedachte durch sie auf Kosten des Zuwendenden bereichert wird,

- die Schenkung unter Vollziehung einer Auflage oder Erfüllung einer Bedingung,

- die Abfindung für einen Erb-, Vermächtnis- oder Pflichtteilsverzicht.

9.7.2 Steuerfreie Zuwendungen

Bestimmte Vermögensgegenstände aus dem Nachlass bleiben steuerfrei; für sie fällt keine Erbschaftsteuer an.

Abhängig von ihrer Steuerklasse wird Personen ein Freibetrag für Hausrat und für andere bewegliche körperliche Gegenstände gewährt. Steuerfrei bleiben Hausrat (z. B. Wohnungseinrichtung, Fernseher) einschließlich Wäsche und Kleidungsstücke beim Erwerb durch Personen der Steuerklasse I bis zum Wert von insgesamt € 31 000,–. € 12 000,– beträgt für diese Personen der Freibetrag für andere bewegliche körperliche Gegenstände (z. B. Auto). Für Personen der Steuerklasse II und III beträgt der Freibetrag für Hausrat einschließlich Wäsche und Kleidungsstücke und andere bewegliche körperliche Gegenstände einheitlich € 12 000,–. Die Befreiung gilt u. a. nicht für Zahlungsmittel, Wertpapiere, Münzen und Edelsteine.

Steuerbefreiungen bestehen auch im Zusammenhang mit der Übertragung eines Familienwohnheims.

- Befreit von der Schenkungsteuer ist die zu Lebzeiten erfolgte Zuwendung eines Familienwohnheims an den Ehegatten. Die Steuerbefreiung gilt auch für Zuwendungen an den Lebenspartner einer eingetragenen Lebenspartnerschaft.

- Auch der Erwerb eines Familienwohnheims von Todes wegen durch den Ehegatten oder den Partner einer eingetragenen Lebenspartnerschaft ist erbschaftsteuerfrei. Voraussetzung ist allerdings, dass der Erblasser das Familienwohnheim bis zum Erbfall zu eigenen Zwecken genutzt hat oder er aus zwingenden Gründen an der Selbstnutzung gehindert war und die Wohnung vom Erwerber unverzüglich zur Selbstnutzung bestimmt ist.

- Steuerlich begünstigt ist auch der Erwerb eines Familienwohnheims durch Kinder und Kinder vorverstorbener Kinder. Begünstigt sind nicht nur leibliche Kinder, sondern auch Adoptiv- und Stiefkinder. Der Erwerb durch Enkel ist begünstigt, wenn die Kinder des Erblassers vorverstorben sind. Die Steuerbefreiung gilt nur, wenn die Wohnfläche 200 m² nicht übersteigt. Hierbei handelt es sich nicht um eine Freigrenze, das heißt, nur der die Grenze übersteigende Anteil wird besteuert. Der Erwerb ist nur begünstigt, wenn der Erwerber die Wohnung unverzüglich zu eigenen Wohnzwecken nutzt oder er aus zwingenden Gründen an der Selbstnutzung gehindert ist.

9.7.3 Steuerklassen und Steuersätze

Das Erbschaftsteuerrecht unterscheidet drei Steuerklassen, in denen die persönlichen Verhältnisse des Begünstigten zum Erblasser zum Ausdruck kommen. Die Steuerklassen haben Bedeutung für die Beiträge und den individuellen Steuersatz.

⚌ Steuerklassen

Zur Steuerklasse I gehören

- der Ehegatte und der eingetragene Lebenspartner,

- eheliche und nicht eheliche Kinder, Adoptivkinder und Stiefkinder (nicht Pflegekinder),

- Abkömmlinge der Kinder (Enkel, Urenkel usw.) und Stiefkinder,

- Eltern, Großeltern und weitere Voreltern bei Erwerben von Todes wegen (nicht bei einer Schenkung).

Zur Steuerklasse II zählen

- Eltern und Großeltern, wenn sie Empfänger einer Schenkung sind,

- Geschwister (auch Halbgeschwister und alle Stiefgeschwister),

- Nichten und Neffen,

- Stiefeltern,

- Schwiegerkinder und die Schwiegereltern,

- der geschiedene Ehegatte und der Lebenspartner einer aufgehobenen Lebenspartnerschaft.

Zur Steuerklasse III gehören alle entfernteren Verwandten (Cousins, Cousinen, Großnichten, Großneffen), beliebige Dritte (z. B. Freunde und Bekannte), ferner alle Personen- und Kapitalgesellschaften, wenn sie persönlich und nicht die dahinter stehenden Gesellschafter als Erwerber anzusehen sind.

Steuersätze

Die Erbschaftsteuer wird nach folgenden Prozentsätzen erhoben:

Wert des steuerpflichtigen Erwerbs bis einschließlich	Prozentsatz in der Steuerklasse		
	I	II	III
€ 75 000,–	7	15	30
€ 300 000,–	11	20	30
€ 600 000,–	15	25	30
€ 6 000 000,–	19	30	30
€ 13 000 000,–	23	35	50
€ 26 000 000,–	27	40	50
Über € 26 000 000,–	30	43	50

9.7.4 Steuerfreibeträge

Bei der Ermittlung des steuerpflichtigen Erwerbs sind folgende allgemeinen Freibeträge zu berücksichtigen:

Personen	Freibetrag
Ehegatte und eingetragener Lebenspartner	€ 500 000,–
Eheliche und nicht eheliche Kinder, Adoptivkinder und Stiefkinder, sowie Kinder von bereits verstorbenen Kindern	€ 400 000,–
Enkel, Urenkel usw.	€ 200 000,–
Eltern, Großeltern usw. bei Erwerben von Todes wegen	€ 100 000,–
Eltern, Großeltern usw. bei Schenkungen, Geschwister, Neffen und Nichten, Stiefeltern, Schwiegereltern und -kinder, geschiedener Ehegatte	€ 20 000,–
Übrige Personen der Steuerklasse III (z. B. Partner einer eheähnlichen Lebensgemeinschaft)	€ 20 000,–

Wird eine bestimmte Wertgrenze (z. B. € 75 000,–) überschritten, so wird der ganze Erwerb nach dem hierfür maßgebenden Prozentsatz besteuert.

Beispiel: Ein Kind erbt € 350 000,–. Nachdem der allgemeine Freibetrag bereits € 400 000,– ausmacht, fällt keine Erbschaftsteuer an. Der nicht eheliche Lebenspartner des Erblassers erbt € 100 000,–. Der allgemeine Freibetrag beträgt € 20 000,– und der Steuersatz 30 %. Es sind mithin € 2 400,– Erbschaftsteuer zu zahlen (30 % auf € 80 000,–).

Mehrere Erwerbe von derselben Person innerhalb der letzten zehn Jahre werden zusammengerechnet. Folglich können die persönlichen Freibeträge alle zehn Jahre bei Zuwendungen von derselben Person erneut in Anspruch genommen werden.

Index